MARIA CALLAS, MA FEMME

G.B. MENEGHINI

MARIA CALLAS, MA FEMME

Avec la collaboration de Renzo Allegri

Traduit de l'italien par Isabelle REINHAREZ

FLAMMARION

Sauf indication contraire, tous les documents reproduits dans cet ouvrage proviennent des archives privées de G.B. Meneghini qui en avait autorisé la publication.

Titre original de l'ouvrage

Maria Callas, mia moglie

Editeur original : Rusconi, Milan.

© 1981 G.B. Meneghini et Renzo Allegri
© 1981 Rusconi Libri

Pour la traduction française :
© Flammarion, 1983
Printed en France
ISBN : 2-08-064482-3

CHAPITRE I

MES SOUVENIRS

*Les raisons qui m'ont poussé à écrire ce livre –
Documents exceptionnels encore jamais publiés – Les
mensonges qu'il me faut dénoncer – Les témoignages
de Maria – La vraie Callas ne ressemble guère au
portrait qu'en donnent dans leurs livres ceux qui ne
l'ont jamais connue*

J'ai décidé de relater les souvenirs de ma vie avec
Maria Callas. Depuis quelque temps, on écrit beaucoup sur Maria, et l'on peut lire à son sujet les
histoires les plus absurdes. Pour peu qu'il l'ait vue
une fois, lui ait parlé quelques minutes, le premier
venu se sent aujourd'hui autorisé à énoncer n'importe quel jugement, subjectif ou fantaisiste. On ne
compte plus les livres, les mauvaises brochures, les
documentaires télévisés et radiophoniques, les essais
mensongers et scandaleux qui ne cherchent qu'à
exploiter le nom de la plus grande artiste lyrique
de tous les temps.

J'ai pendant douze ans été le mari de Maria Callas,
et tout au long de ces années nous avons vécu dans
une intimité parfaite, merveilleuse. Nous refusions

5

de nous séparer, ne fût-ce qu'une journée. Nous menions une vie retirée pour passer plus de temps ensemble. Maria vécut avec moi une période de très grand bonheur, comme en témoignent les dizaines de lettres d'elle que je garde précieusement. Je ne pense pas me vanter en affirmant être la seule personne au monde qui ait vraiment connu Maria Callas. Ni ses parents, ni les amis ou même les personnes qui l'ont fréquentée après notre séparation n'ont reçu comme moi ses confidences. Elle en était elle-même convaincue, et l'a reconnu quelques mois avant sa mort. A un journaliste qui lui demandait quand donc elle écrirait ses Mémoires, elle répondit : « La seule personne qui sache tout de moi et qui pourra s'en charger, c'est mon mari. »

Le 23 octobre prochain, j'aurai quatre-vingt-cinq ans. Me voici dans ma maison de Sirmione, sur le lac de Garde, où, en compagnie de Maria, j'ai vécu des jours inoubliables. Le lac est brumeux, la journée froide : l'hiver approche. Je viens d'ouvrir un coffret où sont rangés les petits mots et les lettres que Maria m'écrivait si souvent pour exprimer son amour. Tandis que je les lis, je sens sa présence, là, à côté de moi. C'était une femme merveilleuse. Chaque année, le jour de mon anniversaire, elle me préparait un petit cadeau accompagné d'une lettre très courte, mais débordante d'une tendresse émouvante : « Battista, tu es toute ma vie, je t'aime et te vénère comme un dieu et supplie Notre-Seigneur de te garder en bonne santé, et à mes côtés. Ta Maria. » « Ma joie, je t'aime bien plus que tu ne peux l'imaginer. Tu es le mari le plus aimé du monde. Sans toi je ne connais ni vie ni bonheur. »

J'étais résolu à garder pour moi ce précieux héritage affectif et spirituel. Après la mort de Maria, de nombreux journaux me demandèrent de raconter mes souvenirs. Une maison d'édition italienne m'envoya deux émissaires porteurs d'un contrat à signer ; une maison d'édition française me fit tout bonnement parvenir un chèque en blanc. J'ai toujours refusé. Il me semblait trahir Maria en dévoilant ce que nous avions vécu ensemble, ce qu'elle m'avait confié. Mais révolté par ce qui continue à se publier, et quoique à contrecœur, je me suis vu contraint à changer d'idée. J'ai vécu pour Maria, je lui ai consacré une grande part de ma vie, je n'ai jamais cessé de l'aimer ; il est de mon devoir de défendre son souvenir.

C'est un livre paru en Angleterre et traduit dans de nombreux pays qui a déterminé ma décision. Il porte la signature d'Ariana Stassinopoulos. Si je l'ai parcouru rapidement, je me suis cependant attardé sur les pages qui racontent nos années de vie conjugale. Ce n'est qu'un ramassis de lieux communs, d'anecdotes de salons, de ragots tirés de journaux.

Pour accréditer son travail, l'auteur affirme avoir recueilli une grande quantité de renseignements de première main, grâce aux témoignages des amis et des intimes de Maria. Comme je l'ai déjà dit, pendant douze ans j'ai vécu jour et nuit avec la Callas, et, à cette époque-là du moins, nul autre que moi ne l'a mieux connue. Quoi qu'il en soit, l'auteur ne s'est jamais manifesté, n'a jamais demandé à me rencontrer ou à me parler, ne fût-ce qu'au téléphone. Dans son livre, toutefois, je suis très présent ; je dialogue, évoque des faits et des événements, comme si elle et moi nous en étions longuement entretenus auparavant. Il me semble que ceci suffit amplement à justifier mon indignation.

A la page 239 de l'édition anglaise, Mme Stassinopoulos me fait raconter une histoire fâcheuse, inventée de toutes pièces. En 1957, Maria aurait un jour exprimé le vœu de mettre au monde un enfant. Je m'y serais opposé, sous prétexte qu'elle perdrait ainsi un an de carrière et risquait même de compromettre son avenir. C'est une absurdité. Jamais je n'aurais songé à contrarier un désir aussi naturel chez ma femme. Notre union a toujours primé, reléguant la carrière au second plan.

Mais ma femme n'attendit pas 1957, dix ans après notre mariage, pour vouloir un enfant. A peine l'avais-je épousée que nous rêvions tous deux d'être

7

parents ; nous avons fait tout ce qui était en notre pouvoir pour réaliser ce rêve, comme je le raconterai plus loin lettres à l'appui. Malheureusement, Maria ne pouvait être mère.

Cette triste vérité, nous l'apprîmes en 1957, après qu'elle eut subi une longue série d'examens cliniques. Elle traversait alors un moment difficile, se sentait toujours fatiguée, et souffrait d'un état de dépérissement général qui inquiétait beaucoup notre médecin, le docteur Arnaldo Semeraro. « Il faut trouver la cause de ce malaise », nous déclara-t-il ; et il conseilla un bilan de santé chez différents spécialistes. Nous prîmes rendez-vous chez un cardiologue, un neurologue, un oto-rhino-laryngologiste et aussi chez un gynécologue. Ce dernier décela les symptômes d'une ménopause plutôt précoce (Maria n'avait que trente-quatre ans), et prescrivit une longue série de piqûres.

Ce fut au cours de cette visite que Maria, une nouvelle fois, posa le problème de la maternité. Elle avoua au gynécologue son désir d'être mère, et le spécialiste, le docteur Carlo Palmieri, lui révéla qu'une malformation de l'utérus rendait pour elle toute grossesse impossible. Maria en fut bouleversée. Le médecin lui expliqua alors qu'en dernier recours une intervention chirurgicale pourrait lui redonner quelque espoir. Je demandai à Maria si elle voulait tenter cette chance, mais elle refusa.

Ma femme, donc, pour des raisons médicales, ne put fonder une famille. C'est pourquoi je ne crois pas un instant, comme le raconte cette fameuse Stassinopoulos, qu'elle faillit avoir un enfant d'Onassis. En 1966, sept ans exactement après notre séparation, Maria se serait trouvée enceinte d'Onassis, et ce dernier l'aurait contrainte à avorter. Je ne dispose d'aucun document sur cet épisode, mais il me semble assez peu probable que Maria, stérile jusque-là, ait remédié soudain à cet état de choses à l'âge de quarante-trois ans. D'autre part, telle que je la connais, dévorée du désir d'être mère, je suis sûr que si elle s'était trouvée

8

enceinte elle n'aurait pour rien au monde accepté d'avorter.

Quant à ma fonction de *manager* de Maria Callas, le livre de la Stassinopoulos comme ceux qui ont paru après ou même avant traitent du sujet en termes offensants et accumulent les jugements gratuits. Selon eux, j'ai plus desservi que servi la carrière de ma femme ; mes interventions provoquaient des réactions négatives, hostiles ; je me rengorgeais, imbu de mon rôle de *manager*, et tenais à distance les directeurs de théâtre et les organisateurs de festival dans le seul but d'affirmer mon autorité. Je m'en tiendrai à un fait historique : quand je la rencontrai, Maria était encore inconnue quoiqu'elle chantât depuis sept ans. A mes côtés, et très vite, elle conquit le devant de la scène, devint la plus grande. Après notre séparation, elle vécut un moment de ses rentes, puis disparut. Voilà qui est irréfutable.

Entendons-nous : Maria chantait avec sa voix, ses possibilités. Son art était extraordinaire, inégalable. Mais quiconque connaît le monde du lyrique ne niera jamais l'importance d'un bon *manager*. Maria déclarait à qui voulait l'entendre : « Moi, j'ai un mari auquel je voue une confiance aveugle. Il peut faire de moi ce qu'il veut. » Le secret de son succès tient aussi au fait d'avoir eu à ses côtés un *manager* comme moi, sans intérêts financiers à défendre. En général, le *manager* cherche à obtenir le plus grand nombre de contrats car il touche sur chacun son pourcentage. Mon seul but, au contraire, visait à faire triompher Maria. Je ne pensais qu'à sa carrière, à son prestige. Je m'intéressais moins au cachet qu'à la qualité de la proposition. Voilà pourquoi je faisais lanterner les directeurs de bien des théâtres, afin que Maria ne chantât que dans les salles où on la traitait comme une reine.

Quand je connus ma femme, j'avais déjà derrière moi une longue expérience de chef d'entreprise. J'avais bâti une fortune industrielle comptant douze usines, et enrichi toute ma famille. Mes frères s'opposèrent à mon mariage et me menèrent une guerre impitoyable. Je dus choisir, et renonçai à tout ce que j'avais créé pour rester auprès de Maria. Je mis mon expérience, mes facultés d'organisateur au service de son art, et en peu de temps elle devint une étoile au firmament du lyrique mondial. Tout ce qu'elle entreprenait, c'était moi qui le lui dictais. Nombre de ses réactions violentes, de ses attitudes agressives – qui lui valurent son surnom de « tigresse » – et dont on a parlé et continue à parler dans la presse internationale, c'est moi qui les lui ai suggérées. Maria était une pacifiste, une femme paisible. Je lui disais de prendre telles décisions, d'adopter telles attitudes, de faire telles déclarations, et elle m'obéissait. La trop célèbre interruption de *Norma* à Rome, qui fit tant de bruit car y assistait le président Gronchi, j'en suis seul responsable. En effet, quoiqu'elle ne se sentît pas bien, Maria était presque disposée à poursuivre la représentation. Je lui assurai qu'il n'en était pas question, qu'elle devait avoir le courage de s'arrêter même en présence du président, car sa fatigue risquait de lui valoir un échec fracassant. Elle obéit, convaincue que j'agissais pour son bien.

Aucun spécialiste de la scène lyrique internationale n'a jamais mis en doute mes qualités de *manager*. Giacomo Lauri Volpi, le grand ténor – qui s'y connaissait, n'en doutons pas –, m'écrivit à la mort de Maria : « Sans vous la Callas n'aurait pas atteint les sommets que dans le domaine lyrique, en dépit de l'hostilité du monde théâtral, elle réussit à gagner, marquant de sa personnalité toute l'histoire de l'opéra. Celle qui triompha, avant d'entrer dans le tintamarre des mondanités internationales, fut Maria Meneghini. Car Maria Callas lui succéda alors que le miracle déjà s'était accompli. »

Mais les insinuations (dont regorgent les diverses publications sur ma femme parues après sa mort) qui m'ont profondément blessé sont celles qui s'attaquent à nos sentiments les plus intimes. Toutes les pages qui relatent notre vie conjugale sont teintées d'ironie et de mépris. Parce que j'étais beaucoup plus âgé que ma femme, sans doute, on refuse d'admettre que nous fussions amoureux l'un de l'autre. C'est un grossier préjugé qui dénote la mesquinerie des différents auteurs.

Pendant toute la durée de notre union, Maria et moi nous nous sommes aimés passionnément. Nos sentiments possédaient une fraîcheur, une douceur, que certaines personnes ne peuvent même pas imaginer. Chaque instant de notre vie fut heureux, et ce ne sont pas mes seules affirmations, mais les dizaines de lettres et de petits mots que m'écrivit ma femme qui le prouvent. En voyage, elle m'envoyait de longues lettres ; à la maison, elle me laissait toujours, au chevet du lit, sur le secrétaire, dans un bouquet de fleurs, des petits billets de deux ou trois phrases, ou même d'un seul mot, qui m'exprimaient tout son amour. Si cette habitude n'avait duré qu'un mois, un an, au mieux deux ans, on pourrait l'attribuer à la nouveauté de la vie conjugale, au bonheur d'avoir enfin trouvé une famille. Mais elle n'a pas cessé. Les derniers petits mots datent de quelques semaines avant la fameuse croisière sur le *Christina* d'Onassis, qui mena Maria à sa perte. La preuve que pendant nos douze ans de vie commune, son amour pour moi ne connut pas de faille.

Je garde religieusement tous ces petits mots, ces lettres qui constituent pour moi un bien inestimable. Ils s'entassent sur mon secrétaire et je les relis souvent. Les courtes phrases de Maria ressemblaient à des explosions de joie, presque un besoin d'extérioriser ce qui bouillonnait à l'intérieur. « Je t'adore, mon âme !!! » ou encore : « Au mari le plus aimé du monde ». D'autres fois ces petits billets étaient plus longs : « Je t'adore bien plus que tu ne peux l'imaginer. Souviens-t'en quand je suis absente et que tu te sens las et excédé. Pense que tu vis pour moi, comme moi j'existe pour toi. Ta Maria. » Ou aussi : « Cher époux, bien-aimé, adoré, béni. Je veux seulement te dire que je t'adore et que je remercie sans cesse le Père éternel pour la joie qu'il nous donne. Je sais que toi tu ne t'avoues jamais satisfait, que tu voudrais m'offrir le monde entier. Mais je suis heureuse car tu as su me donner tant de choses que tu dois savoir qu'il n'existe pas au monde femme plus comblée que moi. Aime-moi et prie le Seigneur qu'il protège notre bonheur. Ta fidèle épouse, Maria. » Parfois, elle se montrait mutine. Je la surnommais affectueusement *paiassa* (paillasse), en dialecte vénitien. Alors elle m'écrivait de temps à autre : « Avec tout mon cœur, tout mon cœur, tout mon dévouement : ta Paillasse. » Et aussi : « Plus les années passent, chère âme, et plus je t'aime. Continue à m'aimer ou je te casse la gueule. »

Une année, pour mon anniversaire, elle m'écrivit ce petit mot : « Très chère âme, je n'ai pas de cadeau à t'offrir car tu possèdes tout de moi. En souvenir des dix anniversaires passés ensemble, je t'offre la fameuse chaîne pour le pain dont on te prive toujours. Sache seulement que tu n'aurais pas pu faire plus pour ton épouse, car elle est la femme la plus heureuse du monde. » Il s'agit là d'un petit rébus. A table, j'ai toujours mis de côté des petits bouts de pain pour les manger à la fin du repas. Mais il arrivait souvent que les serveurs les ramassent, pensant que j'avais terminé. Maria en souffrait, et elle eut l'incroyable délicatesse de m'offrir une petite chaîne munie d'un minuscule hameçon où accrocher mes bouts de pain, pour que les serveurs ne puissent plus me les enlever.

Ne faut-il pas aimer passionnément pour témoigner de telles attentions ?

Je sais que le lecteur objectera : « Mais si elle était si amoureuse de son mari, pourquoi l'a-t-elle abandonné pour partir avec Onassis ? » C'est une question que je me suis posée des milliers de fois pendant les années qui ont suivi notre séparation, et à laquelle je n'ai jamais trouvé de réponse.

Quoi qu'il en soit, je ne me suis jamais permis de juger ma femme, même lorsqu'elle prit cette décision. J'ai refusé de comprendre, et c'est tout. Dans

12

ce livre je ne reviens pas sur la question. Je raconterai tout ce qui s'est passé, comme je l'ai consigné à l'époque dans mon journal, sans rien ajouter.

Selon le conseil de mon collaborateur pour la rédaction de ce livre, le journaliste Renzo Allegri, je m'en suis tenu à la chronique de ma vie avec Maria, laissant aux autres la tâche de parler de ce qui advint ensuite. Dans cette chronique, je n'ai voulu relater que les événements dont j'ai été témoin. De même, convaincu de leur valeur irremplaçable, j'ai laissé une grande place aux lettres et aux écrits de Maria. Si l'on tient compte que j'ai inséré dans ce livre quelques dizaines de ses lettres, on peut conclure qu'en grande partie c'est elle qui l'a écrit.

Le plus important tient encore au fait que ces lettres, dont certaines sont très longues, n'ont pas été écrites par une Maria à l'apogée de sa carrière, et donc habituée à se contrôler, à garder jalousement le secret de ses sentiments. Ce sont des lettres qu'elle a écrites quand elle était jeune, pauvre, inconnue, au tout début de sa carrière et à l'époque où elle remporta ses premiers succès. Des documents, donc, terriblement authentiques, sincères. Maria parle de son travail, de ses préoccupations, de son avenir ; elle dévoile ses convictions, ses intentions, ses aspirations ; elle avoue sa passion pour le chant mais surtout son amour pour moi. Je ne suis pas un fin lettré, mais n'en reste pas moins convaincu que les lettres de Maria sont d'extraordinaires lettres d'amour, et c'est à travers elles que l'on doit chercher à comprendre qui fut vraiment cette femme merveilleuse.

CHAPITRE II

PREMIÈRE RENCONTRE, PREMIER BAISER

*Je vis Maria pour la première fois le 30 juin 1947,
le lendemain de son arrivée à Vérone – Je fus frappé
par sa discrétion et sa pauvreté empreinte de dignité
– Au cours d'une excursion à Venise elle me raconta
sa vie – La véritable histoire du contrat qui l'amena
à Vérone – L'horrible traversée d'Amérique en Italie
à bord d'un cargo*

Maria Callas débarqua en Italie le 29 juin 1947.
Je la vis le soir du 30, et le lendemain nos deux vies
se trouvaient déjà liées.

Il est très courant, quand on parle de cette histoire,
d'affirmer que j'ai commencé à m'intéresser à Maria
après l'avoir entendue chanter. C'est faux. Le
sentiment qui éveilla mon intérêt n'avait rien à voir
avec l'art. Ce fut un sentiment de pitié, de tristesse :
le désir d'aider une personne qui en avait terriblement besoin.

A cette époque, à Vérone, je vivais piazza Bra,
au-dessus du restaurant Pedavena que tenait un de
mes amis, Gaetano Pomari. Pendant la guerre les
Allemands m'avaient pris mon appartement et je
n'étais pas encore parvenu à me reloger. Au-dessus

14

du restaurant se trouvaient quelques chambres, et mon ami m'en avait loué une. Comme je rentrais du travail à des heures singulières, je ne mangeais pas avec les clients mais on me servait à l'étage au-dessus. Pomari, qui s'occupait aussi d'organiser la saison lyrique de l'Arena, en avait établi les bureaux dans les chambre voisines de la mienne. Le véritable directeur de l'amphithéâtre était le ténor véronais Giovanni Zenatello – un chanteur très célèbre, déjà rival de Caruso – mais il vivait la plupart du temps à New York. C'est ainsi que tout le travail concret retombait sur les épaules de Pomari.

Toute l'organisation des concerts de l'Arena s'échafaudait dans les deux chambres voisines de la mienne. Tout en déjeunant ou en dînant, je prenais part aux discussions, aux projets, aux décisions des responsables. J'étais considéré comme un des leurs.

J'ai toujours été un grand passionné d'opéra. J'allais au concert, connaissais les artistes, les chefs d'orchestre ; j'étais en un mot un amateur éclairé. J'aimais aussi aider les jeunes qui voulaient faire carrière. J'avais déjà tenté de lancer plusieurs inconnus, dont certains possédaient des dons vraiment exceptionnels, mais personne n'avait encore fait fortune.

Cette année-là, le soir du 28 juin, j'écoutais tout en dînant les discussions des organisateurs de la saison lyrique 1947 qui devait commencer environ un mois plus tard, Gaetano Pomari, Giuseppe Gambato, le maestro Tullio Serafin, Augusto Cardi, Ferrucio Cusinati et d'autres encore passaient les derniers accords avant le début des répétitions.

La saison, en effet, revêtait une importance particulière. C'était la première véritable saison de l'après-guerre, car celle de 46 n'avait pas eu l'ampleur habituelle. Au programme, trois œuvres : *La Gioconda, Faust,* et *Un bal masqué.* Parmi les interprètes on trouvait des noms connus, le baryton Carlo Tagliabue, la mezzo-soprano Elena Nicolai ; mais l'attention de tous se portait vers deux jeunes qui débutaient à l'Arena : le ténor américain Richard Tucker et une soprano de chez nous, Renata Tebaldi.

Ce soir-là, chacun des responsables exposait ses projets, parlait de sa partie. Je les écoutais, et presque par hasard, pour placer un mot, déclarai : « Si j'ai bien compris, à chacun de vous incombe une tâche précise : Serafin dirige, Cusinati fait travailler les chœurs, Cardi règle les mises en scène... Et moi, alors ? J'appartiens pourtant à la direction. Je passe mon temps ici, parmi vous ; je connais tous les problèmes, participe à toutes vos réunions : vous devriez me confier un rôle à moi aussi. »

« C'est vrai, » répliqua le maestro Serafin. « Je suis tout à fait d'accord, vous allez mettre la main à la pâte vous aussi. Voyons, qu'est-ce qui vous plairait ?

– Pourquoi ne me nommeriez-vous pas directeur des danseuses ? »

C'était une boutade. D'ailleurs, les danseuses, qui n'ont que la peau sur les os, ne sont pas du tout mon type de femmes. Moi j'aime les femmes à la Titien, plutôt bien en chair.

– Non, pas les danseuses, répondit Tullio Serafin. Vous êtes un homme important, un notable. On m'a dit que vous étiez le plus gros industriel véronais. Il vous faut une tâche de prestige. Moi, je vous nommerais accompagnateur des primedonne de cette saison. Cette année, nous en recevrons deux, jeunes et charmantes. L'une s'appelle Renata Tebaldi, une fille superbe ; elle jouit déjà d'un certain renom car elle a chanté à la Scala avec Toscanini, qui l'appelle « voix d'ange. » Mais je ne crois pas que ce soit votre genre. L'autre, par contre, devrait vous plaire. C'est une Grecque, émigrée en Amérique. Elle s'appelle Maria Callas. Jusqu'ici elle n'a tenu aucun rôle important, mais Zenatello, qui l'a engagée à New York, m'en a écrit beaucoup de bien. Il assure qu'elle possède une voix remarquable, et qu'elle ferait une merveilleuse Gioconda. C'est la première fois qu'elle vient en Italie. A Vérone, donc, elle n'a ni connaissances ni amis. Elle trouvera certainement agréable qu'une personne aussi connue que vous lui serve de guide.

– Très bien, j'accepte, répondis-je.

– Cette femme arrivera demain, reprit Serafin. Le soir nous dînerons tous ensemble, ici, au Pedavena. Joignez-vous à nous, je vous la présenterai. »

Je n'avais parlé ainsi que pour m'amuser. Pas une minute je n'avais songé à perdre mon temps à promener des cantatrices. Je dirigeais à l'époque une importante briqueterie. La guerre avait endommagé plusieurs de mes fourneaux et je ne cessais de voyager pour trouver des matériaux pour les remettre en état. J'allais jusqu'à travailler vingt heures par jour, et il ne me restait guère le loisir de m'amuser.

Le lendemain matin, je me rendis à Trente pour mon travail. Je rentrai tard à Vérone, passai à mon bureau et y restai jusque vers vingt-trois heures. J'en ressortis mort de fatigue. Mon bureau se trouvait non loin de la piazza Bra et, en rentrant à pied au. Pedavena, j'aperçus la troupe de l'Arena qui dînait à la terrasse. La conversation de la veille au soir me revint à l'esprit. « Mon Dieu, me dis-je, échappons-nous avant que ces fous m'arrêtent. » Je tournai le coin pour entrer dans le restaurant par la porte de service, mais Serafin me vit et cria :

« Voici Battista, allez donc le chercher ! »

Deux serveurs s'approchèrent. J'assurai que j'étais fatigué, que je voulais aller me coucher. Enfin Serafin nous rejoignit, insista, et je ne pus plus refuser.

La troupe avait presque terminé le dîner, mais Serafin déclara qu'ils m'attendraient tous pour me tenir compagnie, et s'enquit de ce que je désirais manger.

« Je n'ai pas très faim. Je me contenterai d'une côtelette », fis-je.

De l'autre côté de la table, juste en face de moi, une jeune fille que je ne connaissais pas, au visage joufflu mais agréable, déclara dans un italien parfait teinté toutefois d'une pointe d'accent étranger :

17

« Monsieur, si cela ne vous ennuie pas je vous offre ma côtelette. C'était la dernière, il n'en reste plus. Je n'y ai pas touché.

– Ne prenez pas cette peine, mademoiselle, mangez-la, répondis-je.

– Non, moi je ne la mangerai pas, prenez-la », et elle me tendit son assiette.

« Vous ne vous connaissez pas, intervint le maestro Serafin. Je vous présente mademoiselle Maria Callas dont je vous ai parlé hier soir », annonça-t-il. Puis, en se tournant vers elle : « Voici Battista Meneghini, un monsieur important, un industriel ami de tous les chanteurs. »

Je regardai la jeune fille et lui adressai un sourire de circonstance. Elle aussi esquissa un sourire. Elle me fit une certaine impression, car elle avait une allure plutôt majestueuse. Le visage, comme je l'ai déjà dit, était bien rond, la poitrine imposante, les épaules carrées, les cheveux noirs, les yeux enfoncés.

Je mangeai ma côtelette tout en écoutant la conversation. Avec Maria Callas étaient aussi arrivés d'Amérique la basse Nicola Rossi Lemeni, un Véronais que je connaissais très bien, et une certaine Mme Louise Bagarozy, épouse d'un avocat Richard Bagarozy, également imprésario lyrique qui avait pris la Callas sous contrat.

Cette madame Bagarozy ne cessait de parler des beautés de l'Amérique, de la puissance de l'Amérique, de la grandeur de l'Amérique. Au bout d'un moment, j'éclatai :

« Excusez-moi, intervins-je. Je ne connais pas l'Amérique. C'est certainement un pays grandiose, puissant, mais nos petites choses valent peut-être plus que votre gigantisme. Notre civilisation existe depuis des millénaires, nous vivons parmi les œuvres d'art, églises, palais, monuments merveilleux, autant de trésors. Vous connaissez Venise ? Non ? Eh bien, je suis convaincu qu'une vieille brique, même à moitié pourrie, des fondations d'une maison de Venise vaut plus que l'un de vos gratte-ciel. »

Emporté par ma fougue à défendre l'Italie, j'ajoutai :

« Demain je vous invite à Venise, et vous pourrez ainsi juger si ce n'est pas une ville incomparable. Et tout de suite, pour vous montrer sans attendre un monument magnifique, je vous accompagne Piazza dei Signori, à deux pas d'ici, où vous verrez un étonnant joyau d'architecture, la Logetta di Fra'Giocondo, un édifice qui dépasse certainement en beauté votre pont de Brooklyn. »

Nous nous levâmes et à ce moment précis je ressentis le premier vrai sentiment d'intérêt pour Maria Callas. Assise, elle s'était tenue dans son petit coin quoiqu'elle fût massive et corpulente, mais debout elle faisait peine à voir. De la taille aux pieds, elle était difforme. Ses chevilles étaient enflées, aussi épaisses que ses mollets. Elle se déplaçait gauchement, avec peine. J'en demeurai interdit, et les sourires ironiques, les regards méprisants que j'avais surpris chez certains des convives y étaient pour quelque chose. Elle s'en était aperçue, elle aussi, et se tenait à l'écart, les yeux baissés, silencieuse.

Nous parcourûmes à pied la via Mazzini et atteignîmes la piazza dei Signori. Nous restâmes quelques instants à admirer la Logetta di Fra' Giocondo, puis revînmes sur nos pas. Arrivés à l'Hôtel Accademia nous nous saluâmes, car Mme Bagarozy, Rossi Lemeni et la Callas y étaient descendus. Nous nous donnâmes rendez-vous le lendemain après-midi pour la visite à Venise. Puis, seul je rentrai au Pedavena.

A dix-sept heures, le lendemain, j'arrivai au volant de ma voiture devant l'Accademia. Rossi Lemeni avait aussi sorti la sienne. Quelques minutes plus tard apparurent Mme Bagarozy et Giuseppe Gambato, qui envoya chercher la Callas. Mais celle-ci nous fit dire qu'elle ne viendrait pas. Elle s'excusait : « pour des raisons personnelles », elle ne pouvait accepter cette invitation.

« Nous ne pouvons pas partir sans elle, déclarai-je

19

à Gambato. Va, insiste, décide-la. Qui sait si nous trouverons une autre occasion. »

Gambato remonta parlementer. Une bonne demi-heure s'écoula et Maria Callas finit par se laisser fléchir.

Elle monta dans ma voiture. Pendant tout le voyage d'aller elle ne prononça pas trois mots. Je n'en continuai pas moins à lui commenter les paysages que nous traversions. Elle m'écoutait avec attention, regardait autour d'elle, mais n'ouvrait pas la bouche. « On ne peut pas dire qu'elle soit de bonne compagnie », pensai-je.

Nous arrivâmes tard à Venise. Je décidai d'entraîner tout de suite mon petit groupe piazza San Marco. Nous prîmes un vaporetto et descendîmes à l'arrêt qui donnait accès à la place par le fond. Quand nous quittâmes les arcades et que s'ouvrit devant nous la place illuminée avec en toile de fond la basilique, Maria Callas ne put cacher son émerveillement.

« Oh, c'est magnifique ! » s'exclama-t-elle.

Ses yeux brillaient, son corps semblait tout entier tendu vers cette vision. Son mutisme cessa aussitôt, comme par enchantement. Elle ne cessait de me remercier d'avoir tant insisté pour l'emmener.

« Vous aviez raison, répétait-elle, une telle beauté mérite que l'on vienne d'Amérique. Qui sait quand j'aurais eu l'occasion de contempler pareil spectacle. »

Elle allait et venait pour admirer la basilique sous des angles différents ; elle était excitée, émue, bouleversée, me harcelait de questions. Je la regardais enchanté, heureux de voir tant d'enthousiasme pour ma ville de prédilection.

Venise, c'était le remède à tous mes maux. Quand j'avais des ennuis, que tout allait de travers, je prenais la voiture et partais pour Venise. Je marchais quelques heures dans ses rues, allais voir mes monuments préférés, une ou deux églises, et surtout le très célèbre tableau « Notre Dame de l'Assomption » de Titien aux Frari et chaque fois je retrouvais la confiance et la sérénité. Alors, la joie émue que j'observais chez Maria Callas me charmait. Je compris aussitôt qu'elle devait être très artiste. « Qui admire la beauté avec tant d'ardeur, me dis-je, doit receler en son âme des trésors qui remonteront un jour ou l'autre à la surface. » La visite à Venise se limita à la piazza San Marco. J'emmenai ensuite mes amis dîner dans un restaurant, puis nous prîmes le chemin du retour. Maria était transformée. Elle ne cessait de parler, et passait en revue tout ce qu'elle venait de voir. Petit à petit la conversation l'entraîna à me parler de sa vie, de sa carrière. Elle me raconta les difficultés qu'elle avait rencontrées à New York, m'avoua que depuis un bon moment elle tentait vainement de trouver du travail. Elle avait passé des auditions au Metropolitan, et même Toscanini l'avait écoutée. Pourtant personne ne l'avait aidée. On avait songé à elle pour une *Butterfly* au Metropolitan, mais dans un moment de révolte elle avait refusé.

Elle me parla de ses parents. Sa mère ne s'entendait pas avec son père et avait vécu en Grèce pendant quelques années, divisant la famille. Elle me raconta qu'elle n'avait personne à qui se confier, à qui demander conseil. Il lui fallait se débrouiller toute seule dans une voie difficile, incertaine. Ce voyage en Italie constituait son dernier espoir. Elle attendait beaucoup de cette *Gioconda* à l'Arena. Si tout ne se passait pas bien, peut-être cette œuvre marquerait-elle le terme de sa carrière.

Quand elle parlait ainsi de sa carrière, de son avenir, elle ne montrait pas l'enthousiasme des jeunes, elle était triste, pessimiste. Elle employait un ton froid, désabusé, celui d'une personne habituée aux déceptions, aux sacrifices, aux humiliations. Elle m'expliqua pourquoi elle avait d'abord refusé de nous accompagner à Venise : elle n'avait pas de quoi se changer et mourait de honte à l'idée de se montrer avec le même petit chemisier que la veille au soir.

« Je devrais m'acheter quelques vêtements, ajouta-t-elle, mais je n'ai pas d'argent. »

Arrivés à Vicenza, nous nous arrêtâmes piazzale

Garibaldi. Il était deux heures du matin, mais nous continuâmes à discuter. Je lui demandai :

« Vous n'avez donc jamais trouvé quelqu'un qui s'intéresse à vous, qui vous donne un coup de main ? »

Elle me regarda avec un sourire triste, stupéfaite par ma question, et répondit :

« Mais, qui voulez-vous qui s'intéresse à moi, avec mon physique ?

– Ne vous dépréciez pas trop, fis-je pour tenter de la consoler.

– Je n'ai pas l'habitude de me cacher la vérité », répondit-elle.

La conversation se poursuivit encore un long moment. En mon for intérieur, j'avais pris ma décision. Je voulais aider cette jeune fille et cherchais comment le lui annoncer sans être mal compris. Je le lui dis :

« Je m'intéresse à l'opéra. J'ai déjà aidé quelques jeunes. Je suis persuadé que vous possédez des qualités et que vous pouvez réussir. Donc, si vous me le permettez, je voudrais vous donner un petit coup de main à vous aussi. Réfléchissez-y, ne répondez pas tout de suite. J'aimerais seulement que vous m'accordiez votre confiance. »

Elle s'émut. Je l'embrassai, tendrement. Puis je remis le moteur en marche et nous rentrâmes à Vérone.

Le lendemain, je lui écrivis ma première lettre :

« Chère mademoiselle, j'ose espérer que notre bien court séjour vénitien d'hier soir vous a apporté, à vous et à votre charmante amie, plaisir, réconfort et joie, et j'ai le ferme espoir que nous y retournerons bien vite et plus tranquillement.

« Je vous envoie le journal local d'hier qui annonce votre arrivée à Vérone. Je chercherai le livret de *La Gioconda* et vous demanderai de me redonner le nom du colonel pour m'aider à retrouver les renseignements que vous désirez. Je suis à votre disposition, faites mes amitiés à Louise, bien cordialement. G.B. Meneghini.

« *N.B.* : mon numéro de téléphone : 3846. »

C'était une lettre des plus formelles, mais je désirais sonder les réactions de Maria après mon baiser de la veille au soir. Le numéro de téléphone mentionné en post-scriptum fit son office. Maria m'appela et je compris qu'elle était ravie. Deux jours plus tard, je passai la prendre à l'hôtel et l'emmenai dîner sur le lac de Garde. Je voulais mettre au point notre accord.

« D'ici à la fin de l'année, annonçai-je, il reste six mois. Durant cette période, je pourvoirai à toutes vos dépenses : hôtel, restaurant, couturière, tout. Préoccupez-vous seulement de chanter et d'étudier avec les professeurs que je vous choisirai. A la fin de l'année nous évaluerons les résultats. Si nous nous déclarons tous deux satisfaits, nous conclurons un accord qui réglera nos futurs rapports de travail. »

Elle accepta, et ce soir-là je commençai à organiser la préparation de Maria Callas. Quelques jours plus tard, toutefois, notre accord professionnel se mua en parfait accord sentimental.

Petit à petit, je découvris par quelles humiliations elle était passée. Combien sont-ils à s'être vantés d'avoir aidé Maria Callas au début de sa carrière ? Quand la Callas est devenue célèbre, chacun a rappelé le moindre service rendu ; pourtant, jusque-là, tout le monde l'avait exploitée. Même le contrat dressé en Amérique pour l'Arena de Vérone constituait une atteinte à la justice. Le seul qui, aux États-Unis, avait essayé de donner un coup de main à Maria, c'était Nicola Rossi Lemeni.

En 1946, Maria et lui avaient tenté de réussir ensemble en fondant une compagnie de jeunes à laquelle appartenaient aussi le ténor Infantino – qui épousa plus tard Sarah Ferrati –, le chef d'orchestre Sebastian et une autre cantatrice, italienne, dont le nom m'échappe. Après être passés dans plusieurs villes sans rien conclure, ils avaient dû dissoudre la compagnie.

Nicola Rossi Lemeni, qui quittait New York pour la saison lyrique de Vérone, était allé saluer

Zenatello. Ce dernier lui avait appris, à propos de cette saison de l'Arena, que la distribution des divers opéras était fixée mais que le rôle de Gioconda n'était pas encore attribué définitivement. Il avait d'abord été proposé à Herva Nelli, recommandée par Toscanini, mais le cachet posait des problèmes insolubles. Herva Nelli avançait un chiffre exorbitant pour les finances de l'Arena. Aussi Rossi Lemeni en profita-t-il pour parler de Maria Callas, assurant à Zenatello que son amie possédait la voix qui convenait à ce rôle. Zenatello demanda à l'écouter, la jugea « assez intéressante » (comme il l'écrivit ensuite dans une lettre adressée à Vérone) et l'engagea.

Ce que j'ai toujours reproché à Zenatello, c'est d'avoir profité de la situation de Maria. Il la vit aux abois, et lui rédigea un contrat d'esclave. J'ai conservé ce contrat, qui représente, je le répète, une véritable atteinte à la justice. Il prévoyait un cachet de quarante mille lires par représentation avec quatre représentations garanties. Mais Maria devait se présenter à Vérone un mois à l'avance pour les répétitions. Pour le voyage, le séjour à Vérone et les frais divers, on ne lui accordait pas un sou. En outre, Maria étant liée par contrat à l'imprésario Bagarozy, celui-ci exigeait ses dix pour cent – même si Maria ne devait cet engagement qu'à l'amitié de Rossi Lemeni – et avait envoyé son épouse en Italie pour percevoir ce pourcentage.

Pour payer son voyage, Maria avait dû demander un prêt à son parrain. Elle était partie avec une petite valise de carton bouilli fermée par une ficelle, comme une émigrante sans le sou. Elle avait voyagé sur un cargo russe et souffert le martyre. A peine débarquée à Naples, on lui avait volé le peu qu'elle possédait. De Naples à Vérone elle avait voyagé en train, un jour et une nuit, toujours debout.

Voilà la situation dans laquelle je trouvai Maria Callas lorsque je lui offris mon aide. Alors quand je lis que la Callas aurait été découverte par l'Arena de Vérone, ou par Zenatello, ou par je ne sais qui

24

encore, j'entre dans une rage folle. Personne n'a découvert Maria Callas. Tous ont essayé d'exploiter son talent. Avant même d'entendre sa voix, je fus ému par son histoire. C'était une jeune fille qui avait désespérément besoin d'aide, et je lui offris la mienne sans rien lui demander en échange.

CHAPITRE III

LES DEBUTS A L'ARENA

A la répétition générale, Maria faillit mourir – Elle ne remporta pas le succès dont par la suite on a tant parlé – Cusinati, son véritable maître – A cinquante-deux ans, amoureux pour la première fois – Les réactions violentes de ma famille – « Mais ne vois-tu donc pas que c'est une patate », me disaient mes amis

Ma première démarche, une fois prise la décision d'aider Maria, consista à lui trouver un bon professeur qui la préparât pour ses débuts à l'Arena. Elle m'avait raconté sa vie et brossé un tableau de ses études. Elle possédait une bonne formation musicale mais chantait depuis deux ans à peine.

Son premier professeur de chant, en Grèce, ne fut pas Elvira De Hidalgo, comme on l'a toujours écrit et soutenu, mais une certaine Trivella, qui enseignait au Conservatoire National de Grèce. Avec cette Trivella, Maria ne s'était pas très bien entendue, et au bout d'un an, elle opta pour le Conservatoire d'Athènes où enseignait Elvira De Hidalgo, une Espagnole, ancien soprano léger, excellent professeur, qui la comprit, l'aida à placer sa voix et la forma. Pendant son séjour en Amérique, après la guerre, Maria avait fort peu étudié et presque jamais chanté.

Je ne suis pas musicien, mais je m'y connais. Quelques jours à peine après notre rencontre, j'avais jugé les possibilités de Maria ; j'élaborai alors un plan de travail pour donner toute son ampleur à sa voix et développer au maximum ses qualités. Je lui déclarai :

« Tu es ici pour la saison de l'Arena, liée par un contrat à ce théâtre véronais. Tu dois donc accéder à toutes leur demandes. Mais en même temps, tu vas étudier avec un professeur que je vais te choisir. »

A Vérone il y avait un professeur de musique, Ferruccio Cusinati, chargé de préparer les chœurs pour les opéras de l'Arena ; je le connaissais fort bien et le tenais en grande estime. C'était un fin connaisseur de voix. Je lui avais déjà confié des jeunes auxquels je comptais m'intéresser et avais pu constater l'expérience et le talent qui entraient dans son enseignement. Quoiqu'il ne fût pas apprécié à sa juste valeur, c'était un professionnel d'une rare qualité. Je lui présentai Maria. Après l'avoir écoutée, il convint qu'elle possédait des moyens vocaux vraiment remarquables.

« Elle est à ta disposition », conclus-je. « Il faut lui adoucir la voix, la rendre souple, la perfectionner. A partir d'aujourd'hui, elle viendra prendre une leçon chaque jour. Il faut en faire une Gioconda *parfaite.* »

C'est ainsi que Ferruccio Cusinati devint le professeur de la Callas. Quand elle ne répétait pas à l'Arena, Maria se rendait chez lui, via Valverde. J'ai gardé tous les reçus des leçons que je payai à Cusinati. Et même *La Gioconda,* l'opéra avec lequel Maria devait débuter à l'Arena, je le lui fis étudier avec Cusinati. Elvira De Hidalgo fut le professeur qui enseigna à Maria la technique du chant, qui « l'introduisit » dans le monde de la musique ; Ferruccio Cusinati, celui qui lui enseigna tous les opéras de son répertoire et l'aida à créer ses célèbres interprétations. Les journaux et les livres n'ont jamais mentionné ce professeur véronais. Son nom n'est jamais apparu dans les biographies de Maria, bien qu'il fût le véritable professeur de la Callas. Maria, dans quelques notes manuscrites préparées pour répondre à un article du *Times* où elle avait relevé une foule d'inexactitudes, écrivit : « Il n'est pas vrai que Meneghini a prié le maestro Tullio Serafin de me préparer, et que celui-ci m'a appris mes rôles ; mon professeur fut Ferruccio Cusinati. » Tullio Serafin fut en fait le chef préféré de Maria, mais non le « professeur » qui lui « enseignait » les œuvres.

Sous la férule de Cusinati elle étudiait avec enthousiasme et apprenait avec une rapidité exceptionnelle. Elle était heureuse, ravie de travailler. Elle avait compris que mon aide était une affaire sérieuse et terriblement importante. Pour la première fois de sa vie, peut-être, elle se sentait rassurée, libérée des problèmes et des préoccupations financières. Elle me remerciait de mon intérêt avec une affection et une dévotion émouvantes.

Je continuais à travailler de mon côté. Nous nous voyions seulement le soir, quand je rentrais en ville. Maria logeait à l'Hôtel Accademia, mais déjeunait et dînait au Pedavena. Quand je n'y étais pas, elle mangeait dans un coin, toute seule, à la mezzanine du restaurant. Personne ne lui adressait la parole, car elle était absolument inconnue et, comme je l'ai déjà mentionné, peu attirante. Le soir elle m'attendait, même si je rentrais tard, et nous dînions ensemble. Je me souviens de ces soirées avec émotion. Maria me racontait ce qu'elle avait fait dans la journée, comment s'étaient passées les répétitions à l'Arena ; je lui donnais des conseils, nous échafaudions des projets pour l'avenir.

J'étais content. Je suivais de près sa préparation et ses progrès car je tenais beaucoup à son succès, sans pourtant spéculer sur sa carrière. Je savais que réussir dans le lyrique était une vraie loterie. J'avais aidé d'autres jeunes qui paraissaient dotés de dons exceptionnels, mais aucun d'eux n'avait percé. Je ne me faisais pas plus d'illusions sur Maria. Je ne cherchais pas l'argent, je n'espérais pas exploiter son succès, je voulais seulement l'aider.

Au fil des jours, nos conversations prirent un tour de plus en plus affectueux. Nous commençâmes à éprouver l'un pour l'autre une grande sympathie, puis très vite nous comprîmes que nous étions faits pour nous entendre. Je me rendis compte que jamais je n'avais été plus amoureux. Maria voulait que nous nous mariions sans plus attendre. Je le désirais aussi. Pour la première fois de ma vie je sentais que jamais je ne regretterais cette décision. Mais il fallait surmonter mille et une difficultés, et je dus la persuader de prendre patience. Elle ne comprenait pas pourquoi, mais finit par se résigner.

Quels étaient donc les problèmes qui me contraignaient à retarder notre mariage ? Tout d'abord, l'hostilité que mon histoire d'amour avec Maria avait éveillée en ville et surtout dans ma famille. Quand, à Vérone, les gens s'aperçurent que la jeune cantatrice venue d'Amérique et moi nous aimions d'amour tendre, ce fut la fin du monde. J'étais fort connu et estimé. On me tenait pour un habile homme d'affaires. Lorsqu'ils rencontraient de grosses difficultés, les plus grands industriels de Vénétie recherchaient mes conseils et mon aide. Mon histoire avec la Callas déchaîna les critiques et les bavardages. J'avais tout le monde à dos. « Mais enfin », me répétaient mes amis, « tu ne vois pas que c'est une patate, une cruche ! Mais regarde comme elle est laide, balourde... Tu as perdu la tête, on ne te reconnaît plus ! » Et d'autres arguments de même farine.

En famille, c'était encore pire. Tous se coalisèrent contre moi et commença alors une bataille qui devait durer dix ans.

Pour permettre au lecteur de comprendre cette histoire absurde, incroyable, il convient que je donne quelques détails sur ma famille. J'étais l'aîné de onze enfants. Tout jeune déjà, j'avais fait preuve d'une passion pour les études, et mon père, qui possédait une petite briqueterie, avait résolu de m'envoyer à l'université. Une fois terminée l'école, à Vérone, je m'inscrivis à la section Économie et Commerce à l'Ecole supérieure de Venise, une sorte d'université. J'aimais voyager et écrire, je voulais devenir journaliste.

Mes études furent interrompues par la Première Guerre mondiale. Je partis comme officier d'artillerie de campagne, et ramenai trois croix de guerre et d'autres décorations. Revenu du front, je me réinscrivis à Venise. J'allai obtenir mon diplôme quand mon père m'appela auprès de lui. Il n'avait que soixante ans, mais se sentait déjà vieux. Il me déclara :

« Battista, j'ai décidé de quitter l'entreprise et de te la confier. Je te confie aussi tes dix frères et sœurs aux besoins desquels tu pourvoiras afin qu'ils grandissent dans le bien-être, mènent leurs études jusqu'au bout et se fassent une bonne situation. »

Je crus mourir. Envolés tous mes rêves de voyages ! Mais je tenais pour « sacrée » la volonté de mon père et acceptai sans restriction la tâche qu'il me confiait. J'abandonnai mes études et me jetai tête baissée dans le travail.

Nous étions en 1920. L'entreprise de mon père était petite, de type artisanal. Les briques se fabriquaient à la main, on mélangeait la terre dans la cour de la maison puis on procédait à la cuisson dans de petits fours chauffés au bois. A partir de ce moment-là, je n'eus plus qu'un seul but dans la vie : l'entreprise, l'avenir de mes frères et sœurs.

Je devins pour eux un père. Je fis étudier les garçons et les aidai à trouver d'excellentes situations (l'un devint médecin, un autre professeur de gynécologie à l'université, un troisième général, et un quatrième docteur en chimie). J'établis les filles avec tout autant de succès. Quant à l'entreprise de petite fabrique qu'elle était j'en fis une importante usine, une des plus modernes et des plus développées

New York, 1934. Maria Callas (à gauche), à l'âge de onze ans, avec un ami et sa sœur Jackie, seize ans. Maria commença à étudier le chant et le piano à huit ans. Sa mère l'obligeait à participer à des concours et la fit chanter à la radio. Maria détestait tout cela, et a toujours accusé sa mère d'avoir gâché son enfance

Athènes 1938. Maria Callas (première à gauche) avec sa mère Envanghelia et sa sœur Giacinta dite « Jackie ». A Athènes, Maria commença d'abord à apprendre le chant avec Maria Trivella puis avec la grande Elvira De Hidalgo qu'elle considéra toujours comme son seul professeur véritable.

d'Italie. En 1947, je dirigeais douze établissements qui employaient des dizaines d'ouvriers. Évidemment, pour faire face à de tels engagements, j'avais sacrifié ma vie privée. Je travaillais jusqu'à vingt heures par jour. Tandis que chacun de mes frères avait fondé une famille, moi j'y avais renoncé. A cinquante ans, j'étais riche, connu dans le milieu des affaires et de l' industrie, estimé de tous, mais seul, seul à en pleurer. Je n'avais même pas de maison et vivais quasiment à l'hôtel.

La rencontre avec Maria, son très tendre attachement, son désir de fonder un foyer me forcèrent à ouvrir les yeux. Je découvris à mon tour l'attrait de la famille et compris qu'était venu le moment de penser à moi. Je résolus de me marier.

Lorsque les membres de ma famille constatèrent que Maria n'était pas une passade, une aventure de quelques semaines, la colère les prit. Tous craignaient qu'une fois marié je ne cesse de m'occuper d'eux exclusivement, et qu'en cas de décès mon patrimoine ne leur échappât. S'ils s'étaient souvenus de mon dévouement à leur égard, ils auraient pu se dire : « Notre frère nous a sacrifié les plus belles années de sa vie, il est normal qu'il songe maintenant un peu à lui.» Mais non, ils se liguèrent tous contre moi.

Avec Maria, ils se montrèrent d'une méchanceté inouïe. Quoique ne la connaissant pas, ils lui attribuaient tous les défauts et refusaient de la voir. Je ne pus jamais l'emmener chez moi. La seule à prendre ma défense fut ma mère. Elle demanda à rencontrer Maria, comprit que c'était une gentille fille, que nous serions heureux ensemble, et prit mon parti. Cela ne fit qu'accroître l'acharnement de mes frères et sœurs.

Notre différend sortit du cercle familial pour finir devant les tribunaux. Il s'ensuivit un litige qui dura une dizaine d'années. A une certaine époque, entre les avocats, les experts, les ingénieurs, les géomètres et les notaires une bonne soixantaine de professionnels suivaient la controverse, qui engloutissait des

31

centaines de millions, une grande partie de notre fortune. Je refusais de céder, non seulement parce que j'avais donné vie à cette entreprise et que j'avais assuré le bien-être de toute ma famille, mais parce que je sentais que mes frères et sœurs, sans moi, ne sauraient plus aller de l'avant.

Je luttai, espérant qu'ils reviendraient à la raison, mais ils ne voulurent pas m'écouter. Leurs conditions étaient claires : ou la famille Meneghini ou la Callas. Un beau jour, hors de moi, je jetai : « Gardez tout, moi je reste avec Maria, mais souvenez-vous que vous aurez encore besoin de moi. » En quelques années à peine l'affaire périclita. Je dus intervenir pour éviter le pire, mais la grande entreprise des Meneghini n'existe plus.

C'est là un chapitre douloureux de ma vie, mais aussi un épisode lié à Maria Callas. Cette femme qui a révolutionné l'art, l'opéra a aussi bouleversé, révolutionné, détruit la famille Meneghini. Elle souffrait de cet état de choses. Elle disait : « Battista, je me sens coupable. Regarde ce qui arrive à cause de moi. Quitte-moi, oublie-moi. »

Elle m'aimait vraiment. Je n'ai jamais regretté d'avoir abandonné pour elle mon entreprise et ma famille. J'ai toujours été persuadé qu'elle en aurait fait autant par amour pour moi, et j'en ai encore récemment trouvé la preuve. Parmi ses notes, j'ai découvert cette déclaration : « Si Battista me l'avait demandé, pour lui j'aurais été jusqu'à abandonner le chant. » Il n'est donc pas vrai que l'art ait tenu la plus haute place dans la vie de Maria Callas, comme tant de gens se sont plu à l'écrire et à le proclamer. Le chant était une profession qu'elle exerçait avec sérieux, ardeur, passion mais ce qui lui importait le plus, du moins pendant les années où elle vécut avec moi, ce fut notre couple, notre amour, notre vie commune.

Le mois de juillet 1947 passa dans cette atmosphère de trouble, d'agitation. Les répétitions à l'Arena se poursuivaient. Mais aucun mouvement ne se créait autour de Maria. Les journaux et le public semblaient tout attendre de Renata Tebaldi, interprète de la seconde œuvre au programme, le *Faust* de Gounod. Ce fut au cours de la répétition générale de *La Gioconda* que j'eus la révélation de l'avenir qui attendait Maria. Sur la scène, sa présence dominait et envoûtait.

Mais la malchance s'acharna contre elle. A la répétition générale, Maria faillit se tuer. Tandis qu'elle sortait de scène, elle ne vit pas l'une des galeries qui menaient aux souterrains de l'amphithéâtre, et tomba. Cette chute aurait pu être fatale et lui coûter la vie comme au pauvre Mario Riva. Heureusement, elle s'en tira avec quelques bleus et une cheville foulée, qui la fit néanmoins terriblement souffrir.

Arriva enfin le jour de la « première ». Je me sentais très nerveux. Maria, malgré ses douleurs à la cheville, paraissait calme. Elle disait :

« Je suis myope comme une taupe. Quand je rentre en scène je ne vois rien. Je fais ce que j'ai à faire, un point c'est tout. »

J'assistai à la représentation dans la coulisse. Maria ne me permit pas d'aller m'asseoir au parterre, comme je l'aurais aimé. Elle me voulait tout près d'elle.

« Être tout près », « passer le moins de temps possible éloignés l'un de l'autre », l'idée fixe de Maria depuis les premiers jours de notre rencontre.

« Supprimons tout ce qui nous sépare », répétait-elle à l'envi.

Avant de s'éloigner, ne fût-ce qu'une demi-heure, elle y réfléchissait. Elle était capable de renoncer à une visite, à une promenade, si je ne pouvais l'accompagner. Dans toutes les maisons où nous avons vécu, mon bureau devait se trouver à côté de la chambre à coucher. « Tu te lèves toujours tôt pour travailler », disait-elle « tandis que je dois me lever tard. Je ne veux pas que le travail t'éloigne de moi. Étudie tes dossiers tout près, j'ai besoin de sentir ta présence. »

Pendant les spectacles, elle me voulait toujours en

coulisse, pour l'accueillir dès qu'elle avait terminé de chanter et l'accompagner dans sa loge. Si j'étais tout près, elle se sentait paisible. Moi, au contraire, chacune de ses représentations me mettait au supplice. Je craignais toujours une catastrophe, qu'elle perde sa voix, qu'elle tombe. Je m'agitais, transpirais, marchais de long en large.

Beaucoup se souviendront du fameux concert du 19 décembre 1958, donné à l'occasion du gala de bienfaisance de la Légion d'honneur, à l'Opéra de Paris, où Maria chanta devant un public exceptionnel qui comptait le président de la République française, René Coty, le duc de Windsor, le Begum, Charlie Chaplin, le marquis de Cuevas, Jean Cocteau, les Rothschild et bien d'autres personnalités. Eh bien moi, comme de coutume, je me trouvais derrière la scène, à épier depuis les coulisses et à souffrir tous les tourments de l'enfer. Je devais être plutôt agité car un monsieur finit par s'approcher de moi et me demanda : « Vous êtes bien monsieur Meneghini, le mari de madame ? » « Oui », répondis-je. « Je suis le médecin du théâtre », déclara-t-il en me présentant sa carte de visite, « et je me permets de vous avertir que vous vous ruinez la santé à suivre le travail de votre femme avec tant d'appréhension. A votre âge, ces émotions pourraient vous être fatales. » En 1958, il y avait déjà onze ans qu'à chaque représentation de Maria je souffrais le même martyr.

Mais revenons à *La Gioconda* de l'Arena. La première se passa à merveille. Maria, avec sa cheville démise, ne pouvait guère bouger. Mais sa voix était admirable.

Pourtant, ce ne fut pas un triomphe. Dans tous les livres, dans tous les articles écrits sur Maria, on évoque cette soirée de l'Arena en termes légendaires. En fait, il ne se passa rien d'extraordinaire. Un bon succès, sans plus. Personne ne cria au miracle. S'il en avait été autrement, les offres de travail auraient immédiatement afflué, comme toujours lorsque se révèle une nouvelle étoile. Après *La Gioconda* de l'Arena, Maria ne reçut aucune proposition pour chanter d'autres œuvres.

Pas même, Serafin, le chef d'orchestre de *La Gioconda,* connu pour être le plus grand spécialiste du lyrique, ne comprit alors tout le génie de Maria. Il aurait pu l'engager pour d'autres spectacles, la proposer à d'autres théâtres, l'imposer. Il ne fit rien de tout cela car il ne vit en elle qu'une chanteuse ordinaire, comme tant d'autres. Dans une lettre qu'il m'envoya tout de suite après la saison lyrique de Vérone, il m'écrivit que Maria possédait en effet d'excellents moyens vocaux, qu'elle pourrait affronter n'importe quel répertoire, mais qu'elle n'avait pas « une voix italienne » et qu'il lui fallait encore travailler. En deux mots, il m'avouait que Maria ne ferait jamais une grande carrière.

CHAPITRE IV

ÉCHEC A LA SCALA

Pourquoi Maria décida de ne pas retourner en Amérique – Je dus effectuer un rachat pour qu'elle obtienne le renouvellement de son passeport – L'audition à la Scala et l'incroyable verdict – « Cela m'est égal, déclara Maria, je t'ai et je suis heureuse »

Le 17 août 1947, avec la dernière représentation de *La Gioconda*, le rideau tomba sur la saison lyrique de l'Arena. Maria Callas alla toucher son cachet, versa son pourcentage à l'épouse de l'avocat Bagarozy et fêta avec moi son premier succès d'importance en Italie.

Comme je l'ai déjà dit, il ne s'était rien passé d'extraordinaire à l'Arena. Maria avait remporté un bon succès, Tullio Serafin s'était montré satisfait, mais pas enthousiaste. Toutefois, même si ces débuts véronais n'avaient pas apporté à Maria de nouvelles offres de travail, nous étions contents et prêts à nous lancer à la conquête de la gloire.

Quelques jours plus tard, je dis à Maria :
« C'est le moment de prendre une décision

définitive. Je te réaffirme ma volonté de t'aider, mais il te revient de décider si tu veux accepter. Si tu restes, il faut dès aujourd'hui établir un plan de travail et commencer à le mettre en œuvre ; si tu décides de repartir en Amérique, nous devons réserver une place sur le bateau. »

Maria n'hésita pas un instant.

« Je ne peux plus partir », avoua-t-elle. « Ce n'est pas tant que je pense à ma carrière, mais tu es l'homme de ma vie et je ne peux plus vivre sans toi. »

Mon plan pour construire l'avenir de Maria était des plus simples.

« D'abord », commençai-je, « tu dois songer à étudier sérieusement, et pour cela nous avons déjà le professeur Cusinati. Ensuite, nous essaierons de trouver des engagements, et crois-moi, j'y parviendrai. »

Maria continua à vivre comme avant. Elle logeait toujours à l'Hôtel Accademia. Je lui avais fourni un piano pour qu'elle puisse étudier dans sa chambre. Elle faisait de longues promenades en ville. Personne ne la connaissait. Les seuls à la montrer du doigt dans la rue, c'étaient les colporteurs de ragots, qui disaient : « C'est la chanteuse américaine qui a tourné la tête à Meneghini. »

J'avais insisté auprès de Maria pour qu'elle achète, dans les boutiques, tout ce qui lui serait nécessaire. Je la voulais élégante. Elle fit preuve de la plus grande modestie, n'acheta que le strict minimum, et continua à s'habiller avec une grande simplicité. Un jour, elle me dit :

« Battista, je voudrais te demander une faveur... Je n'ai pas un seul bijou : même pas un petit collier, un bracelet, des boucles d'oreilles, rien. Pourtant j'ai toujours rêvé d'en porter. Dans une vitrine j'ai vu un bracelet, il ne coûte pas très cher, j'en ai tellement envie. »

Je l'accompagnai à la boutique. C'était un bracelet d'argent, tout simple, de fort peu de valeur. Je le lui achetai et fis ainsi son bonheur.

Elle était venue en Italie munie d'un permis de

séjour valable trois mois, qui expirait vers la mi-septembre. Il fallait le renouveler. Nous allâmes à Venise présenter la demande au Consulat. Je pensais qu'il s'agissait d'une affaire qui se réglerait en quelques heures, mais l'employé nous déclara qu'il devait la transmettre en Amérique et que la réponse n'arriverait pas avant une dizaine de jours. Nous profitâmes de cette occasion imprévue pour visiter la ville. Venise était ma ville préférée. J'y avais emmené Maria le lendemain de notre première rencontre ; ensuite, je lui en avais parlé souvent et elle aussi l'aimait énormément. Maria avait une faculté étonnante pour assimiler les belles choses. Rien qu'à sa seconde visite à Venise, je découvris qu'elle la connaissait déjà fort bien. Elle avait lu, s'était documentée, et voulait visiter des églises et des palais dont j'ignorais jusqu'à l'existence.

L'une des haltes favorites était l'église des Frari, où se trouvait l'« Assomption » du Titien, mon tableau préféré. J'étais persuadé qu'il me portait bonheur, et j'en avais accroché plusieurs reproductions dans mon bureau. La beauté de ce tableau commença à toucher Maria. Il devint « notre tableau », « notre Madone ». Pendant ces quelques jours, les excursions à Venise nous procurèrent un passe-temps délicieux. Le temps était magnifique, les soirées divines. Avec la bonne excuse de suivre les démarches consulaires, nous partions pour Venise à la moindre occasion.

La réponse arriva enfin d'Amérique. « L'affaire est plutôt embrouillée », nous déclara l'employé du Consulat. Il nous sortit un dossier bourré de documents, dont il résultait que Maria devait une somme considérable à l'État américain. Il s' agissait des dépenses engagées par le gouvernement pour la rapatrier de Grèce à la fin de la guerre. Maria savait qu'elle devait de l'argent à certaines personnes qui l'avaient aidée à payer son voyage en Italie, mais elle ignorait tout de cette dette envers l'État. Elle approchait pourtant mille dollars, une somme non négligeable.

« Si vous ne payez pas, » déclara l'employé du Consulat « nous ne pouvons pas vous délivrer votre passeport. » « Il n'y a pas le moindre problème », intervins-je, et je payai la somme. Ainsi Maria obtint un passeport qui lui permettait de rester en Italie autant de temps qu'elle le désirait.

Le passeport était établi, Cusinati se montrait chaque jour plus enthousiaste des progrès de Maria, il ne manquait plus que les contrats. Je décidai d'emmener Maria à la Scala pour lui faire passer une audition. En mon for intérieur, je me disais : « Si là-bas ils la prennent, c'est gagné. » Les résultats obtenus à l'Arena et les encouragements de Cusinati me donnaient bon espoir.

J'étais un ami d'Antonio Guarnieri, grand chef d'orchestre. Je l'avais connu à la Fenice de Venise où j'allais souvent avec un ami passionné de Wagner. Cet ami, Amleto Faccioli, était professeur de lettres et avait abandonné l'enseignement pour devenir entrepreneur en bâtiments. Il possédait une telle connaissance des œuvres wagnériennes qu'il en étonnait jusqu'à Antonio Guarnieri, pourtant grand spécialiste de cette musique. Quand Guarnieri dirigeait Wagner à la Fenice, nous allions toujours l'écouter. Faccioli suivait le concert avec tant de passion que je craignais toujours pour sa santé. Il s'agitait, transpirait. Je disais souvent à sa secrétaire : « Un de ces jours, il va se consumer et nous ne retrouverons plus rien sur son siège. »

Quand je décidai d'emmener Maria à la Scala, je pensai aussitôt à me faire recommander par Guarnieri. Celui-ci me donna une lettre d'introduction pour le directeur artistique de l'époque, Mario Labroca, musicien et compositeur éminent. Le directeur était Antonio Ghiringhelli, un homme impossible à voir. Enfermé dans ses bureaux comme dans une forteresse, il dirigeait le théâtre par le truchement d'une myriade d'employés confinés dans des tâches mystérieuses. De Ghiringhelli et de sa cour, j'aurai l'occasion de parler plus longuement par la suite.

Un jour j'annonçai à Maria :
« Demain, nous allons à Milan.
– Parfait, à quelle heure partons-nous ? »
demanda-t-elle.
Elle ne s'enquit pas de ce qui nous appelait là-bas.
Elle vivait heureuse. Elle me faisait pleinement
confiance et ne se préoccupait de rien. L'absence de
contrats l'inquiétait peu. C'était secondaire. Elle ne
pensait qu'à moi, le chant et la musique lyrique ne
comptaient pas beaucoup.
Une fois dans le train je finis par lui avouer :
« A cinq heures nous avons une audition à la Scala.
– Alors c'est un voyage important », répondit-elle.
A l'heure fixée nous nous trouvions à la concierge-
rie du théâtre milanais et j'annonçai au gardien que
nous avions rendez-vous avec Mario Labroca.
« Asseyez-vous, il arrive tout de suite », nous
répondit-on.
Nous attendîmes. Il y avait là un jeune ténor qui
devait lui aussi passer une audition.
Au bout d'un moment, Mario Labroca arriva. Il
nous fit entrer dans le théâtre. Sur la scène, dans
un coin, se dressait le piano, devant lequel était assis
l'accompagnateur.
Labroca dit au jeune ténor :
« Nous allons vous écouter le premier, allez-y. »
Le jeune homme monta sur la scène et interpréta
« Che gelida manina » de *La Bohème* de Puccini. Il
n'avait pas beaucoup de voix et une façon de chanter
que je jugeai désastreuse. Mais il plut à Labroca.
« Pour la saison prochaine, l'affiche est complète »,
lui déclara-t-il, « vous nous serez utile plus tard.
Tenez-vous à notre disposition. Dans quelques jours
je vous enverrai une lettre vous indiquant les dates
auxquelles nous pourrons faire appel à vous. »
Et sur ces mots il donna congé au ténor.
Je pensais : « Ils ne sont pas si exigeants que ça
à la Scala. Si Labroca s'est enthousiasmé pour
celui-là, que va-t-il se passer quand il aura écouté
Maria. »
« A vous, mademoiselle », annonça Labroca tourné

vers Maria, qui monta aussitôt sur la scène et s'approcha du piano :

« Que voulez-vous me faire entendre ? » demanda Labroca.

« Ce que vous voudrez » répondit Maria.

« Non, non, choisissez l'air où vous vous sentez le plus à l'aise.

– Voulez-vous entendre " Casta diva " de *Norma* ? » reprit Maria.

Labroca lui lança un regard contrarié. Cet air compte parmi les plus difficiles. Seules les débutantes présomptueuses et peu avisées le proposent à une audition. Je crois que Labroca, devant une telle suggestion, crut se trouver face à l'éternelle soprano prétentieuse et ignorante.

« Va pour " Casta diva ", si vous y tenez », grogna-t-il.

Maria, tranquille, attendit que l'accompagnateur lui donne l'attaque et commença à chanter. « Casta diva » est l'air que Maria Callas a rendu célèbre même auprès de ceux que le lyrique ne passionne pas. Elle parvenait à l'interpréter comme nulle autre au monde. La voix, les respirations, cette mélancolie poignante qu'elle réussissait à faire passer dans les notes restent inoubliables. Et ce jour là aussi, elle le chanta à la perfection. J'étais bouleversé. Labroca, par contre, s'agitait sur son siège visiblement mécontent. A la fin, il n'exprima pas le moindre jugement mais demanda à Maria si elle pouvait aussi lui interpréter « Cieli azzurri » d'*Aïda*. « Oui », lui répondit Maria, et elle le chanta.

« Merci », fit le maestro en l'interrompant. « Pour le moment nous n'avons pas de place, il n'y a donc rien à faire. Mais je me souviendrai de votre nom. »

Tandis que Maria descendait de la scène, je pris Labroca à part et lui demandai ce qu'il pensait d'elle. Labroca savait que je m'intéressais à l'avenir de Maria, Antonio Guarnieri le lui avait écrit. Il comprit donc que je voulais un jugement précis.

« Il n'y a rien à en tirer », déclara-t-il sans la moindre hésitation. « Renvoyez-la en Amérique, et au plus vite. Vous ferez une excellente affaire ; tandis que vous en ferez une lamentable si vous la gardez ici, car il n'y a rien, vraiment rien à en tirer. »

Voilà le jugement que porta sur Maria Callas le directeur artistique de la Scala, au mois de septembre 1947. J'en restai stupéfait, mais aussi profondément découragé. Je tentai de n'en rien laisser voir à Maria, car je ne voulais pas qu'elle souffre.

Comme je me trouvais à Milan, j'en profitai pour donner quelques coups de téléphone professionnels. Nous allâmes dans un bar. Maria resta assise à une table, avec un livre. Puis je l'emmenai dîner au Savini. Les boutiques du centre, le Duomo, les rues illuminées, la célèbre Galleria la ravissaient. J'étais heureux de la voir aussi insouciante quand moi je n'arrivais pas à oublier l'échec cuisant de l'après-midi.

Pendant le dîner, Maria me demanda à brûle-pourpoint :

« L'audition s'est mal passée, non ?

– Bien au contraire », protestai-je.

Maria était une fille plus intelligente que je ne le pensais. Elle me regarda droit dans les yeux et dit :

« Ce n'est pas vrai. Je ne lui ai pas plu, à ce Broca, voilà comment je l'appelle. Mais je m'en fiche, de lui et de sa Scala. Je t'ai, toi, et je suis si heureuse, tu comprends ? Je vais travailler, et quand arrivera mon heure, je réussirai par ma seule volonté, je m'imposerai au monde sans l'aide de personne. Avec toi à mes côtés, je n'ai peur de rien, aucune difficulté ne m'effraie, je suis sûre de réussir. »

Je ne l'avais jamais entendue parler avec autant de résolution, tant de fermeté. Son assurance parvint à me réconforter. Après cette déception à la Scala, ces paroles me redonnèrent confiance et espoir. Nous dînâmes contents, puis prîmes le train pour rentrer à Vérone.

CHAPITRE V

LETTRES D'AMOUR

A Milan en quête de travail – Rencontre inespérée avec le maestro Cattozzo qui propose à Maria de chanter à la Fenice – Séjour à Rome pour étudier avec Serafin – Dix lettres passionnées en une semaine – Le triomphe vénitien

Ce soir là, au Savini, Maria était parvenue à me donner le change. Elle avait réussi à me faire croire qu'elle avait une confiance illimitée en elle. En fait, elle aussi s'inquiétait. Mais pas tant pour sa carrière que pour les soucis qu'elle me valait. C'était une femme très digne. Habituée à se sortir seule des difficultés sans jamais rien demander à personne, elle souffrait de voir tous les ennuis qu'elle me causait.

Elle connaissait l'attitude implacable de ma famille. Elle me demandait souvent des nouvelles de ma mère, de mes frères et sœurs, car elle aurait voulu les connaître. Au début, je lui avais dit qu'il valait mieux attendre un peu. Puis elle apprit la vérité et en fut attristée. Un seul de mes frères, Nicola, lui montrait un peu de sympathie, mais en cachette, pour ne pas se brouiller avec les autres.

Les allusions blessantes des amis et des connaissances de Vérone n'échappaient pas à Maria. Nous nous trouvions absolument isolés. En dehors du milieu professionnel, où les contacts dépendaient d'intérêts financiers, je ne fréquentais plus personne. Tout cela lui donnait des soucis, des remords. Puis vint s'y ajouter l'échec cuisant de l'audition à la Scala. A me voir ainsi fatigué et morose elle commença à penser que je m'étais lassé d'elle et que je n'osais le lui avouer. Elle vécut ce drame sans rien dire.

Vers le 20 septembre, quelques jours à peine après notre malheureux voyage à Milan, elle décida de s'en aller, de rentrer en Amérique. Elle m'écrivit une lettre d'adieu et fit sa valise. Mais son amour pour moi l'emporta. Elle déchira sa lettre et m'en écrivit une autre pour m'expliquer ses tourments. Je la trouvai en rentrant au bureau, le soir du 22 septembre, et la lus avec les larmes aux yeux.

« Mon cher Battista, m'écrivait-elle. Hier j'ai déchiré une lettre que je t'avais écrite et maintenant je t'en écris une autre. J'ai besoin de te dire que mon amour pour toi est si fort et si sincère qu'il va jusqu'à me faire souffrir.

« L'autre nuit et toute la journée d'hier, j'ai été au supplice. J'avais décidé de m'en aller car il me semblait que tu t'étais lassé de moi. Oui, ma décision était prise, mais j'avais tant de bonnes excuses pour ne pas la mettre à exécution. J'ai été jusqu'à faire ma valise à moitié, puis je me suis arrêtée. Te quitter serait m'infliger une punition trop dure. La vie ne pourrait m'imposer une telle souffrance et je ne crois pas la mériter. J'ai besoin de toi et de ton amour.

« Hier, j'ai compris que mes inquiétudes étaient sans fondement. Tu m'as donné une grande preuve de ton amour. J'avais besoin de sentir, de voir que ma présence ne te pesait pas, que je ne t'ennuyais pas. J'avais tellement souffert, quel bonheur qu'hier tu sois resté ainsi auprès de moi. J'aurais été si malheureuse si, la nuit dernière, tu étais parti. J'avais besoin de me blottir dans tes bras, de te sentir

44

tout près. Tu es tout à moi et je t'en remercie. Je ne désire que ton amour et ta tendresse.

« Mon Battista, tout t'appartient en moi, jusqu'au moindre de mes sentiments, ma plus infime pensée. Je vis pour toi. Ta volonté est la mienne, je t'obéis en tout, mais ne prends pas cet amour pour l'enfermer au fond d'un tiroir. J'ai besoin de ta maison. Et chaque maison a besoin d'être bien tenue. N'oublie pas qu'une femme pense, vit, et dépend de son homme. Et tu es mon homme. Une femme, Battista, ne peut aimer plus fort que je ne t'aime.

« Désormais, tu as un devoir dans la vie : vivre et bien te porter pour moi. Je t'appartiens et pour toujours, souviens-t'en. Je suis ton amie de cœur, ta confidente, ton soutien quand tu te sens fatigué ; tout ce que je puis et voudrais être encore. Ta Maria ».

De cette petite crise, notre union sortit encore renforcée. Je sentais que Maria m'aimait beaucoup plus que je n'avais pu l'imaginer. Au-dessus de mes bureaux de Vérone, je commençai à faire construire un appartement pour nous y installer. Maria, de son côté, continuait à étudier avec acharnement.

Tout allait bien ; pas tout à fait, pourtant, car je ne parvenais pas à obtenir d'engagement pour Maria. Malheureusement, je n'étais pas encore connu dans le milieu théâtral, et ne savais pas quelle filière il convenait d'emprunter. Je m'informais, recueillais des renseignements et de temps à autre tentais une approche. On m'avait dit qu'à Milan existait une agence, la *Alci*, dirigée par un certain Liduino Bonardi. C'était un personnage étrange. Presque inculte, il possédait le génie de l'organisation. Seul, dans son bureau aux murs nus, avec un téléphone, un bloc-notes et un crayon, il régissait la vie des théâtres de la moitié du globe. Il jonglait avec les chanteurs, remplaçait ceux qui ne convenaient pas, débrouillait des situations inextricables et dramatiques. Si on l'appelait de New York pour le prévenir que la cantatrice qui devait tenir le premier rôle dans un opéra était tombée malade et qu'il fallait sur l'heure lui trouver une remplaçante, en deux coups de téléphone il résolvait le problème. C'était, en fait, un magicien. Je décidai moi aussi de m'en remettre à lui.

La façon dont se déroula l'entrevue, le choix du jour, les détails de cette rencontre qui s'avéra décisive pour la carrière de Maria tiennent du mystère, de l'invraisemblable.

Aux premiers jours d'octobre de cette année-là, Nino Cattozzo, directeur de la Fenice de Venise, commença à préparer le programme de la nouvelle saison. Originaire d'Adria, bon compositeur, il avait été plusieurs années secrétaire artistique à la Scala et dirigeait la Fenice depuis quelques mois. Je l'avais connu en 28, lorsqu'il était directeur du Conservatoire de Musique de Vérone.

Cattozzo voulait marquer les débuts de son activité à la Fenice par un beau programme, et prévoyait d'inaugurer la saison avec *Tristan et Isolde* de Wagner. Cette œuvre grandiose, difficile, requiert des interprètes fort bien préparés. Cattozzo était désespérément en quête d'une Isolde.

A l'Arena, il avait vu *La Gioconda,* et donc entendu chanter Maria. Il avait apprécié sa voix, et quand il décida de mettre *Tristan* au programme, il pensa un moment à elle pour tenir le rôle d'Isolde. Avant de s'engager, toutefois, il voulait savoir si Maria connaissait déjà le rôle, car la saison commençait trois mois plus tard et personne n'aurait pu l'apprendre en si peu de temps.

Cattozzo téléphona à Angelina Pomari, la sœur du directeur du restaurant Pedavena, où Maria et moi dînions tous les soirs. Il lui demanda de s'informer si Maria connaissait *Tristan.* « Il me faut une réponse de toute urgence. J'attends ton coup de téléphone d'ici demain matin. Si tu ne m'appelles pas, je saurai que la Callas ne connaît pas le rôle et je poursuivrai mes recherches ailleurs. »

Angelina Pomari, chanteuse elle aussi, malgré ses démonstrations d'amitié à l'égard de Maria la

46

jalousait terriblement. Voilà pourquoi elle lui joua un sale tour. Elle ne parla pas du *Tristan* et ne téléphona pas au maestro Cattozzo.

Qui sait grâce à quels mystérieux pressentiments je fis obstacle à cette manœuvre ? Cattozzo avait téléphoné à Vérone le mardi soir et attendait une réponse le mercredi matin au plus tard. Le jeudi, il projetait de se rendre à Milan pour y trouver une Isclde. Et moi, le mercredi après-midi, sans même savoir pourquoi, je décidai d'aller à Milan et déclarai à Maria : « Demain, je veux essayer une autre filière pour tenter de te trouver du travail. Nous irons voir Liduino, à Milan. »

Le lendemain matin, vers dix heures, nous nous trouvions dans les bureaux de l'agence Alci. Liduino nous dominait, assis sur une sorte de trône. Je me présentai et présentai Maria. Liduino était un homme peu loquace, brusque, expéditif, un peu intimidant. Comme il n'avait pas entendu parler de Callas, je lui énonçais son *curriculum* artistique. Je lui appris qu'elle avait débuté à l'Arena avec de bonnes critiques. Il écouta, puis répondit que les théâtres étaient tous fermés, que pour la saison qui commençait en automne leurs distributions étaient au complet, qu'il ne voyait pas la moindre possibilité.

J'insistai.

« Écoutez », dis-je. « La Callas a interprété *La Gioconda* à l'Arena, n'y a-t-il aucun autre théâtre qui ait mis cette œuvre à son programme ?

– Non, je ne crois pas », reprit-il. « *La Gioconda* se monte rarement, il y a peu de demandes pour ce rôle.

– Mais est-il possible », m'obstinai-je, « que vous qui savez tout, dirigez tout, qui êtes le Napoléon des organisateurs de théâtre, vous ne puissiez me trouver un petit engagement pour cette jeune chanteuse ? »

Et voyant que je ne mollissais pas, Liduino me dit : « Vous voyez la dame, là-bas ? » et il me désigna une femme assise au fond de son bureau, une grosse femme à l'allure vulgaire. « Cette dame », reprit

47

Liduino, « est la directrice du théâtre de Pavie et elle a mis *La Gioconda* à son programme. Essayez de voir avec elle. »

Enfin ! pensai-je. Et je m'approchai de cette femme. Je me présentai et présentai Maria. Elle avait entendu parler de la jeune chanteuse américaine. Je lui expliquai que Maria, en dépit de son succès et du bon accueil de la critique, n'avait pas trouvé de nouveaux engagements.

« De célèbres chefs lui ont prédit un grand avenir », ajoutai-je. « Faites-la chanter à Pavie, vous ne le regretterez pas.

– Il est un peu tard », répondit la dame. « Je n'ai prévu que deux représentations et j'ai déjà engagé une autre soprano.

– Mais vous pourriez accorder une des deux représentations à cette jeune fille », suppliai-je.

« Oh », fit-elle, « si vous insistez vraiment, pour vous rendre service, je pourrais la prendre pour la deuxième représentation. Mais, n'oubliez pas, je ne paie pas plus de vingt mille lires. »

Je suis un homme d'affaires, habitué à payer la marchandise à son vrai prix. M'entendre offrir la charité avec une telle grossièreté me fit monter le sang la tête. J'étais depuis bientôt une heure dans ce bureau, à mendier comme un affamé. Cette aumône pour une chanteuse que je considérais comme la meilleure du moment m'humilia et même m'outragea. Rouge de colère, je pris Maria par la main et lui dis :

« Quittons cet endroit insensé. »

La porte du bureau de Liduino s'ouvrait vers l'extérieur. Je la poussai avec violence. Au même moment, de l'autre côté, quelqu'un s'apprêtait à entrer et je lui envoyai le battant en pleine figure. J'entendis un hurlement inhumain, et puis, en dialecte vénitien :

« Sainte mère, *el me ga roto el naso* (il m'a cassé le nez). »

Contre la porte, plié en deux, un homme tenait son nez en sang dans ses deux mains.

Liduino descendit de son trône et s'approcha.
« Mon Dieu », s'exclama-t-il, « vous avez cassé le nez du maestro Cattozzo ».
Je m'excusai. Liduino alla chercher de l'alcool. Nous examinâmes le blessé. Le nez saignait mais il n'y avait rien de grave, juste une égratignure. Et comme on ne trouvait pas de sparadrap, Liduino voulait y appliquer un timbre. Tandis que nous parlions, j'observai cet homme qu'il me semblait connaître. Lui aussi me regardait. Soudain, il s'exclama :
« *Ma lu nol ze Tita Meneghini?* (Mais n'êtes-vous pas Tita Meneghini?)
– Si », répondis-je. « *Ze du giorni che lo serco.* (Cela fait deux jours que je vous cherche.) »
C'était un personnage sympathique. Il ne parlait que le patois vénitien. Les amis le surnommaient « la sole » à cause de son extrême maigreur. Il m'annonça qu'il voulait débuter la saison de la Fenice avec *Tristan* et qu'il était venu à Milan en quête d'une Isolde.
« Pourquoi ne donnez-vous pas le rôle à la Callas? » demandai-je.
« Comment? » s'étonna Cattozzo, « La Callas connaît le rôle?
– Mais bien sûr », fis-je.
Maria s'apprêtait à intervenir car elle ne connaissait pas une note de cet opéra, mais d'un coup d'œil, je l'en empêchai. Cattozzo me raconta alors son coup de téléphone à Angelina Pomari et ce qu'ils avaient convenu ensemble. Comme la Pomari ne lui avait pas donné de nouvelles, il en avait conclu que la Callas ne connaissait pas le rôle.
« Je suis content », fit-il. « J'ai peut-être le nez cassé, mais au moins j'ai trouvé mon Isolde. »
Cattozzo ajouta qu'avant de signer le contrat il devait demander confirmation à Serafin, qui allait diriger l'opéra. Et comme Serafin, ce jour-là, se trouvait à Milan, il lui téléphona sans plus attendre. Serafin nous donna rendez-vous à quinze heures. Pour passer le temps, nous sortîmes déjeuner.

Tullio Serafin fut heureux de revoir Maria. Il me demanda si j'avais écouté ses conseils et l'avait envoyée étudier chez Emma Molaioli, le professeur milanais qu'il m'avait recommandé.

« Non », répondis-je.

« Vous avez eu grand tort », répliqua-t-il.

« Je l'ai envoyée chez un autre professeur, plus pratique pour nous.

– Voyons les résultats », proposa-t-il.

Il prit la partition du *Tristan* et demanda à la Callas quel air elle préférait chanter. Comme elle n'en connaissait pas une ligne, elle répondit :

« Celui que vous voudrez, maître. »

Serafin ouvrit la partition au hasard.

« Essayons ici », dit-il en indiquant une portée, et il se mit à jouer. Maria, qui déchiffrait à vue, chanta avec une assurance et une précision extraordinaires.

« Bien, bien », fit Serafin, « je vois que vous connaissez l'œuvre. »

Ils continuèrent ainsi pendant plusieurs pages, puis ils passèrent au second acte et il lui fit chanter le célèbre duo « Su noi discendi, o notte arcana ». Maria en donna une interprétation merveilleuse.

« Je suis très satisfait », observa Serafin. « La voix s'est améliorée, les leçons ont produit un effet bénéfique. Je crois que nous en tirerons une Isolde intéressante. Mais », ajouta-t-il en se tournant vers moi, « comme je veux donner de cette œuvre une interprétation digne de ce nom, vous devez me promettre de m'envoyer Maria au moins une semaine à Chianciano, pour que je lui fasse travailler cet opéra du début à la fin et lui indique comment je veux qu'il soit chanté sous ma direction.

– Maria est à votre disposition », répondis-je.

Ce soir-là, Maria et moi rentrâmes à Vérone fous de joie. A la fin de la saison de l'Arena, Serafin avait exprimé quelques réserves au sujet de Maria. Maintenant, il ne cachait pas son enthousiasme. On voyait en lui le plus grand chef d'orchestre d'opéra ; son opinion, donc, importait énormément.

Maria continua à étudier chez Cusinati avec un

enthousiasme toujours grandissant, et se consacra entièrement au *Tristan*. Elle ne doutait pas de sa réussite. A la date prévue, je l'accompagnai à Chianciano, chez Serafin, mais le maître avait été retenu par certains contretemps et il me pria de lui envoyer Maria à Rome.

Maria quitta Vérone le 28 octobre pour une semaine. C'était la première fois, depuis notre rencontre, que nous nous séparions, et nous comprîmes alors combien nous étions amoureux. Cette semaine me parut interminable. A Vérone, je me sentais triste et déprimé. Elle, à Rome, souffrait encore plus. Ce fut tout juste si elle ne s'enfuit pas, résiliant son contrat. En six jours, elle m'écrivit dix lettres. Elle alla même jusqu'à m'en envoyer trois par jour. Moi aussi, je passai mon temps à écrire, et surtout à envoyer télégramme sur télégramme.

Le 30 octobre au matin, à peine installée à l'hôtel, Maria m'écrivit :

« Cher Battista, avant tout je voudrais savoir comment tu te portes et si tout va bien. Et puis je veux te dire que tu me manques beaucoup, beaucoup trop.

« Hier soir, j'ai dîné seule pour la première fois depuis que nous nous connaissons. C'était affreux. Si ce n'était pas absolument nécessaire, je me passerais bien de manger. Depuis que je t'ai quitté, je me suis nourrie de salade verte et d'œufs. Je n'ai pas le moindre appétit. Nous sommes séparés depuis quelques jours à peine et je me sens si mal : que se passera-t-il ensuite ?

« Je sais que ton travail t'occupe beaucoup, mais je t'en supplie, ne me laisse pas sans nouvelles.

« Hier, j'ai pris ma première leçon avec Serafin, tout s'est très bien passé. Sa femme m'a fait beaucoup de compliments. Elle trouve que ce rôle me convient à merveille, aussi bien d'un point de vue vocal que physique.

« Le voyage s'est bien passé. J'étais très bien installée. Inutile, pourtant de te raconter comment j'étais à l'arrivée. Au réveil, j'avais les yeux bouffis

51

et cernés. Heureusement que tu ne m'as pas vue. J'étais si laide ! Il pleuvait à verse. J'ai dû partir à la recherche d'un hôtel car celui que m'avait indiqué Serafin était complet. J'en ai visité sept, huit même, avant de trouver celui-ci. La chambre est assez jolie, petite, un peu humide : j'espère ne pas y attraper un rhume. Malheureusement, elle est sans salle de bains. Je paie neuf cents lires plus les taxes : en tout, presque onze cents lires. Les pensions sont chères, sans eau chaude ni salle de bains : ils vous donnent à peine à manger. Les pensions plus chics coûtent environ quatre mille lires par jour. Je crois qu'il vaut mieux que je reste ici. L'hôtel est à deux pas de la ligne d'autobus qui va chez Serafin.

« Je ne veux pas te demander de venir, car tu sais à quel point j'ai horreur de te forcer la main, mais je serais tellement heureuse si tu faisais une escapade, mon amour. Ne me laisse pas seule ici. Je me sens abandonnée, tu sais, si abandonnée. Je te laisse, en te suppliant de m'écrire. Dès que tu auras un peu de temps, pense à moi. Au revoir, mon amour, porte-toi bien et, je t'en prie, mange. Je ne voudrais pas que tu maigrisses. Ta Maria de toujours. »

Le soir du même jour, elle m'écrivit une deuxième longue lettre. Je lui avais conseillé de travailler d'arrache-pied, et elle répondit : « En ce moment, je me sens très fatiguée. Nous avons travaillé plus de deux heures et demie. Serafin m'a expliqué le rôle mot à mot. Si je réussis à suivre ses indications, ce sera une pure merveille. Cela me demandera un travail énorme, mais je m'y mettrai volontiers pour te rendre heureux. Et puis il ne faut pas oublier Serafin, lui aussi je dois lui faire plaisir. Et moi, qui s'occupe de mon bonheur ? Moi je fais plaisir à tout le monde, et puis on me laisse là avec mon succès et mes sentiments ne comptent pas. Arrêtons de philosopher, car je me sens de plus en plus triste. Toi, parfois, tu es trop amoureux de la Callas artiste et tu en oublies mon âme. Ta lettre était magnifique, tendre, mais j'aurais voulu y trouver plus de Battista et Maria, moins de Meneghini et Callas. Nous verrons si dans les lettres suivantes je retrouverai mon Battista.

« Aujourd'hui, mon amour, ma jambe m'a fait terriblement souffrir. Il y a même eu un moment où j'en ai pleuré. En montant dans l'autobus, la marche était très haute. J'ai ressenti une douleur atroce. J'ai aussi des maux de tête, de ces affreux maux de tête qui m'incommodent de temps à autre. Comment dire : loin de toi, je me sens mal. Battista, tu me manques, et tu ne peux imaginer à quel point. J'ai hâte de te voir, de te sentir tout près de moi. Ma voix va bien, et plus je chante *Tristan*, tu sais plus je me sens bien. Le rôle d'Isolde est plein d'impétuosité, et cela me plaît.

« Écris-moi, je n'ai que toi et tes lettres. Je viens de recevoir ton cher télégramme. Comme tu sais bien me rendre heureuse ! Je ne t'en avais rien dit, mais j'avais tellement envie de recevoir un petit mot de Padoue. Je suis si émue, chéri, et je n'ai pas honte de t'avouer que je pleure. Tu es le seul à connaître mon amour pour toi et le seul à pouvoir le comprendre. Merci, merci, et encore merci. Pense à moi comme je pense à toi et porte-toi bien. Je ne vis que pour le moment de nos retrouvailles. A toi pour toujours. »

Le 1er novembre Maria m'écrivit trois lettres. En voici certains passages.

« Mon cher Battista, je viens tout juste de recevoir ta lettre de jeudi qui m'a fait tellement, mais tellement plaisir. Ma joie et mon but dans la vie se limitent à recevoir tes lettres et les compliments du maître. Je pense si souvent à toi. Que fais-tu ? Tu connais tous mes sentiments et tu les comprends, il est donc inutile que j'écrive plus longuement, et puis j'écris si mal.

« Et maintenant je te donne quelques nouvelles. Hier, Cattozzo a téléphoné à Serafin et le maître s'est montré si élogieux que j'ai failli fondre en larmes. Tu es content, mon amour ?

« Tu sais, tout le monde lui en veut parce qu'il fait

chanter une étrangère. En fait, ils sont tous contre moi. Et même en Amérique, ils ont écrit un article pour m'éreinter.

« Je pense beaucoup à toi, et le matin j'ai hâte de voir arriver le facteur avec une de tes lettres. Je ne sais combien de temps encore je resterai ici, mais sans doute pas plus de deux semaines, je ne saurai pas encore mon rôle à fond ; je connaîtrai les passages auxquels Serafin tient le plus, mais toujours avec le livret en main ; ensuite, je devrai tout apprendre par cœur, voilà le plus difficile, et il me faudrait un piano.

« Je suis satisfaite de l'hôtel : il est propre, on y change les serviettes tous les jours, mais la salle de bains me manque beaucoup. J'aimerais m'installer ailleurs, mais c'est plus cher.

« Rome est une grande et belle ville, du moins pour ce que j'en ai vu. Elle me plaît. Quoique, quand tu n'es pas là, rien ne soit beau.

« Mon amour chéri, je te laisse, je te couvre de baisers et t'aime pour toujours. Peut-être plus encore parce que tu es loin. Quand te verrai-je ? »

« Mon amour, il faut que je t'écrive ce petit mot, pour parler un peu avec toi et te sentir plus près de moi. Je viens tout juste d'arriver et désirais tant te voir. A la maison, tu n'es jamais loin, et si j'ai envie de te parler, d'entendre ta voix, je viens te rejoindre. Mais ici, à Rome, je suis seule, tu n'es pas là. Comme je voudrais t'avoir près de moi en ce moment ! Je voudrais t'entendre parler : tu parles si bien ! Et puis j'aimerais que tu me regardes, à ta façon. Et entendre mon petit surnom.

« Je te laisse, mon amour. Excuse-moi si je t'ennuie, mais je t'aime tant. Je t'embrasse tendrement, ta Maria pour toujours. »

Et voici la troisième lettre que Maria m'écrivit ce 1er novembre 1947. « Mon cher amour, voici la troisième lettre que je t'écris aujourd'hui. Suis-je folle ? Qu'en penses-tu ? Mais cette fois-ci j'ai une bonne raison de t'écrire : dans quelques jours je serai

54

près de toi. Le maître pense qu'il est inutile que je me fatigue trop, et il me laisse rentrer à Vérone. Je le rejoindrai à Venise début décembre, quand débuteront les répétitions.

« Donc, chéri, comment je me débrouille pour le voyage ? Tu t'en charges ? J'aimerais mieux. Ecris-moi et dis-moi ce que je dois faire, amour. J'espère que tu ne regretteras pas de me revoir si vite. Moi je suis heureuse comme tout. Quand Serafin m'a annoncé la bonne nouvelle, je l'aurais embrassé. « J'ai hâte de te voir. J'attends de tes nouvelles. Pense à moi, mon amour, porte-toi bien et essaie d'aimer un peu ta Maria. »

Le lendemain, Maria m'écrivit :

« Battista, mon amour, je suis heureuse. Tandis que je travaillais d'arrache-pied, ton télégramme est arrivé. Battista, tu es tellement adorable et si attentionné. Je t'aime tant. J'étais si émue que j'ai fondu en larmes. Il faut dire que je me sentais si seule et abandonnée, aujourd'hui. Je n'avais pas reçu de lettre de toi. La leçon avait eu lieu le matin et à midi et demi nous en avions terminé ; alors j'ai passé tout l'après-midi seule, à travailler. Je suis si triste aujourd'hui. La journée est magnifique, douce, le soleil brille, mais mon Battista est loin. J'espère pourtant, vers la fin de la semaine prochaine, me trouver enfin où j'en ai envie, à tes côtés.

« Si je mets tout mon amour pour toi dans cette Isolde, elle doit être merveilleuse. Je ferai de mon mieux. Chéri, excuse-moi pour cet affreux papier sur lequel je t'écris, mais je n'avais rien d'autre et toutes les boutiques sont fermées. Je t'embrasse, pense à moi, porte-toi bien. Pense à moi encore, mange, et puis repense encore à moi. Maria. »

Le 3 novembre, je reçus une très longue lettre où Maria se plaignait du retard avec lequel elle recevait de mes nouvelles « Je hais la poste », écrivait-elle, « elle passe son temps à nous jouer des mauvais tours ». Puis elle concluait :

« Ton Isolde te salue, elle se porte bien, mais doit encore beaucoup travailler. Aujourd'hui il fait un temps merveilleux, soleil, ciel clair, température idéale ; comme je serais heureuse s'il faisait ce temps à Vérone. Mai on ne peut pas tout avoir dans la vie. A Vérone, c'est toi qui me réchauffes... et pas comme tu le penses... enfin, si peut-être... ! »

Le 4 novembre, elle m'écrivit sa dernière lettre avant de rentrer. « Cher Battista, aujourd'hui j'attendais avec tant de plaisir une lettre qui n'est pas venue. Je n'arrive pas à croire que tu ne m'aies pas écrit. Je suis sûre que tu m'as écrit, mais la poste nous joue sans cesse des tours. Mais voilà qui a gâché ma journée. J'ai perdu ma bonne humeur, je suis même horriblement triste.

« Comment vas-tu, mon amour, et que fais-tu ? Aujourd'hui, plus que jamais, j'ai envie de prendre le train et de venir te rejoindre. Mais je retrouve toujours sur mon chemin, pour une raison ou pour une autre, le devoir, les responsabilités. Et puis, que m'offre cette vie ? Je t'embrasse et attends avec anxiété une de tes lettres. Ta Maria pour toujours. »

CHAPITRE VI

« JE VEUX TOUT »

Une lettre émouvante de Maria, à la veille d'interpréter sa première Norma – *Son insatiable soif de perfection et ses angoisses pour y parvenir –* Début *de carrière dans les théâtres de province –* Lettres *mélancoliques en provenance de chaque ville de tournée*

Vers le 10 novembre, Maria revint de Rome. Elle était tout heureuse de retrouver enfin Vérone. La séparation n'avait duré qu'une dizaine de jours, mais elle nous avait paru presque interminable à tous deux. Nous étions désormais tellement habitués à vivre ensemble que les heures que nous passions loin l'un de l'autre nous paraissaient vides, pesantes, sans le moindre intérêt.

A Rome, les satisfactions artistiques ne lui avaient pourtant pas manqué. Serafin, qui lui consacrait deux heures et demie par jour, avait eu le loisir de la connaître beaucoup mieux et d'évaluer ses véritables capacités. *Tristan* demande de l'intelligence, de la préparation, de l'expérience, de la classe : des qualités que l'on trouve rarement réunies chez une chanteuse qui fait ses premières armes. Serafin put se rendre compte que Maria, malgré ses vingt-quatre ans et son manque d'expérience, possédait une maturité extraordinaire. La stupéfaction du maître fut telle que, contrairement à ses habitudes, il ne marchanda pas ses éloges.

Mais la personne qui s'enthousiasma le plus pour le talent de Maria fut l'épouse de Tullio Serafin, Elena Rakowska, ancienne soprano polonaise qui l'avait épousé en 1915. Née à Cracovie, Elena Rakowska avait étudié le chant à Vienne et commencé dans la carrière à dix-sept ans, à Leopoli. Puis elle avait chanté à Varsovie, à l'Opéra de Vienne, et ensuite en Italie En 1908, elle avait débuté à la Scala avec un *Méphistophélès* dirigé par Toscanini. Après la Scala, elle était partie pour le Metropolitan de New York et les grands théâtres américains. Merveilleuse interprète du répertoire wagnérien, Elena Rakowska était en mesure de juger avec compétence la prestation de la jeune Maria Callas dans le difficile rôle d'Isolde. Après avoir assisté à une leçon, elle ne put taire son enthousiasme : Maria faisait une Isolde idéale, sa voix comme sa silhouette correspondaient à merveille au personnage.

Il n'y avait qu'une chose qu'Elena Rakowska ne pouvait admettre. « Moi et toutes celles qui ont interprété Isolde », disait-elle, « nous avons passé au moins deux ans à apprendre le rôle. Je ne vois pas comment tu vas parvenir à t'y préparer en deux mois à peine. » Au bout de quelques jours, toutefois, les inquiétudes d'Elena Rakowska s'étaient évanouies. Elle avait constaté avec quelle rapidité Maria apprenait et retenait son rôle. A l'enthousiasme vinrent alors s'ajouter l'étonnement et l'admiration. Elle tint à offrir à Maria la perruque ave laquelle elle avait tant de fois interprété Isolde. C'était une perruque de prix et encore belle, quoique vieille, car elle était en cheveux véritables.

De retour à Vérone, Maria reprit le cours habituel de ses occupations. Le matin, elle allait travailler chez Cusinati, et l'après-midi, elle étudiait seule, à l'hôtel. Souvent, à la tombée du jour, elle venait me retrouver au bureau et restait là, assise à l'écart, pour le plaisir d'être près de moi. Elle avait fait la connaissance des employés, qui tous l'appréciaient.

Au début du mois de décembre, quand Tullio Serafin se rendit à Venise pour commencer les répétitions avec l'orchestre de la Fenice, je lui amenai Maria pour deux jours. Ils revirent toute l'œuvre, que Maria connaissait désormais par cœur. La première était prévue le 30 décembre. Nous revînmes à Venise vers le 20 et descendîmes à l'Hôtel Fenice, à côté du théâtre. Je restai une journée avec Maria, puis dus rentrer à Vérone pour m'occuper de mes affaires.

Ce début à la Fenice était très important, bien plus important que celui de Vérone. Le théâtre de la Fenice jouissait d'un grand prestige même à l'étranger. Des chanteurs célèbres lui devaient leur célébrité. Et puis Maria chantait dans une œuvre difficile. Si tout se passait pour le mieux, c'est à Venise que sa carrière prendrait son véritable essor.

Comme je pensais à cette première, à l'attente générale, à l'attention que Serafin avait consacré à la préparation, je compris que pour Maria cette soirée compterait énormément. Tous les artistes désirent vivre ces moments privilégiés entourés des êtres chers. Les collègues de Maria avaient invité leurs intimes, leurs parents, leurs amis, leurs connaissances. Ils se donnaient un mal fou pour réserver des chambres d'hôtel, trouver des billets. Ils étaient heureux et surexcités. Maria, par contre, n'attendait personne. Sinon moi et l'un de mes amis. Je pensai alors qu'avertir sa mère lui ferait sans doute grand plaisir. De mon propre chef j'envoyai à New York un long télégramme, puis en informai Maria.

Ce fut le plus beau des cadeaux que j'aie pu lui offrir. Elle m'en remercia par cette petite lettre : « Cher amour, les mots me manquent pour te dire quel plaisir, quel bonheur tu m'as procurés en pensant à envoyer ce télégramme à ma mère. Tu sais, ce geste compte énormément pour moi car il me prouve ta gentillesse, ta générosité, et surtout ton intérêt pour les personnes qui me sont chères. Tu m'as rendue très, très heureuse. Je te remercie et t'aime encore plus fort, si jamais c'est possible. Tu mérites tout l'amour que je peux t'offrir. Et peut-être n'est-ce pas encore assez. Je te quitte, mon cher Battista, et te dis encore : merci, merci, merci. A toi pour l'éternité. Maria. »

Tristan fut donné le 30 décembre 1947. Aux côtés de Maria chantaient Fedora Barbieri, Boris Christoff, Fiorenzo Tasso, Raimondo Torres, Ottorino Begali. La mise en scène était de Mario Frigerio.

Ce fut un triomphe. Le public, les spécialistes, la critique, tous comprirent qu'ils venaient de découvrir en Maria Callas une très grande artiste. Je connaissais assez bien l'œuvre pour en avoir vu plusieurs représentations avec mon ami Amleto Faccioli, un passionné de Wagner, mais à l'entendre interprétée par Maria il me sembla la découvrir pour la première fois. Faccioli m'avoua n'avoir jamais vu une Isolde d'un tel talent.

Serafin aussi était content. Sa réserve naturelle l'empêchait sans doute d'exprimer tout ce qu'il ressentait, mais il rayonnait de joie. Son épouse, Elena Rakowska, n'hésitait pas quant à elle à laisser éclater son enthousiasme, et ne se lassait pas de lui répéter, à pleine voix, sans s'inquiéter de qui pourrait l'entendre : « Je te l'avais bien dit que ce serait un triomphe. Tu n'en étais pas convaincu, mais on le sait : tu es toujours le même imbécile qui ne comprend rien à rien. » Serafin, habitué à l'exubérance de sa femme, se taisait et souriait.

Après la première, Maria et moi allâmes dîner en compagnie de quelques amis. Maria se montrait très satisfaite, mais pas triomphante. Elle semblait plus heureuse de ma présence que de l'ovation reçue au théâtre. Dès le lendemain matin je courus acheter les journaux, mais Maria y jeta à peine un coup d'œil. A l'égard de la critique, elle avait déjà adopté cette attitude détachée, indifférente, qu'on lui a toujours connue. Elle ne s'intéressait pas plus aux louanges qu'aux attaques. Elle se jugeait à sa façon et ne se fiait qu'à son intuition.

Après ce succès à la Fenice, je repensai à la Scala et à l'erreur de jugement de son directeur artistique, Mario Labroca. Ce triomphe m'apportait une délicieuse revanche. Je me disais tout bas : « Attendons maintenant que la Scala se manifeste », et préparais déjà des réponses pleines de fiel. Mais j'étais plutôt naïf, j'ignorais tout des énormes et mystérieux rouages qui actionnaient la Scala. Il me fallut attendre encore quatre ans avant que les dirigeants du théâtre milanais ne fissent un geste. Quand le monde entier acclama Maria, la Scala ne put plus feindre de l'ignorer, et se trouva contrainte à l'engager.

A la Fenice, la Callas donna quatre représentations de *Tristan*, toujours dirigé par Serafin. Après la première du 30 décembre 1947, elle chanta le 3, le 8 et le 11 janvier 1948. Puis elle commença à se préparer pour *Turandot*, qu'elle interpréta, toujours à la Fenice, les 29 et 31 janvier, puis le 3, le 8 et le 10 février.

Turandot était dirigé par Nino Sanzogno. Aux côtés de Maria chantaient Elena Rizzieri, Bruno Carmassi et José Soler. Cette œuvre valut à Maria un nouveau grand succès. Je dirais même qu'il fut plus chaleureux encore. *Tristan* avait été un succès de prestige, car seuls les initiés pouvaient apprécier pleinement une prestation aussi difficile, tandis que *Turandot* fut un succès populaire. Après la première, Maria devint une des coqueluches du public vénitien.

L'année 1948, donc, avait bien commencé. Les deux mois passés à Venise furent merveilleux. Et, comme en dépit des succès à la Fenice, aucun grand théâtre ne se manifestait, nous décidâmes d'accepter toutes les offres qui se présenteraient. En mars, Maria partit donner deux représentations de *Turandot* à Udine. Oliviero De Fabritiis dirigeait l'orchestre, et avec Maria chantaient José Soler, Silvio Maionica et Dolores Ottani dans le rôle de Liù.

En avril, on la demanda à Trieste pour quatre représentations de *La Force du Destin* dirigé par Mario Parenti, avec Benvenuto Franci, Cesare Siepi Anna Maria Canali, Giuseppe Vertechi, et Ottavio Serpo. L'accueil fut très chaleureux. La veille de la première *Il corriere di Trieste* publia une longue interview intitulée : *Pour étudier le chant Maria Callas n'a pas dépensé un sou.* Le lendemain, les critiques furent favorables : « Maria Callas possède une voix pénétrante, au timbre encore incertain parfois, mais remarquable de puissance et de robustesse », écrivit le critique de *La voce libera.* « Maria Callas s'est révélée une comédienne de tout premier plan, très consciencieusement préparée et sûre dans le registre aigu », nota le critique d'*Il Lavoratore*

De Trieste, Maria se rendit à Gênes où, au théâtre Grattacielo, elle donna trois représentations de *Tristan et Isolde* sous la direction de Tullio Serafin. A ses côtés chantaient Rossi Lemeni, Raimondo Torres, Elena Nicolai et Max Lorenz. Elle recueillit d'excellentes critiques. Beppe Borselli, dans le *Corriere del Popolo* écrivit : « Noble, presque hiératique, reine superbe et amante passionnée, elle a insufflé à Isolde la vie des grandes interprétations. Sa superbe silhouette lui confère une séduction et une majesté irrésistibles ; mais la séduction la plus forte, le charme le plus émouvant émanent surtout de sa voix, une voix noble, magnifique, toute en timbre et en chaleur, égale et unie dans toute l'étendue du registre, la voix idéale pour une Isolde. »

En juillet Maria se rendit à Rome pour donner deux représentations de *Turandot* aux Thermes de Caracalla. Oliviero De Fabritiis dirigeait l'orchestre et avec Maria chantaient Galliano Masini, Vera Montanori, Giuseppe Flamini. Le critique du *Messagero* écrivit au sujet de Maria : « Elle possède une voix étendue, pénétrante, bien travaillée et expressive, du moins d'après ce que l'on peut en juger dans le rôle inhumain de Turandot. Sa diction excellente et son sens du théâtre tout à fait remarquable lui ont fait

Athènes, 1944. Maria Callas pendant une représentation du *Fidelio* de Beethoven. Elle fit ses premiers pas sur la scène en 1938, à quinze ans, dans *Cavalleria rusticana*. Elle fut ensuite pendant six ans l'une des prime donne du théâtre d'Athènes et à la fin de la guerre décida de rentrer en Amérique pour tenter de faire carrière mais elle ne réussit pas.

Océan Atlantique, juin 1947. Maria Callas sur le cargo russe qui l'emmena en Italie pour débuter à l'Arena de Vérone dans *la Gioconda* de Ponchielli. Elle fit ce voyage dans de très mauvaises conditions. Elle écrivit : « Je mourais pratiquement de faim. Je ne mangeais que des pommes de terre, du beurre et quelques horreurs. »

interpréter la cruelle princesse chinoise avec une sensibilité, un art et une intelligence vraiment peu communs. »

Entre juillet et août, Maria revint à l'Arena de Vérone pour quatre représentations de *Turandot*, dirigées par Antonino Votto. Il y avait à l'affiche Antonio Salvarezza, Elena Rizzieri, Era Tognoli, Disma De Cecco et Nicola Rossi Lemeni. En août, elle donna aussi deux représentations de *Turandot* à Gênes, dirigées par Angelo Questa, avec Mario Del Monaco, Vera Montanari, Silvio Maionica. En septembre, ce furent quatre représentations d'*Aïda* à Turin. Tullio Serafin était à la tête de l'orchestre et aux côtés de Maria chantaient Roberto Turrini, Miriam Pirazzini, Andrea Mongelli. En novembre et décembre, début de *Norma* à Florence, et un triomphe dont je parlerai dans les pages suivantes.

Ainsi qu'en témoigne cette vue panoramique, en 1948 Maria travailla beaucoup et les critiques reconnurent qu'elle possédait une voix extraordinaire et de merveilleux dons artistiques. Les polémiques au sujet de l'« étrange » voix de Maria, qui continuent à agiter certains d'entre eux, vinrent beaucoup plus tard, lors de son entrée à la Scala. Ce ne sont pas là, selon moi, des critiques objectives, mais des attaques nées d'une comparaison avec la voix linéaire et cristalline de la Tebaldi qui régnait alors en maîtresse absolue à la Scala.

Cet apprentissage fut très utile à Maria, car elle savait tirer parti de la moindre expérience. Elle acceptait les engagements avec enthousiasme, mais chaque fois qu'elle devait quitter Vérone, elle s'attristait que je ne puisse l'accompagner. Il m'était pourtant impossible de la suivre. Mon travail m'absorbait beaucoup et personne ne pouvait me remplacer. De plus, dans ma famille, le temps que je consacrais à Maria me valait des critiques toujours plus acerbes.

Chacune de nos séparations était douloureuse. Les longues lettres que Maria m'écrivait en voyage, lorsque je les relis aujourd'hui, s'avèrent précieuses pour connaître sa personnalité. Elles soulignent certains traits de son caractère, de sa sensibilité, de sa pensée et révèlent comment elle vivait l'aventure qui la portait au sommet de l'art lyrique.

Quand elle se rendit à Udine pour les deux représentations de *Turandot*, elle fut touchée par l'accueil chaleureux du public, par l'enthousiasme de ses collègues à son égard, par l'intérêt des journalistes et même par l'addition qu'on lui présenta au restaurant, très inférieure à celle qu'elle attendait. Ce sont là des impressions simples, vraies, qui montrent combien Maria était restée modeste malgré les succès de Venise. Dans ses lettres, elle me donnait presque toujours le compte rendu de ses dépenses. Elle avait vécu dans la gêne et, bien qu'elle commençât à gagner sa vie, elle ne s'accordait aucune fantaisie.

D'Udine, elle m'écrivit une lettre datée du 10 mars 1948. Après s'être lamentée de n'avoir pu me parler tendrement au téléphone car l'appareil se trouvait dans un bar et que les consommateurs l'écoutaient, elle poursuivait ainsi :

« J'étais très fatiguée. Nous sommes arrivés à cinq heures et à cinq heures et demie la répétition a commencé pour ne se terminer qu'à huit heures. Ils ont tous été enthousiasmés par ma façon de chanter. Et encore, je n'ai pas chanté fort, car j'ai pensé qu'il était plus prudent de ne pas forcer ma voix. Mais ils sont surtout restés ébahis devant ma *merveilleuse prononciation*.

« Ensuite, dans la soirée, après le dîner, des journalistes sont venus m'interviewer sur ma vie et ma carrière. Ils m'ont gardée debout jusqu'à minuit, et m'ont fait toutes sortes de compliments sur mon physique. J'ai été reçue ici avec beaucoup de chaleur.

« Et puis, hier, en réglant l'addition de mon déjeuner, j'ai failli m'évanouir de surprise. Imagine un peu : j'avais mangé un risotto au beurre, deux œufs sur le plat, du fenouil, une macédoine, du pain, et bu un café ; le tout m'a coûté cinq cent cinq lires ! Je n'ai jamais payé une note aussi modique.

« Demain, une dure journée de travail m'attend. A midi et demi, répétition ; le soir, répétition générale. Après demain, la première.

« Et toi, qu'as-tu fait hier et aujourd'hui ? As-tu bien mangé, bien dormi et bien travaillé ? As-tu pris le temps de penser un peu à moi et à nous ? « Je t'ai menti au téléphone. Je n'allais pas bien. Pas bien du tout. Et pendant que je te parlais, mon cœur se brisait. Tu sais bien comme je me sens loin de toi.

« Il ne te sera pas facile de venir jusqu'ici. Tu perdrais beaucoup de temps et ne pourrais rester qu'un court moment avec moi. J'aimerais tant que tu viennes, mais j'exagère. Peut-être, pour le retour, si tu ne peux pas t'absenter, envoie-moi Rodolfo, je serais bien contente. Le spectacle se donnera en matinée, et nous pourrions donc rentrer le soir même.

« Je voudrais t'écrire plus longuement, mais je ne saurais pas bien m'exprimer, je te laisse donc deviner les secrets de mon cœur, mes pensées et mes sentiments. Je t'embrasse, te serre dans mes bras et t'envoie mes plus tendres pensées. Porte-toi bien, pense à moi. Ta Maria. »

Les lettres que Maria m'écrivit de Trieste sont elles aussi empreintes de la tristesse due à mon absence et de la reconnaissance pour les compliments que continuaient à lui prodiguer ses partenaires et les journalistes. Je l'avais accompagnée à Trieste, mais n'avais pu rester. Le 14 avril, elle m'écrivit :

« Mon cher Battista, inutile d'essayer de te décrire le chagrin que j'ai ressenti en te voyant partir ce matin. Mon Dieu, quelle angoisse, Battista ! Ton calme et ta sérénité m'émerveillent !

« Aujourd'hui, à la répétition, tout le monde s'est déclaré satisfait. Franci et les autres m'ont fait des tas et des tas de compliments. Franci assure qu'aucune cantatrice, en Italie, ne chante Verdi aussi bien que moi. J'aimerais le croire, mais tu sais comme je doute pour cet opéra. J'ai hâte d'être à samedi. Quel bonheur si tu pouvais assister à la représentation ! Tu n'en as jamais manqué une seule jusqu'ici, pas une seule !

« En fin d'après-midi un journaliste est venu me demander une interview. Quand je suis arrivée à l'hôtel, j'ai découvert qu'on m'avait changée de chambre, et cela m'a fait tellement, mais tellement plaisir. Ma nouvelle chambre est superbe, spacieuse, avec une grande et luxueuse salle de bains. Je viens de prendre un bain très chaud, un vrai délice.

« Mon cher amour, quand nous verrons-nous ? Mon Battista, je suis si malheureuse loin de toi. Tu penseras à moi un petit peu ? Et puis, Battista, je t'en prie, repose-toi. Et plus encore, mange. Avec tout le travail que tu abats, tu as vraiment besoin de bien te nourrir.

« Je te quitte, maintenant, et je t'en prie, téléphone-moi souvent, écris-moi Je t'aime tant et tant, et suis tienne tout entière. Maria. »

Deux jours plus tard, et toujours de Trieste, elle m'écrivait :

« Mon cher amour, je t'envoie ces quelques lignes car ainsi je me sens un peu plus près de toi. Tu vois, malgré le coup de téléphone d'hier, je suis triste et esseulée. Ces derniers temps, nous avons été si souvent ensemble, j'étais tellement habituée à t'avoir près de moi que maintenant, sans toi, j'ai une terrible impression de vide, de grand, grand vide. Toi, tu as beaucoup de travail, alors tu ressens moins mon absence, mais pour moi c'est affreusement triste. Et quand je pense que je devrai passer ma première de *La Force* toute seule, sans toi, c'est de tout mon être que je désespère.

« Aujourd'hui, j'ai reçu ta lettre et t'en remercie. Moi aussi je t'ai écrit. Tu te rends compte que nous faisons toujours les mêmes choses en même temps ? J'adore que tu m'écrives. Au téléphone, nous pouvons nous parler, mais le temps passe trop vite. Par contre, les lettres m'accompagnent partout, je les lis et les relis. Dès que je me sens seule, je prends tes lettres et je suis avec toi.

« Ce soir, c'est la répétition générale ; que va-t-il

66

en sortir, je n'en sais rien car nous n'avons pas encore répété la scène du second acte et je me demande encore comment la jouer. Et puis je me sens un peu abattue et fatiguée à cause de mon indisposition.

« Je dois aussi t'avouer (excuse-moi si je fais la chichiteuse) que les costumes dégagent une telle odeur de transpiration (et non pas de désinfectant) que c'est tout juste si je ne m'évanouis pas. Comment parviendrai-je à les porter, Dieu seul le sait. Ils puent tellement que le soir des partenaires venus me retrouver m'ont fait remarquer l'odeur âcre qui régnait dans la pièce. Quelle horreur !

« Après la première, je te raconterai tout. J'espère avoir du nouveau. »

Toutes les lettres que Maria m'envoya à cette époque-là débordent d'amour, d'intérêt pour moi. L'une d'elles pourtant se distingue des autres. Pour moi c'est la plus belle, et peut-être la plus intéressante. Elle me l'envoya le 18 novembre 1948, de Rome, où elle étudiait *Norma* de Bellini qu'elle devait interpréter au Comunale de Florence. Maria y exprime encore une fois son amour pour moi, mais de façon différente. Elle analyse ses sentiments, comme si elle voulait m'aider à les comprendre tout à fait. Puis elle parle de son art, me confie ses soucis, ses idéaux, ses incertitudes, ses angoisses, ses peurs. C'est une confession superbe, émouvante. C'est aussi un document extraordinaire pour comprendre comment elle se préparait à devenir cette immense interprète, que tous acclameraient bientôt. Voici donc les réflexions de Maria à la veille de ses débuts dans *Norma*, une œuvre où son interprétation atteignit des sommets artistiques :

« Mon chéri, je travaillais la *Norma* juste après la première répétition avec la mezzo-soprano quand une terrible mélancolie m'a prise, tu ne peux pas savoir. A tel point que j'ai dû me mettre à t'écrire pour me sentir un peu moins seule et m'épancher dans ton cœur.

« Tu sais, mon chéri, je suis tellement pessimiste,

la moindre chose m'afflige, me trouble. Tout ce que j'entreprends, je suis convaincue de le faire mal, et alors je m'énerve et me décourage. J'en viens parfois à invoquer la mort pour me libérer des tourments et des angoisses qui me rongent sans cesse.

« Tu sais, j'aimerais donner tellement plus dans tous les domaines : qu'il s'agisse de l'art ou de mon amour pour toi. Pour le chant, je voudrais que la voix m'*obéisse* toujours, qu'elle se plie *à ma volonté*. Mais je crois que je suis trop exigeante. L'organe vocal est ingrat et ne réagit pas comme je le voudrais. J'irais même jusqu'à dire qu'il est rebelle et refuse d'être commandé ou, mieux encore, dominé. Il se dérobe toujours, et j'en souffre. Si cela continue, tu vivras bientôt avec une neurasthénique.

« Et c'est la même chose pour l'amour que je te porte. Je souffre de ne pouvoir te donner plus. Je voudrais t'offrir toujours plus. Pourtant, je sais bien que je n'ai rien de plus à t'offrir, car je ne suis qu'un être humain, mais je voudrais tant que ce soit possible. Je souffre de ton absence, car je ne peux tout partager : tes soucis, tes tristesses, tes joies, tes peines ; je ne peux te sourire quand tu es fatigué, rire avec toi quand tu es content, deviner tes pensées (ce qui m'est si facile) et tant et tant d'autres choses.

« Sans toi, je suis seule. Des amis, je n'en ai pas, et je n'en veux pas. Tu sais comme je suis "misanthrope". Et j'ai bien raison de l'être. Je ne vis que pour toi et pour ma mère : et je me partage entre vous deux !

« L'art, prétend mon entourage, devrait seul compter pour moi. Mais je suis si loin du résultat que je voudrais atteindre. Le public m'applaudit, mais je sais, tout au fond de moi, que j'aurais pu faire beaucoup mieux. Serafin se déclare très content de ma *Norma,* mais hélas, moi je ne le suis pas du tout. Je suis persuadée de pouvoir réussir cent fois mieux, mais ma voix ne me contente pas, ne m'obéit pas.

« Mon amour, pourquoi suis-je ainsi ? Je doute qu'il existe au monde un être aussi insatisfait que moi. Le seul moment où je ne désire pas plus que

68

je ne possède, c'est celui où je me trouve à ma place, la seule qui me convienne, près de toi. Je comprends que les obligations quotidiennes exigent que, de temps à autre, nous vivions séparés ; mais je ne suis pas du genre à prendre ce qui se présente. Je veux le meilleur en tout. Je veux que l'homme de ma vie soit un être exceptionnel ; je veux que mon art soit parfait ; je veux, en somme, toujours profiter de ce qu'il y a de mieux. Même mes vêtements, je les choisis de qualité supérieure. Je sais bien que la perfection est un rêve impossible, mais il ne cesse de me tourmenter. Pourquoi ? Aide-moi, Battista. Ne crois pas que j'exagère, je suis comme ça.

« Chéri, comme je veux la perfection en tout, je veux aussi être tienne et le suis toute, tout entière. Aime-moi et essaie de ne pas me causer de chagrins. La moindre contradiction me blesse tant, tu ne peux pas savoir. Je suis beaucoup trop sensible, trop intègre, et voudrais que tu le sois encore plus que moi, si c'était possible.

« Mon amour, je te laisse. Je t'en prie, ne te moque pas de moi, mais essaie de me comprendre et de m'aider. J'espère que tu me voues ne serait-ce qu'un tiers de l'amour que je te porte, cela me suffirait. Je suis beaucoup plus avec toi qu'ici, à Rome, surtout en ce moment. Ta Maria. »

Quelle que fût la ville où elle chantait, à peine était-elle sortie de scène que Maria voulait aussitôt rentrer à la maison. Même quand, ensuite, elle travailla à la Scala. Il était souvent très tard pourtant, car il lui arrivait de rester dans sa loge jusqu'à deux heures d'affilée pour signer des autographes. Toutefois, même si tout se terminait vers deux ou trois heures du matin, elle disait : « Battista, rentrons à la maison. »

Par cette formule elle ne désignait pas seulement son appartement, mais aussi Vérone, qu'elle considérait comme sa ville. Maria était amoureuse de Vérone, des Véronais, des églises, des palais, du paysage, de l'atmosphère de la cité, et même de son dialecte. Elle connaissait et parlait couramment sept langues, et personne, en l'écoutant parler, ne pouvait deviner quelle était sa langue maternelle. Quand elle parlait italien, on décelait très bien l'accent véronais dans ses phrases. Lors d'une audience avec Pie XII, le pape lui déclara : « Vous êtes grecque, vous avez vécu en Amérique, et pourtant, à vous entendre parler, on vous croirait véronaise. »

A l'Arena de Vérone sa carrière avait débuté avec la fameuse *Gioconda* de 1947. Puis, pendant la saison 48, elle y interpréta *Turandot*. En 1952, elle chanta deux opéras : *La Gioconda* et *La Traviata* ; en 1953, deux autres : *Aïda* et *Le Trouvère* ; en 54, *Méphistophélès*. Elle aurait dû y chanter aussi en 1955, mais y renonça pour s'occuper de moi qui devais subir une grave opération. Cette année-là, l'Arena, privée de son directeur, était dirigée par un commissaire extraordinaire, Piero Gonella, qui, en difficulté, s'adressa à Maria au dernier moment. Le 9 juillet, il lui envoya le télégramme suivant : « Je suis sûr que vous ne voudrez pas refuser à l'Arena et à vos amis véronais l'honneur et le plaisir de votre collaboration, qui mettrait le début de la saison au plus haut niveau artistique. La préparation, même précipitée, ne doit pas préoccuper une artiste telle que vous. J'attends donc votre réponse affirmative. »

Maria, qui ne voulait pas me quitter, répondit : « Je suis retenue à Sienne par un problème de santé de mon mari. J'aurais accepté par sympathie, mais je n'ai pas le cœur de laisser Battista seul. »

Elle, si consciencieuse, qui exigeait toujours de longues et minutieuses répétitions, était prête à passer à l'Arena, même au dernier moment, par amour pour les Véronais. Et pourtant, un tel amour n'a jamais été payé de retour. Tandis que je dicte ces mémoires, trois ans ont passé depuis sa mort. Dans bien des parties du monde les initiatives se sont multipliées pour honorer le souvenir de Maria : à Vérone personne n'a rien fait.

CHAPITRE VII

« SI TU NE M'ÉPOUSES PAS, J'ARRÊTE DE CHANTER »

La Norma *de Florence – Une dure bataille avec le barreau véronais pour obtenir les papiers nécessaires au mariage – Comme Maria était orthodoxe, on lui refusa la cérémonie à l'église et nous nous mariâmes dans une vieille sacristie à quatre heures de l'après-midi – L'incroyable exploit à Venise avec* La Walkyrie *et* Les Puritains *– Lettre amère de Palerme*

Après le succès que Maria obtint à Venise avec *Tristan et Isolde*, fin 1947, Tullio Serafin fut enfin convaincu d'avoir découvert une grande chanteuse. Au cours de l'année 1948, il ne dirigea Maria que deux fois : à Gênes, dans *Tristan et Isolde*, et à Turin, dans *Aïda*, mais il continua à penser à elle et à chercher l'occasion de lui donner un nouveau et grand succès.

Ce fut après les trois représentations d'*Aïda*, qui se déroulèrent au Théâtre Lyrique (anciennement Vittorio Emanuele) de Turin, les 19, 21 et 24 octobre, que Serafin décida de présenter Maria à Francesco Siciliani, directeur artistique à Florence.

71

Siciliani était un musicien de talent. Il venait d'être nommé directeur artistique du Mai musical florentin, après avoir occupé la même fonction au San Carlo de Naples pendant huit ans. Plutôt réservé, il n'aimait guère briller malgré une formation et une culture très supérieures à la moyenne. Siciliani, qui ne connaissait pas Maria, accepta peut-être de l'écouter simplement parce qu'elle lui était présentée par Serafin, mais il comprit aussitôt qu'elle était douée de talents artistiques exceptionnels. Devinant les caractéristiques spécifiques de sa voix, il proposa de la faire débuter dans *Norma*, au programme du Comunale de Florence à la fin du mois de novembre 1948.

Si Tullio Serafin fut le premier chef d'orchestre à comprendre Maria Callas, Siciliani fut le premier directeur artistique à l'employer intelligemment, à lui proposer des œuvres qui fassent éclater ses qualités. Ce fut Siciliani qui lui proposa – après le succès de *Norma* – *La Traviata, Lucie de Lammermoor, Armida* de Rossini (que l'on ne jouait jamais faute d'interprète capable de l'exécuter) et la fameuse *Médée* de Cherubini (qui lui valut plus tard l'un de ses triomphes mémorables à la Scala).

En 1948, le directeur, à Florence, était Pariso Votto, frère du chef d'orchestre Antonino Votto et ancien baryton, que le talent de Maria ne touchait pas beaucoup. Siciliani, homme pacifique et peu enclin à la polémique, tenait à ne pas contredire son supérieur. C'est pourquoi son engouement pour Maria, quoique profond et sincère, resta toujours contenu. Pour la *Norma* de Florence, en 1948, il n'engagea Maria que pour deux représentations. Il ne voulait pas prendre de risques. Même par la suite, alors qu'elle était devenue célèbre, Siciliani continua à se montrer timoré. Il avait peur qu'elle ne tienne pas le coup physiquement, ou que sa voix ne se casse : il vivait la veille de chaque première dans une agitation extrême.

Maria, consciente elle aussi que cette première de *Norma* allait constituer une étape essentielle de sa carrière, se préparait avec la minutie et cette tension intérieure dont j'ai parlé dans les pages précédentes.

Dans toutes les lettres de cette période, Maria me parle de *Norma*. Le 11 novembre 1948, elle m'écrivit : « Je n'ai jamais vu Serafin aussi content. Moi, par contre, je ne le suis pas, car je suis trop exigeante envers moi-même. Crois-moi, si j'avais plus de temps ce serait tellement mieux, car on n'étudie jamais assez la *Norma*. »

Les costumes et la perruque, qui ne semblaient pas à son goût, la préoccupaient beaucoup. Elle écrivait : « Mauvaise nouvelle, il faut, dans la *Norma*, que je porte une perruque. On me veut blonde, roussâtre : quelle horreur ! Je dois donc m'occuper aussi de cette perruque. Je porterai une sorte de soutien-gorge et aurai la taille découverte. Le costume sera très transparent et il me faudra des bas clairs, pas sombres comme dans *Aïda*. Pauvre de moi et pauvre de toi, à qui j'en ferai voir de toutes les couleurs. »

Une semaine plus tard elle m'écrivait pour m'annoncer qu'elle se sentait très en forme, et me reparlait de la perruque : « J'ai passé beaucoup de temps à chercher cette perruque et finalement je l'ai trouvée. Il n'était pas facile de choisir la bonne. En matière de roux, il faut se méfier : c'est une couleur qui peut facilement fatiguer les yeux. J'en ai pris une entre le blond foncé et le roux Titien. J'ai réussi à en trouver une vraiment belle, même si je me suis beaucoup fatiguée à la chercher. Par-dessus le marché, cette perruque doit être très longue, arriver au moins au creux des reins. Et pour moi qui suis très grande, si l'on tient compte des ondulations qui la raccourcissent, il faut une perruque de quatre-vingt-dix centimètres minimum. Franchement, j'ai eu beaucoup de chance d'en dénicher une de cette longueur. Tu te souviens de tous nos ennuis pour rallonger celle du *Tristan* ? Je suis contente car je vais enfin pouvoir me consacrer uniquement au travail de la voix. »

La représentation de *Norma* fut un triomphe. Aux

côtés de Maria chantaient Mirto Picchi, qui débutait lui aussi dans *Norma*, Fedora Barbieri, Lucia Danieli et Massimo Bison. La mise en scène était d'Ugo Bassi. Les critiques unanimes portèrent Maria aux nues. Virgilio Doplicher écrivit dans *Il nuovo Corriere* : « L'héroïne a trouvé, avec le soprano Maria Callas, l'accomplissement très convaincant de son sens dramatico-musical grâce à l'intelligence et l'habileté d'exploitation de dons vocaux qui se sont révélés excellents surtout dans la souplesse et le modulé des phrases, à tel point que cette jeune artiste maîtrise déjà les principes les plus sévères de la grande tradition du bel canto italien. »

Gualtiero Frangini écrivit dans *La Nazione* : « Maria Callas nous était inconnue. Mais après son entrée en scène, au premier acte, nous avons compris soudain que nous avions devant nous un soprano d'une très grande qualité. Une voix puissante, assurée, au timbre agréable, sonore dans le *forte*, très douce dans les nuances ; une technique sûre et parfaitement maîtrisée, avec une couleur de voix bien particulière et une méthode qui, quoique différente de ce que nous connaissons bien, possède d'indéniables qualités. La Callas a créé un personnage empreint d'une féminité subtile et émouvante, en nous présentant, dans *Norma*, outre la prêtresse implacable, la femme amoureuse et déçue, la mère, l'amie. »

Siciliani fut très satisfait des résultats obtenus par Maria et il la retint pour un projet qu'il voulait réaliser à Pérouse, en septembre 1949.

Le 5 décembre, Maria donna la deuxième et dernière représentation de *Norma*. Puis, nous rentrâmes à Vérone. Les jours suivants, elle ne se sentit pas très bien. Nous attribuâmes son malaise à la fatigue, mais le 7 au soir Maria ressentit de fortes douleurs abdominales. Nous appelâmes mon beau-frère, Gianni Cazzarolli, médecin, qui diagnostiqua une crise d'appendicite et déclara qu'il fallait opérer. Par prudence, je fis venir un grand professeur, Salvatore Donati, premier chirurgien de Vérone, que je connaissais bien déjà avant sa nomination car il appartenait à une famille d'industriels du bâtiment avec qui je travaillais à Bolzano. Donati confirma le diagnostic de mon beau-frère.

Maria fut hospitalisée le 8 décembre à l'hôpital de Borgo Trento, à Vérone, et y resta jusqu'au 18. L'intervention se passa à merveille, mais le séjour à l'hôpital s'avéra un peu monotone. Maria souffrait surtout de la solitude. Elle ne voulait pas d'étrangers autour d'elle, même pas les infirmières. Elle n'acceptait que moi. Évidemment, pendant la journée je ne pouvais m'occuper d'elle, car j'avais toutes sortes de tâches à remplir. Mais je me rendais tous les soirs à l'hôpital et restais avec elle jusqu'au lendemain matin. Quand elle s'assoupissait, j'essayais de dormir moi aussi, étendu tout habillé sur un petit lit de camp. J'ai passé neuf nuits ainsi, et Maria m'en est toujours restée reconnaissante. Elle reparlait souvent de ces nuits et assurait que c'était dans ce genre de situations que se mesurait l'amour d'un conjoint.

Nous passâmes Noël à Vérone. C'était le premier que nous fêtions ensemble, dans la ville que Maria avait adoptée. Le Noël précédent, celui de 1947, nous l'avions passé à Venise, où elle chantait dans *Tristan*. A Vérone nous allâmes écouter la messe dans une petite église, puis dînâmes en tête à tête. Maria aimait passer les fêtes dans la plus stricte intimité.

Quelques jours plus tard, je l'accompagnai à Venise où elle devait jouer *La Walkyrie* à la Fenice, sous la direction de Serafin. C'était encore une fois une œuvre de prestige. A Venise tout le monde se souvenait du *Tristan* et de la *Turandot* de l'année précédente, et l'attente était grande. Maria ne les déçut pas. La première de *La Walkyrie* se passa très bien.

Aux côtés de Maria chantaient Giovanni Voyer, Ernesto Dominici, Raimondo Torres, Jolanda Magnoni et Amalia Pini. Mise en scène d'Enrico Frigerio. Dans le *Gazzetino* du 9 janvier 1949, Giuseppe Pugliese écrivit : « Maria Callas a été une Brunehilde de pur esprit wagnérien, altière et émue, simple et incisive, à la voix splendide et puissante

75

dans les aigus et les récitatifs, scéniquement superbe. » Dans *Gazzettino-sera*, Vardanega nota : « La Callas a été parfaite : on ne réentendra pas de sitôt une pareille Brunehilde. »

Serafin, Cattozzo et tous les autres fêtèrent l'événement. Quant à moi j'abandonnai mon travail à Vérone et décidai de rester quelques jours à Venise. Le soir du 10 janvier, vers minuit, alors que nous étions déjà couchés, le téléphone sonna. C'était Tullio Serafin. Il s'excusa d'appeler à une heure aussi incongrue puis déclara qu'il voulait parler à Maria :

« Il s'agit d'un problème urgent et important : réveillez-la et faites-la descendre », demanda-t-il. « Je suis au restaurant, au rez-de-chaussée de l'hôtel. »

Je protestai :

« Cela ne peut pas attendre demain ? Maria a besoin de repos. »

Il insista. Je me décidai donc à la réveiller.

Nous descendîmes et trouvâmes Serafin, sa femme Elena Rakowska et le Nino Cattozzo, les traits tirés, le visage triste.

« Que se passe-t-il ? » demandai-je.

« Nous sommes dans le pétrin », avoua Cattozzo en vénitien. « Il n'y a que Maria qui puisse nous en tirer. »

Tout de suite après *La Walkyrie*, le programme de la Fenice enchaînait avec *Les Puritains*, de Bellini, une œuvre extraordinaire mais qui hélas se joue rarement par manque d'interprètes assez compétents. L'une des grandes cantatrices capables d'interpréter cet opéra était Margherita Carosio, qui avait déjà passé la quarantaine, mais n'en restait pas moins en pleine activité. C'était pour elle que l'on avait monté *Les Puritains*, qui devaient être dirigés par Serafin, mais la Carosio était tombée assez gravement malade et ne pouvait chanter. Serafin et Cattozzo, dès qu'ils avaient eu confirmation de cette défection, avaient passé la soirée à la recherche d'une remplaçante, même de série B, mais n'avaient pu en trouver aucune prête à affronter *Les Puritains*.

Il faut dire aussi que neuf jours seulement les séparaient de la première. Au cours de cette triste veillée, Elena Rakowska déclara soudain à son mari et à Cattozzo :

« Écoutez, il est inutile que vous continuiez à chercher ; vous ne trouverez pas. La seule qui puisse chanter *Les Puritains*, c'est Maria Callas.

– C'est ridicule », rétorqua Serafin. « Maria chante déjà dans *La Walkyrie*, une œuvre très difficile et qui requiert une tessiture vocale tout à fait différente des *Puritains* : il est impossible qu'elle interprète ces deux opéras à la fois.

– Tais-toi voyons, comme toujours tu ne comprends rien à rien », l'interrompit avec son exubérance habituelle Elena Rakowska. « On parie que Maria Callas chantera *Les Puritains* ? »

L'idée de nous réveiller en pleine nuit et de nous faire descendre avait jailli de ce défi lancé par la Rakowska et de l'espoir que nourrissaient soudain Serafin et Cattozzo de voir le miracle se réaliser.

Après nous avoir exposé la situation dans les moindres détails, Serafin et Cattozzo, anxieux, attendirent la réponse. Ils ne quittaient pas Maria des yeux, encore tout étourdie par leur proposition. Elle ôta ses lunettes et se passa une main sur le visage.

« N'est-il vraiment pas possible de trouver une autre chanteuse ? » demanda-t-elle.

« Nous avons tout essayé : rien à faire », répondit Serafin.

Maria resta silencieuse encore un petit moment, puis elle dit :

« Bon, procurez-moi la partition que je puisse me rendre compte. Rendez-vous ici demain soir, et je vous donnerai une réponse. »

La partition était déjà toute prête et Serafin la lui tendit. Nous remontâmes nous coucher. Maria se glissa deux oreillers derrière le dos et commença à consulter l'œuvre.

« Alors ? » lui demandai-je au bout d'un petit moment.

« Oui, oui », répondit-elle, paisible, « c'est faisable.

– Mais tu n'oublies pas qu'il ne reste plus que huit jours et que pendant ces huit jours tu dois donner trois représentations de *La Walkyrie* ? Où trouveras-tu le temps d'étudier *Les Puritains* ?

– Ne t'inquiète pas », répondit-elle. « Tu verras que j'y arriverai. »

Je m'endormis. Quant à Maria, elle continua à étudier la partition pendant je ne sais combien de temps. Le lendemain elle accepta et commença à travailler avec Serafin. Elle donna les trois représentations de *La Walkyrie* prévues pour les 12, 14 et 16 janvier. Le 19, elle chanta *Les Puritains*. Le théâtre était archicomble. Le public comptait surtout des admirateurs de Margherita Carosio qui avaient réservé leurs places très longtemps à l'avance. Maria fut magnifique. Elle fit un triomphe, de ceux que l'histoire n'oublie pas.

Seuls ceux qui connaissent les difficultés techniques des deux œuvres, celle de Wagner et celle de Bellini, peuvent se rendre compte de l'incroyable tour de force accompli par Maria Callas. Tout juste venait-on d'annoncer que le maestro Serafin allait présenter *Les Puritains* à Venise avec Maria Callas, qu'un journal de Milan commenta aussitôt : « Il paraît qu'à la Fenice de Venise, Serafin a accepté de diriger *Les Puritains* avec une Elvire soprano dramatique et pour être plus précis avec la Callas. Vive ces vieillards sans conscience artistique qui s'amusent à devenir gâteux et à démolir l'Art lyrique. A quand une nouvelle création de *La Traviata* avec Gino Bechi dans le rôle de Violetta ? »

Maria réussit non seulement à apprendre *Les Puritains* par cœur en huit jours, mais elle y parvint tout en chantant *La Walkyrie*. En l'espace de douze jours, du 12 au 23 janvier, elle apprit de A à Z une œuvre difficile comme *Les Puritains* et donna six représentations : trois de *La Walkyrie* et trois de l'œuvre de Bellini. Un *tour de force** extraordinaire, qui mit en pleine lumière la puissance vocale, la

* En français dans le texte (*N. d. T.*)

force de caractère et la prodigieuse préparation technique de Maria Callas.

Les Puritains, dirigés par Serafin, furent présentés le 19 janvier. Avec Maria chantaient Antonio Pirino, Ugo Savarese, Boris Christoff, Mafalda Masini, Silvio Maionica et Guglielmo Torcoli. Mise en scène d'Augusto Cardi. Le lendemain, le critique Vardanega écrivait : « Mais le triomphe le plus inattendu est revenu à la Callas qui s'est révélée une Elvire inimitable. Des rôles écrasants de Turandot et de Brunehilde a jailli une créature légère, sensible, présente dans chaque note, qui possède du chant une intelligence supérieure. » Mario Nordio écrivait de son côté : « Il y a quelques jours beaucoup ont dû bondir en lisant le nom de la magnifique Brunehilde, Isolde et Turandot en face de celui d'Elvire. Hier soir tous l'ont entendue et même les plus sceptiques, tout en reconnaissant dès les premières notes que l'on ne retrouvait pas le classique soprano léger de la tradition, ont dû admettre que le miracle Maria Callas l'avait accompli : grâce à la rigueur de ses études avec la De Hidalgo, qui fut peut-être la plus grande Elvire et la meilleure Rosine de son époque, et grâce à la souplesse de sa voix limpide et tellement juste, aux aigus étincelants. Et puis son interprétation est d'une telle chaleur et d'une telle humanité qu'il serait vain de chercher, dans l'état cristallin du registre, dans la fragile et froide transparence, d'autres Elvire. »

Bien avant que n'intervienne cette histoire des *Puritains* à la Fenice, Maria avait accepté de donner deux représentations de *La Walkyrie* au Massimo de Palerme, fin janvier. Quoique les engagements de Venise l'eussent épuisée, elle ne pouvait plus reculer et dut partir. A Palerme, elle ne se plut pas beaucoup. L'atmosphère ne ressemblait pas du tout à celle de Venise, on y faisait de la musique de façon très superficielle. Cela ennuyait beaucoup Maria qui m'écrivit, le 28 janvier 1949 :

« Mon chéri, je t'écris ces quelques mots de cette assommante ville de Palerme. Assommante, d'abord, parce qu'elle est si loin ; ensuite parce que je me demande bien comment je vais me débrouiller, alors que je suis coincée ici, pour étudier le *Parsifal* que je dois interpréter à Rome dans un mois ; et enfin parce que les méthodes de travail des gens d'ici sont catastrophiques.

« Hier, c'était la répétition générale. Tu n'imagines pas le gâchis. Rien n'était prêt. La scène était envahie par une trentaine de machinistes, mais à quoi pouvaient-ils bien servir, je n'en sais rien, car ils restaient plantés là à regarder. Je n'avais ni casque, ni bouclier, ni lance. L'orchestre faisait des pieds de nez. Le chef parlait beaucoup sans arriver au moindre résultat. La basse Neri ne connaissait pas son rôle. Je crois que jamais je n'oublierai cette représentation ! Moi qui suis habituée au travail propre et parfait, pense un peu à ce que je ressens ici, dans un tel pétrin.

« Le seul avantage, c'est qu'ils me traitent bien, comme une déesse ! Ils me donnent toujours raison.

« Cher Battista, Palerme, c'était vraiment de trop, quelle perte de temps et puis quel ennui ! Je me console en pensant que mardi tout sera fini et que je pourrai partir. Il vaudrait mieux que tu ne viennes pas jusqu'ici : ce serait inutile.

« Et puis qui prétendait qu'ici je trouverais le printemps ? Tu parles ! Il fait *horriblement* froid et il souffle un vent de tous les diables.

« Je n'ai pas d'autres nouvelles à t'apprendre. A part un mal de tête qui me fait souffrir depuis ce matin, je n'en peux plus. Espérons que ce soir il sera passé.

« J'ai interrompu ma lettre car je n'avais plus d'encre dans mon stylo et du coup j'en ai profité pour sortir prendre un bon café. Peut-être me fera-t-il passer le mal de tête.

« On m'a téléphoné du théâtre pour m'avertir que la représentation est prévue pour neuf heures moins le quart. Ce que j'ai pu rire ! Il paraît qu'ici les chanteurs oublient de se rendre au théâtre et qu'il faut qu'on le leur rappelle. Une ville de fous... »

Le 30 janvier, toujours de Palerme, elle m'écrivit une lettre où passait une certaine irritation. Avec la première de *La Walkyrie* Maria ne s'était pas réconciliée avec Palerme. Le public n'était pas à sa mesure.

« Mon chéri, je t'ai écrit il n'y a même pas deux jours pour te raconter mon arrivée et les mauvaises surprises qui m'attendaient ici. Pourtant ce qui a suivi est encore pire. Sais-tu que les journaux parlent de la Magnoni comme si elle tenait le premier rôle ? Quant à moi, je n'ai eu droit qu'à quelques lignes. Un journal a écrit : "Maria Callas dans le rôle de Brunehilde, bien qu'elle ait chanté avec passion et que sa voix soit belle et d'un timbre agréable, ne parvient pas à donner vie à une sauvage Walkyrie." Quel imbécile ! Ce même journal a dit de Giulio Neri, interprète de Wotan, qu'il possédait une merveilleuse musicalité. Je ne compte plus et ne pourrai jamais oublier les fausses notes et les erreurs qu'il a accumulées. Si l'opéra était un peu plus connu, le public l'aurait sifflé. Je jure mes grands dieux que je ne remettrai plus les pieds en Italie du Sud. Il paraît que je chante trop bien et que je suis trop distinguée pour que l'on m'apprécie ici. Ils voudraient nous voir nous battre comme des chiffonniers sur la scène. Je suis vraiment hors de moi. »

La Walkyrie fut présentée au théâtre Massimo de Palerme le 24 janvier, avec une reprise le 10 février. Elle était dirigée par Francesco Molinari Pradelli et, aux côtés de Maria chantaient Giovanni Voyer, Bruno Carmassi, Giulio Neri et Jolanda Magnoni.

De Palerme, Maria partit pour Naples, où elle donna quatre représentations de *Turandot* au San Carlo. L'œuvre était dirigée par Jonel Perlea et avec Maria chantaient Renato Gigli, Vera Montanari, Mario Petri, Mario Boriello, Luciano Della Pergola e Assante. Mario Baccaro écrivit dans le *Roma* du 14 février 1949 : « Quelle étonnante chanteuse que cette Maria Callas. Une mezza voce belle et insinuante et puis des aigus métalliques et lancinants, d'une étendue d'incube, aux accents agressifs, sinistres et implacables. »

Fin février, Maria était à Rome pour le *Parsifal* de Wagner dirigé par Tullio Serafin. Auprès d'elle chantaient le ténor Hans Beirer, Cesare Siepi, Marcello Cortis, Armando Dado, Carlo Plataria. Renzo Rossellini écrivit dans le *Messaggero* : « Maria Callas est une chanteuse douée d'excellents moyens et très bien rompue aux exigences de la scène. » Ettore Montanoro dans le *Popolo* : « Maria Callas nous a offert une Kundry de grande valeur grâce à son jeu théâtral et à sa générosité vocale. » Adriano Belli dans *Il Quotidiano* : « Maria Callas est une merveilleuse Kundry. Aujourd'hui elle nous est apparue dans toute sa grandeur. La chanteuse, qui possède une grande aisance vocale, une admirable uniformité des registres et une large étendue, a su vaincre toutes les difficultés et interpréter, avec beaucoup d'efficacité, le personnage tourmenté et passionné de la pécheresse qui ne désire plus que la rédemption. »

Les représentations de *Parsifal* se terminèrent le 8 mars. Ensuite Maria devait partir pour une longue *tournée** en Argentine avec le Tullio Serafin et d'autres chanteurs italiens. Le départ était fixé au 21 avril, de Gênes. Nous disposions donc de plus d'un mois de tranquillité pour profiter l'un de l'autre.

Comme je l'ai déjà dit, Maria et moi avions compris dès notre première rencontre que nous étions faits l'un pour l'autre. Après le *Tristan* de Venise, et donc au début de 1948, nous avions décidé de nous marier. A Vérone, nous appartenions à la paroisse des Filippini, l'église la plus pauvre de la ville. Nous allâmes voir le curé, qui s'appelait il me semble don Ottorino, et celui-ci nous indiqua les documents que nous devions fournir. Les démarches étaient plutôt compliquées, Maria devait demander des papiers en Grèce et en Amérique. Et puis comme elle était de religion orthodoxe et moi catholique, il fallait aussi obtenir une dispense spéciale du Vatican.

* En français dans le texte (*N. d. T.*)

82

Fin 1948, j'avais accompli toutes les démarches nécessaires. Nous décidâmes donc de profiter de cette période creuse dans le travail de Maria pour nous marier. Je téléphonai alors à la Curie pour m'assurer que tout était prêt. Or je m'entendis dire qu'il manquait encore des signatures. J'expliquai la situation et exposai mes plans. Je les priai de compléter le dossier au plus vite car je tenais à me marier début avril. Je sentis toutefois une certaine réticence chez l'ecclésiastique qui me répondit. « Il y a anguille sous roche », pensai-je.

Je continuai à assaillir de coups de téléphone le bureau de la Curie. A chaque fois, on m'avertissait qu'il manquait un nouvel élément : une signature, un tampon, une bricole. Il était évident qu'ils me refusaient les papiers. Je n'appris que plus tard que ces démarches, terminées depuis longtemps, étaient bloquées sur ordre de l'un de mes frères. Celui-ci, qui ne pouvait me pardonner mon idylle avec la Callas, avait réussi à convaincre la Curie véronaise que ce mariage nuirait à la famille Meneghini, et qu'il n'était pas question de le célébrer. Je ne sais ce qu'il avait promis en échange, peut-être d'offrir les tuiles pour refaire les toitures des vieilles églises de Vérone ; toujours est-il que les autorités ecclésiastiques refusaient de me donner les papiers.

Maria continuait à me demander des nouvelles. Je lui racontai mes démarches mais nous n'obtenions pas le moindre résultat. Nous arrivâmes ainsi à la veille du départ pour l'Argentine. Le soir du 20 avril, je dis à Maria :

« Demain tu pars pour l'Argentine. Comme tu le sais, je ne peux t'y suivre. Je t'accompagnerai jusqu'à Gênes. Mais je te promets que, lorsque tu rentreras, les papiers pour notre mariage seront prêts : nous nous marierons et irons vivre dans notre nouvelle maison, qui est maintenant terminée.

– D'accord », répondit Maria. « Tu sais que je suis toute à toi. »

C'était son expression : « toute à toi ».

Maria fut plutôt sombre et silencieuse, ce soir-là.

J'attribuai sa tristesse au départ du lendemain, tant je savais qu'elle souffrait à chaque séparation. Je tentai de la distraire, en vain.

Le lendemain matin je me réveillai tôt et trouvai Maria déjà debout.

« Que se passe-t-il ? » lui demandai-je.

« Battista, cette nuit je n'ai pas dormi », me répondit-elle. « Tu sais quels déchirements j'éprouve dès que je dois m'éloigner de toi. Pense un peu alors à ce voyage qui me retiendra au loin plus de trois mois. Quand je chantais à Venise, à Rome, à Florence, à Gênes, tu pouvais venir me rejoindre. Mais Buenos Aires est si loin. Nous ne pourrons pas nous voir. Pendant tout ce temps. C'est affreux. Cette nuit, à l'idée que je devais te quitter pour si longtemps, j'ai beaucoup pleuré. Voilà, je pars, c'est décidé. Mais à une seule condition. Ce que je vais te dire va peut-être te déplaire, te causer des ennuis, mais je resterai inébranlable : je ne partirai que si nous nous marions d'abord. »

Je demeurai un moment abasourdi. Je croyais avoir mal entendu.

« Mais maintenant c'est impossible », rétorquai-je. « Le départ est fixé à ce soir, et tu sais bien que les papiers ne sont pas prêts.

– Battista, je refuse de partir si je ne peux m'appeler Maria Meneghini Callas. »

Elle parlait avec ce calme que j'avais désormais appris à connaître. Quand elle employait ce ton tranquille, paisible, cela signifiait qu'elle avait pris une décision que personne n'arriverait à ébranler. Il ne me restait plus qu'à tenter à toute force d'obtenir les papiers à la Curie.

« Je pars au bureau », annonçai-je. « Je ferai tout mon possible pour te donner satisfaction. Pendant ce temps, prépare les valises.

– Je vais les préparer », répondit Maria. « Mais je ne les bouclerai qu'une fois que nous serons mariés. »

J'avais alors une secrétaire exceptionnelle, une certaine Elvira Sponda, une jeune fille splendide mais avant tout vive et intelligente. Quand on la chargeait d'une tâche, elle vous comprenait à demi-mot et agissait avec la rapidité de l'éclair. Je lui exposai la situation et l'envoyai à l'Évêché chercher les papiers.

A dix heures pile, Elvira me téléphona.

« Commendatore, ils refusent de me donner les documents. Ils disent que le dossier n'est pas complet. En discutant avec un secrétaire, j'ai appris que tout est prêt depuis longtemps, mais votre famille a mis son veto. J'ai également parlé au chancelier épiscopal, monseigneur Amedeo Zancanella, qui s'occupe de votre dossier : il m'a dit qu'il n'y avait rien à faire.

– Où puis-je trouver ce chancelier ? » demandai-je.

« Il est rentré chez lui. Il habite via Garibaldi.

– Allez via Garibaldi. Je vous y rejoindrai en voiture. Je veux lui parler. »

La maison de monseigneur Zancanella jouxtait d'un côté la Caisse d'épargne et de l'autre une petite église. Elvira Sponda sonna à la porte et au bout d'un moment apparut le prélat qui, reconnaissant la jeune fille, dit avec une certaine indignation dans la voix :

« Inutile de revenir à la charge, ces papiers ne sont pas prêts.

– Voici le « commendatore » Meneghini qui désire vous parler », annonça Elvira.

« Je ne peux pas le recevoir », répondit le prêtre d'un ton sec, et il ferma la porte.

Je restai désemparé. J'avais envie de me mettre en colère mais tentai de garder mon calme. La petite église qui s'élevait à côté de la maison du prélat était ravissante.

« Je vais m'en remettre au Père éternel », pensai-je. Je poussai la petite porte et me trouvai dans une église différente des nôtres : c'était, en fait, une église évangélique. Sur la corniche on pouvait lire cette devise, dont je me souviens fort bien : « Dieu est esprit, il convient donc que celui qui l'adore l'adore en esprit et vérité. »

Dans cette petite église je réfléchis à la situation, puis ressortis et déclarai à Elvira :

« Essayons encore une fois. »

Ma secrétaire fondit sur la sonnette et fit retentir un timbre qui aurait réveillé un mort. Le prêtre sortit aussitôt et cette fois je pris la parole. Je commençai par lui exposer la situation puis lui dis ce que j'avais sur le cœur ; je lui en dis des vertes et des pas mûres à tel point que les oreilles doivent encore lui tinter. Le prêtre ne put placer un mot, mais il resta inébranlable et refusa de nous donner les papiers.

Il était déjà onze heures. Que faire ? J'avais un ami très cher, Mario Orlandi, propriétaire d'une entreprise de fours électriques. Un homme très intelligent. Orlandi fréquentait les sacristies, les archevêchés, les couvents, il faisait partie de tous les comités de bonnes œuvres, donnait des conseils à tous et à chacun.

« Allons voir Orlandi. »

Je réussis à le trouver vers midi, et lui expliquai mon problème. Il connaissait et appréciait Maria, et voyait notre mariage d'un œil favorable. Il examina la situation, passa en revue toutes ses connaissances dans les milieux ecclésiastiques puis me dit :

« Essayons auprès du curé de San Tommaso. »

Je l'emmenai à l'église de San Tommaso. La secrétaire et moi restâmes dans la voiture et Orlandi disparut avec son ami.

Il revint au bout d'une bonne heure et m'annonça :

« Battista, voici tes papiers.

– Comment as-tu fait ? » lui demandai-je, incrédule.

« Ne t'inquiète pas, pense à ton mariage. »

Je raccompagnai ma secrétaire au bureau, puis téléphonai à Maria pour lui annoncer que la situation avait l'air de s'arranger. Ensuite je courus à ma paroisse des Filippini et remis les papiers à don Ottorino.

« Très bien », dit le curé. « Mais il subsiste un petit obstacle. Comme Maria n'est pas catholique romaine, nous ne pouvons célébrer la cérémonie dans l'église. Il faut trouver un lieu consacré, mais qui ne soit pas l'église.

– Où vous voudrez, pourvu que nous nous marriions », fis-je.

« Il y aurait bien la vieille sacristie, où nous rangeons les chaises, les vieilles statues, les chandeliers et les objets des offices funèbres. Elle sert en somme de dépôt, mais c'est un lieu consacré. Il y a même un petit autel. Je le ferai débarrasser un peu, et nous y célébrerons le mariage.

– Parfait. A quelle heure ?

– A quatre heures.

– Je serai ponctuel. »

Je rentrai à l'hôtel.

« Je me faisais du souci », avoua Maria.

« Tout est prêt », lui annonçai-je. « A quatre heures, nous nous marions. »

Maria pâlit et s'assit sur le lit. Elle se mit à pleurer et à remercier Dieu et la Sainte Vierge. Je ne l'avais jamais vue aussi heureuse. Nous déjeunâmes ensemble, mais sans pouvoir rien avaler ou presque tant nous étions émus. Puis je l'aidai à boucler les valises. Vers quatre heures, nous partîmes pour l'église.

Nos témoins étaient mon ami Mario Orlandi et mon beau-frère, Gianni Cazzarolli. Dans la vieille sacristie-dépôt on avait fait un peu de place à côté de l'autel et allumé deux cierges. Il n'y avait ni fleurs, ni le moindre apparat. Le curé était assisté du vieux bedeau, un certain Bepo. C'est ainsi qu'au milieu des chaises entassées, des statues décapitées, des draps mortuaires couverts de poussière, des dais et des étendards sans âge, Maria Callas et moi devînmes mari et femme. Peut-être n'y eut-il jamais ou presque cérémonie nuptiale plus misérable en apparence que la nôtre : mais cela n'avait aucune importance. Maria et moi, tant que nous avons été ensemble, avons toujours considéré cet après-midi-là comme le plus beau de notre vie.

La cérémonie terminée, nous rentrâmes à l'hôtel prendre les valises, puis partîmes pour Gênes où Tullio Serafin attendait Maria. L'embarquement pour l'Amérique du Sud sur le paquebot *Argentina* était prévu à minuit.

CHAPITRE VIII

« CHÉRI, COMME TU ME MANQUES... »

En quelques dizaines de lettres, le journal de ses trois mois de séjour en Argentine – La tristesse de la séparation et ses magnifiques pensées sur l'amour – L'attachement à l'Église orthodoxe – La jalousie de ses partenaires et le triomphe au Colon de Buenos Aires

L'un des adieux les plus déchirants de ma vie fut celui que j'échangeai avec Maria sur le quai de Gênes dans la nuit du 21 avril 1949. Elle s'embarquait pour l'Argentine et devait y rester près de trois mois : ce n'était pas une éternité, mais nous n'étions mariés que depuis huit heures, et cela donnait à la situation un goût amer.

Jusqu'à la dernière minute, Maria essaya de ne pas partir. Quelques instants avant d'embarquer sur le paquebot, elle me dit :

« Essayons de demander à Serafin s'il ne peut me remplacer. »

J'allai parlementer avec le maître, mais il me répondit que c'était impossible. Surtout que cette *tournée** tenait tout entière sur le nom de Maria. A minuit le bateau émit ses fameux « mugissements » de sirène et s'éloigna du quai. Je restai dans le noir à agiter la main, puis remontai en voiture et rentrai à Vérone.

La troupe de chant de cette tournée comptait, outre Maria et Serafin, Mario Del Monaco, Fedora Barbieri, Nicola Rossi Lemeni, Mario Filippeschi. Presque tous voyageaient en compagnie d'une personne chère. Serafin avait tout bonnement emmené sa famille : sa femme, sa fille Vittoria et sa petite-fille Donatella. Maria était toute seule.

C'était le premier long voyage qu'elle entreprenait depuis notre rencontre, deux ans auparavant. Nous avions vécu deux années de tendresse, toujours ensemble, et les séparations imposées par notre travail n'avaient jamais excédé six ou sept jours. Ce voyage, donc, s'annonçait particulièrement pénible, et il le fut. Pour l'affronter avec plus de courage, Maria avait tenu à ce que nous nous mariions avant le départ. Je lui avais donné satisfaction mais sa joie ne dura guère. Au fil des jours, l'éloignement commença à lui peser de plus en plus, elle souffrait beaucoup.

Les lettres étaient sa seule consolation. Elle m'écrivait presque chaque jour. C'étaient des lettres débordantes d'amour, de dévotion, de tendresse, mais aussi de tristesse, de chagrin et d'anxiété. Il me semble intéressant de revivre cette *tournée** argentine grâce aux lettres de Maria, qui constituent une sorte de journal de ses réflexions et de ses sentiments. Il en ressort que le chant, la musique comptaient énormément pour elle, mais n'occupaient pas la première place dans son esprit et dans son cœur. En fait, elle parle peu de son métier, tandis qu'elle s'appesantit sur la tristesse de l'absence. Elle était déjà célèbre, et tout aurait dû l'inciter à penser avant tout à sa carrière et à sa gloire. Et pourtant, non. S'il n'avait dépendu que d'elle, elle aurait tout planté là et serait rentrée à la maison.

* En français dans le texte.

Ces lettres viennent confondre ceux qui ont toujours écrit et soutenu que Maria était une créature froide et égoïste, préoccupée de sa seule carrière, et que son amour pour moi n'était qu'un prétexte pour profiter de ma protection financière. A la lecture de ces documents, chacun pourra constater qu'il n'y a rien de plus faux et de plus calomnieux que ces affirmations.

22 avril 1949

« Mon cher Battista, je t'envoie un petit bonjour de Barcelone. Je pense à toi plus que jamais pendant ces journées que nous devions vivre *ensemble* !

« Comme je te l'avais dit il y a quelques jours, je suis partie remplie de joie. Peut-être ce voyage s'avérera-t-il le moins douloureux de tous ceux que j'ai entrepris depuis notre rencontre, car le bonheur de t'appartenir entièrement me console à un point que tu ne peux imaginer.

« Chéri, et toi ? Comment s'est passé ton voyage de retour à Vérone et comment as-tu trouvé notre chambre ? Je te recommande de ne pas t'énerver, de manger et de dormir beaucoup. Avant, tu n'avais à t'inquiéter de personne ; maintenant tu as *ta femme* qui vit pour toi et seulement pour toi. Pense un peu, si tu devais disparaître, ou si l'un de nous deux venait à disparaître ! Si tu veux me voir toujours heureuse, prends soin de toi. Tu m'appartiens, je t'appartiens, et nous vivons le plus grand des bonheurs. Je resterai en bonne santé (avec l'aide de Dieu) pour toi ; je chanterai et j'aurai du succès pour toi. Tu dois prendre soin de toi pour moi.

« Nous avons pu nous promener un peu dans Barcelone et cette ville m'a vraiment beaucoup plu. Nous sommes dimanche et toutes les boutiques sont fermées. J'ai tout de même remarqué que les sacs à main et les chaussures sont bon marché.

« Nous partirons dans deux heures. Je n'ai rien d'autre à te raconter. Au-dessus de mon lit, j'ai accroché *notre* petite Madone. A chaque instant je t'envoie un baiser et une pensée. Heureusement, le maestro Serafin et son épouse sont là. Ils m'empêchent de sombrer dans la tristesse. Le temps est beau et j'essaie de faire de l'exercice pour maigrir un peu. Pense à moi comme je pense à toi. »

24 avril 1949

« Mon cher amour, je t'écris pour te sentir plus près de moi. Ton télégramme d'aujourd'hui m'a fait un immense plaisir. Tu sais que lorsque je voyage, j'ai toujours peur. Vois-tu Battista, lorsque l'on est heureux comme je le suis, on tremble toujours de perdre son bonheur. Et le mien semble trop beau pour être vrai. Je t'adore, tellement, tellement : ne l'oublie pas. Je voudrais tant que tu sois près de moi ! Comme je souffre de ton absence, et combien me manquent tes attentions, tes caresses, la petite sonnerie avec laquelle tu me réveilles le matin et enfin les petits riens que tu m'apportes ! Tout me manque, nos cafés, les coups de téléphone que je te donne au bureau et auxquels tu réponds si gentiment parce que, dis-tu, tu es si las de travailler et que le son de ma voix te redonne courage.

« Mon Battista, pourquoi m'as-tu laissée partir ? J'espère que tu ne permettras plus que je parte si loin de toi et pour si longtemps. Souviens-toi que je ne vis vraiment qu'auprès de toi, mon homme.

« Je t'en prie, écris-moi beaucoup, mon chéri. Dans ce voyage, il n'y a que tes lettres pour me consoler.

« En ce moment, on passe *La Traviata* et cette musique réveille encore ma nostalgie.

« Ici, à bord, il n'y a personne de bien particulier. Des gens ordinaires, des couples. Les jeunes me témoignent un grand respect et cela me fait plaisir. Aujourd'hui la mer est mauvaise. Le bateau tangue, mais moi cela ne me rend pas malade. Plus tard, il y aura une séance de cinéma : cela fait passer le temps.

« Nous nous sommes arrêtés quelques heures à Lisbonne, mais la ville ne me plaît pas. Tout y est cher, horriblement cher. Après-demain, nous arriverons à Tenerife, d'où j'enverrai cette lettre. Écris-moi beaucoup, beaucoup, et toutes sortes de belles choses. Au revoir, pense à moi, amitiés à tout le monde. »

26 avril 1949

« Chéri, chéri, chéri, il n'y a que quatre jours que nous voyageons et je souffre déjà terriblement de ton absence. Je n'ai pas de mot pour te dire combien j'en ai assez. Je prie le Ciel que ce voyage se termine vite pour que je puisse revenir auprès de toi. Il n'y a qu'auprès de toi que je suis bien et heureuse. Même si tu travailles toute la journée, je m'en fiche !

« Et toi, que fais-tu ? Quelles nouvelles de la maison ? Que t'ont-ils dit ? Que t'a dit ta mère ? Je suis un peu inquiète de ne pas avoir reçu tes télégrammes.

« Ici, à bord, on s'amuse et on mange délicieusement bien. Un soir on joue aux petits chevaux (j'ai gagné six *pesos* !), un autre soir on danse, le troisième, il y a séance de cinéma. Serafin a eu une crise de foie, aussi n'avons-nous pas encore commencé à travailler.

« Il faut que je te raconte une chose étrange : chaque matin vers six heures et demie, sept heures, j'ouvre soudain les yeux avec la sensation que quelqu'un passe à côté de moi pour me réveiller. Je pense alors que c'est toi, et je suis heureuse.

« Il semble qu'au Colon de Buenos Aires ils veuillent me jouer un mauvais tour, mais ils me le paieront ! Ils ont décidé d'ouvrir la saison avec *Aïda*, mais chanté par une autre. Une certaine Minkus, paraît-il.

« Je crois qu'il nous reste encore quinze jours de voyage. Je ne sais comment j'arriverai à les supporter.

92

« Mon chéri, je t'aime plus encore que tu ne l'imagines. Tu es mon homme devant Dieu et devant tous. Je suis fière de toi et n'ai d'autre souhait dans la vie que de te rendre heureux. Tu es le seul à connaître les secrets de mon cœur et toutes les déclarations que je voudrais te faire. Pense à moi comme je pense à toi et voue-moi ne serait-ce qu'un quart de l'amour que je te porte. Mange, dors, et ne t'énerve pas, c'est mauvais pour toi. »

2 mai 1949

« Mon amour, mon amour, mon grand amour ! On voit que Dieu désire encore me torturer dans mon amour pour toi. Pourquoi dois-je être séparée de toi quand je ne supporte pas ton absence ? Je jure que c'est la dernière fois que je te quitte pour si longtemps. Quand je pars en tournée à travers l'Italie et que j'ai envie de te voir, tu viens me rejoindre et ainsi je peux supporter une nouvelle semaine d'absence. Mais cette fois-ci je devrai attendre des mois avant de te revoir.

« Je ne peux pas vivre sans toi. Plus je rencontre et connais de gens, plus je suis fière de toi, de tes qualités, et plus je t'aime. Je vois autour de moi tant de bêtise et de futilité que j'en ai la nausée !

« Mon amour, que fais-tu ? Que penses-tu de tout ça ? Je ne sais pas si tu es heureux de notre mariage. Dans tes télégrammes tu me l'affirmes, et j'espère que c'est vrai. Moi, je suis tellement heureuse. Peut-être cette séparation m'aide-t-elle aussi à comprendre l'étendue de mon bonheur.

« Quand je vais me promener, je suis toujours seule. Mais à bord, par la force des choses, je dois vivre parmi les autres et je te jure que je vois tant de vulgarité et de banalité que j'en apprécie d'autant plus le trésor qui m'a été offert. Je remercie Dieu de m'avoir donné un compagnon tel que toi.

« Je n'ai rien d'autre à te dire, sinon que je t'adore, t'estime et te respecte et que je suis, mon chéri, si fière de mon Battista ! Aucune femme n'est plus heureuse que moi. Le chant m'a apporté la célébrité, mais j'ai surtout rencontré l'homme de mes rêves ! Je défie n'importe quelle femme de s'avouer comblée comme moi.

« Hier, Serafin m'a redonné *La Force du Destin*. Il assure que cette œuvre me va divinement bien. La Rakowska aussi est enthousiaste. Le maestro soutient que le contrat de Trieste, où j'ai chanté *La Force*, n'était qu'une tentative pour me démolir. Ils voulaient pouvoir dire que si j'avais eu du succès avec le *Tristan* à Venise, je n'en avais pas moins massacré Verdi. Tout ça pour donner un camouflet à Serafin. Quelle méchanceté ! Sûr qu'ils devaient être de mèche avec Ghiringhelli et Labroca. »

3 mai 1949

« Chéri, aujourd'hui je n'en peux vraiment plus. Et voilà que je me mets à faire des fautes d'orthographe. Tu sais que lorsque je suis énervée je ne sais plus écrire. Pour le moment je te quitte. J'espère que Dieu me donnera la force de résister. Je te jure que je n'en peux plus : et je dois rester loin de toi encore deux mois ! »

6 mai 1949

« Chéri, je reprends ma lettre interrompue l'autre jour. Je ne pouvais plus mettre un mot à côté de l'autre. Je pensais à toi et sentais les larmes me monter aux yeux ! Ne parlons pas d'hier. S'il est vrai que les esprits communiquent même de loin, alors mes cris t'auront réveillé. J'étais désespérée. Au cinéma, ils avaient passé un film, une horreur : un film de guerre, avec des scènes de torture, de destruction, et tu sais combien je suis impressionnable. J'ai éclaté en sanglots et n'arrivais plus à me calmer. Je t'ai appelé, et appelé encore. J'ai essayé de penser aux phrases que tu me chuchotes pour m'apaiser, mais ça a été pire. Ton souvenir a augmenté ma douleur !

« Pourquoi devons-nous nous séparer quand nous nous aimons tant ? Et surtout depuis que tu m'as tout donné : ton nom, ton honneur, ta situation, ta confiance, ton adoration, tout.

« Oui, mon amour, je t'aime plus encore car tu as eu confiance en moi, et parce que, en m'épousant, tu m'as donné une immense preuve de ton amour. Les mots me manquent pour exprimer ma pensée et mes sentiments d'amour infini et de fierté à ton égard.

« Mon chéri, je suis mille fois plus tienne encore. Tu m'as donné confiance dans la vie.

« L'autre jour, à bord, il y a eu un bal masqué, et j'étais si belle que tu serais tombé amoureux de moi une seconde fois. Tout le monde s'est cherché un déguisement. Mais moi qui n'avais rien, que pouvais-je faire ? Le maestro Serafin m'a dit : "Et pourquoi ne pas vous déguiser en Messaline ?"

A ces mots, la Rakowska a décidé de m'habiller en femme grecque de l'Antiquité. Je me suis enveloppée dans un drap et ai relevé mes cheveux, comme il était d'usage dans la Grèce antique. J'ai gagné le premier prix, le prix du costume le plus original. Voici la photo.

« Le Colon de Buenos Aires nous a informés qu'à notre arrivée à Rio nous pourrions poursuivre notre voyage en avion. Mais Serafin ne veut pas. Depuis la catastrophe de Turin, il a peur. Il paraît qu'ils veulent ouvrir avec *Aïda* dirigée par Serafin, mais ils n'ont pas précisé si c'est moi qui chanterai. Serafin a télégraphié que sans la Callas il refuse de jouer *Aïda*. »

7 mai 1949

« Chéri, aujourd'hui tu m'as rendue heureuse. J'ai été réveillée par ton télégramme adoré.

« Mon amour, ne t'ai-je pas écrit qu'il y a quelques jours je t'ai appelé désespérément. Ton télégramme est arrivé comme en réponse à mes appels. Ne te moque pas de moi.

« Chéri, quel couple au monde s'aime et se comprend autant que nous ? Voici ma raison de vivre. Tu es ma vie. Soigne-toi. Si tu refuses de le faire pour toi, fais-le pour moi. Vivre sans toi serait vivre sans âme. Et mon âme t'appartient, tout entière, mon amour.

« Je te prie de m'excuser si je te répète toujours les mêmes choses, les mêmes phrases. Peut-être trouves-tu que j'exagère. Mais si tu m'aimes comme je t'adore, tu ressens les mêmes sentiments et tu me comprends. Je te supplie de ne plus me laisser partir si loin de toi. C'est insupportable, ça suffit. Je suis ta femme, après tout ! Et j'ai aussi le devoir, mais surtout la *volonté*, le *désir*, de rester près de toi. Je chanterai, c'est dit, mais pas comme l'hiver dernier et cet été infernal ! Nous devons vivre ensemble, heureux, amoureux, enviés de tous pour notre bonheur. »

10 mai 1949

« Mon amour, aujourd'hui je suis affreusement triste car j'ai attrapé, je ne sais comment, un gros rhume. J'allais si bien, j'étais en si belle forme ! Mais ne t'inquiète pas : quand tu recevras cette lettre, je serai de nouveau en bonne santé. »

13 mai 1949

« L'autre jour je n'ai pu terminer ma lettre car je me sentais vraiment mal. Si mal que je me suis couchée aussitôt et suis restée au lit jusqu'à aujourd'hui. Trois jours alitée ! Pense un peu comme j'étais furieuse, et triste. Maudit soit le jour où je suis partie ; je suis enragée à l'idée que tu l'aies permis.

96

Je ne peux vivre loin de toi, il est temps que tu le comprennes !

« Nous sommes arrivés à Rio. Les directeurs du théâtre sont venus nous chercher à bord et nous ont emmenés déjeuner à terre. Ils m'ont déclaré qu'ils voudraient présenter *Norma* avec moi. J'ai refusé ; j'ai dit que je devais rentrer en Italie. Maintenant, si tu veux vraiment que je revienne auprès de toi, tu dois m'aider. Il faut que tu écrives immédiatement aux Serafin que si je ne rentre pas au plus tôt en Italie tu ne me laisseras pas chanter l'hiver prochain, ou une histoire dans ce genre. Envoie-moi aussi une lettre, que je puisse la leur montrer. Et dépêche-toi car Montevideo voudrait également m'engager. Dis que tu ne m'avais permis de partir pour l'Argentine que si je revenais au plus vite, sans accepter d'autre engagement.

« Nous sommes arrivés avec un jour de retard et le voyage a été horrible. Le bateau tanguait comme un fou. Maintenant je te quitte et t'écrirai dès que j'aurai décidé où loger. Je t'aime tant, mon Battista. »

14 mai 1949

« Mon cher, mon grand, mon éternel amour, les mots me manquent pour t'expliquer et te raconter ce que j'ai éprouvé en lisant tes lettres. Tu as fait de moi la femme la plus heureuse, la plus fière, la plus aimée du monde. J'ai dû attendre vingt jours avant d'avoir de tes nouvelles : imagine quelle joie immense, quel amour, quelle sublime tendresse j'ai éprouvés pour toi pendant tous ces moments.

« Chéri, mon amour peut-il grandir encore ? Je croyais t'avoir déjà tout donné ; mais je comprends maintenant que chacune de tes paroles, chacun de tes gestes de tendresse augmente l'*amour paradisiaque* que je ressens pour toi. Oui, chéri : ne ris pas de ces mots, c'est la vérité. Je crois que jamais aucune femme n'a été aimée comme tu m'aimes. Que jamais aucune femme n'a été aussi fière de son

97

homme. Que jamais aucune femme n'a connu un amour aussi bien partagé. Le moindre de mes désirs, tu l'exauces avant même que je l'aie formulé.

« Mon chéri, en ce moment mon âme est là, tout près de toi, je suis sûre que tu le sentiras. Il y a des moments où je te devine présent en moi, dans mes pensées, dans chacun de mes gestes.

« Je te remercie encore du plus profond de mon cœur d'avoir accepté de m'épouser avant mon départ. Tu as ainsi encore augmenté mon amour pour toi. Je ne vivrai que pour te rendre le plus heureux et le plus fier des hommes. Notre amour doit être élevé au rang de symbole.

« Heureusement que demain je n'ai pas de répétition, car avec la joie que m'ont procurée tes lettres, je pleure comme une gamine. J'ai reçu une lettre de ta mère, et j'ai pleuré aussi. Je suis heureuse.

« J'ai oublié de te dire que, dans l'armoire, j'ai laissé exprès ma belle chemise de nuit rose. Je l'ai laissée pour toi. Elle n'appartient qu'à toi. Je ne la mettrai qu'avec toi. Je la mettrai le soir de mon retour. Ah, cette nuit !!!

« Ces jours derniers, je ne me suis pas sentie très bien. J'ai attrapé une espèce de grippe que j'avais déjà eue à l'hôpital, tu te souviens ? Toux, 38° de fièvre : trois jours au lit. Grâce au bon Dieu, aujourd'hui je me sens mieux mais je n'ai pas le moindre appétit. Je me force à manger le plat de résistance, mais suis incapable de rien avaler. Enfin, ne t'inquiète pas, je suis désormais en voie de guérison.

« Je ne peux même pas tomber malade, car alors remontent en moi tant de souvenirs, de ta tendresse, des attentions dont tu m'as entourée lorsque j'étais malade. N'importe quelle bêtise m'évoque ton image et je t'appelle désespérément.

« Maintenant voici les nouvelles. La saison lyrique sera inaugurée le 20, avec *Turandot*, et c'est moi qui chanterai. Ils devaient débuter par *Aïda* interprétée par la Rigal, Del Monaco, Rossi Lemeni, etc. Mais le bon Dieu me vient toujours en aide. Et c'est moi qui ouvrirai la saison.

« La vie ici est assez chère. Serafin a trouvé un appartement, mais il est trop exigu et il l'a quitté. Moi, je me suis installée à l'hôtel. J'ai une petite chambre avec salle de bains, et je paie trente huit *pesos* par jour, sans les repas. A midi, j'ai essayé le restaurant de l'hôtel. Écoute : j'ai dépensé seize *pesos* pour un bouillon, un tournedos, des légumes verts, une salade de fruits et un café. C'est trop. Ce soir j'ai mangé dans un autre restaurant, moins luxueux, mais la nourriture était bonne, et je n'ai dépensé que sept *pesos*. Quelle différence ! C'est dégoûtant !!! Gare à eux s'ils me retiennent ici trois mois : je les tue !

« J'ai hâte de rentrer. Je reviendrai en avion, car je n'ai pas envie de perdre encore vingt jours à voyager. Cela me rendrait folle. Si tu as l'intention de venir me rejoindre ici, je ne veux pas que tu prennes l'avion. Qu'il m'arrive quelque chose à moi, cela n'a aucune importance. Mais j'en mourrais s'il devait t'arriver quoi que ce soit. Si nous devons mourir, mieux vaut mourir ensemble. »

15 mai 1949

« Cher amour, mon cher trésor. Aujourd'hui, j'étais furieuse. Avoir à sortir pour manger m'énervait au plus haut point. Enrhumée comme je le suis, sortir rien que pour manger ! Heureusement, les Serafin m'ont laissé leur petit appartement qui compte, outre la chambre et un petit salon, une minuscule cuisine où l'on peut se faire chauffer une goutte de lait et se préparer un petit repas. Ainsi, quand je n'aurai pas envie de sortir, je pourrai me bricoler quelque chose. J'espère me plaire ici.

« Buenos Aires est magnifique, gigantesque, sillonnée par d'énormes automobiles, de celles que tu appelles des "maisons". Il y a de beaux magasins, de larges avenues, mais mon cœur est tout avec toi et je ne vois rien et ne profite pas de cette beauté. Tu es ma raison de vivre. Je t'aime tant que je voudrais mourir dans tes bras. »

« Chéri, j'ai passé toute la journée d'aujourd'hui à déménager, et ensuite je ne me suis pas sentie très bien. A peine arrivée dans ma nouvelle petite maison, je me suis mise au lit.

« J'ai fait avertir la Covies – celle qui m'avait écrit d'ici, tu te souviens? – et nous nous sommes entendues pour qu'elle vienne m'aider un peu. Je la paierai au mois, et elle s'occupera de ma garde-robe. Sa fille me servira de secrétaire. Elles ne veulent rien en échange, mais elles sont pauvres et je les aiderai.

« Ici, le café est mauvais. A ce que je vois en promenade, l'élégance est trompeuse ; je préfère l'Italie, où les gens sont plus aimables et la vie plus belle.

« Mon amour, que fais-tu ? Souffres-tu de mon absence comme moi de la tienne ? Écris-moi souvent, chéri, car tes lettres sont ici ma seule raison de vivre. Chaque matin, dès mon réveil, je les relis toutes, et recommence le soir avant de me coucher. Quand je me sens triste, je les reprends et j'y puise un nouveau courage. »

« Mon chéri, mon Titta chéri et adoré, je reçois une lettre de toi presque chaque jour, et tu ne peux imaginer la joie, la jubilation, la force et la bonne humeur qu'elles me procurent.

« Chéri, je lis entre les lignes que plus le temps passe plus tu souffres de mon absence. Il me semble désormais que tu commences à entrevoir ce que sont mes souffrances lorsque je pars en tournée en te laissant seul. Depuis le premier jour de notre rencontre, je ne peux vivre sans toi. Tu te souviens de cette fois où tu m'as laissée à Milan et où il a fallu que je rentre au bout de deux jours ? Peut-être peux-tu comprendre maintenant ce que je ressentais.

Je t'ai toujours aimé à la folie et aujourd'hui je peux crier à la face du monde que mon cœur ne s'est pas trompé et que je suis fière de toi.

« Quels ragots ne m'a-t-on pas rapportés à ton sujet ! Mais j'ai tenu bon. C'est facile, quand on s'aime vraiment. Aujourd'hui, tous doivent reconnaître la beauté de notre amour et sont forcés de l'admirer pour toujours. Mon Dieu, que je t'aime, que je t'estime et que je te désire. Qui sait combien de temps je devrai rester ici. J'espère en avoir fini dans deux mois au maximum. Ensuite, si Dieu le veut, je prends l'avion et je viens te rejoindre.

« Dans ce petit appartement, je me sens à mon aise. J'ai ma minuscule cuisine qui me sert beaucoup. D'ailleurs je viens d'aller éteindre le gaz car j'avais du lait sur le feu. Et maintenant je m'en bois un grand verre bien chaud, avec beaucoup de sucre et beaucoup de cognac pour essayer de chasser cet horrible rhume. Aujourd'hui je me sens un peu mieux, un tout petit peu.

« Ce matin, je me suis réveillée vers sept heures avec un très étrange mal de tête. Comme si j'avais une tumeur, je t'assure. Cela me faisait mal même au toucher. J'ai dû me lever et prendre deux aspirines. En fait, je ne vais pas très fort. Je te l'écris car lorsque tu recevras cette lettre je serai déjà guérie et tu n'auras donc pas à t'inquiéter.

« J'espère que nous présenterons bientôt la *Norma* et qu'ensuite ils me laisseront partir. Je t'en prie, écris à Serafin pour lui demander de me renvoyer à la maison au plus vite. Rappelle-lui que nous venons à peine de nous marier et que tu as le droit de m'avoir auprès de toi. Je t'en supplie : écris-lui tout de suite, et sois convaincant, très convaincant. Essaie de l'émouvoir car il est vieux, et, peut-être, après tant d'années de mariage, ne se rappelle-t-il plus la joie de jeunes épousés, amoureux comme nous le sommes. »

« Mon cher Titta, mon trésor. Il est minuit à peine passé. J'ai bu trois grands verres de cognac et de miel, avec deux cachets et je me suis mise au lit pour essayer, grâce à l'ivresse, de dormir et de transpirer. Tu vois, j'ai une affreuse grippe. Je suis sûre qu'aucune personne grippée comme moi ne pourrait, je ne dis même pas chanter, mais seulement ouvrir la bouche. Demain soir, c'est la première de *Turandot*.

« Je n'ai pas eu de chance. J'avais raison de craindre le voyage en bateau. Tu te souviens que je t'ai dit : "Ne me laisse pas partir ?" Tu dois admettre que je suis *hypersensible*, j'ai le pressentiment de certains événements. Je sentais qu'à bord de ce bateau je souffrirais horriblement.

« J'étais au lit, donc, et je lisais tes lettres comme à mon habitude, quand j'ai éprouvé une terrible envie de t'écrire pour me sentir encore plus près de toi.

« Mon chéri, mon chéri, comme tu me manques. Pourquoi dois-je toujours vivre comme une âme en peine quand je ne demande rien d'autre que d'être près de toi, mon maître, mon homme, mon amour, ma consolation, mon cœur, ma tête, ma nourriture, mon tout, car tu m'es tout. Plus le temps passe et plus je suis persuadée que tu es mon âme, celui qui m'a comprise, qui me comprend, qui sait me rendre heureuse.

« Chéri, je commence à perdre patience. Je ne peux plus vivre sans toi. Tu m'es indispensable comme l'oxygène que l'on respire. Je ne peux plus lutter, et je n'en ressens pas l'utilité. Tu es mon mari : j'en pleure de bonheur et de fierté ! Je ne vis plus, loin de toi. Je ne mérite pas de telles souffrances. Je veux t'adorer, être auprès de toi, te caresser, te consoler, te faire rire avec mes bêtises, arranger notre petite maison pour t'y recevoir, mon amour, mon homme. Te faire fête, oui fête, te téléphoner quand j'en ai assez, m'épancher dans ton cœur quand je suis énervée : tu inventerais n'importe quel bon mot pour me faire rire et j'oublierais mes ennuis. Je veux me blottir contre, tout contre toi, te sentir, te voir lire ton journal avec volupté. Chéri, je n'en peux plus et en outre je suis malade. Que Dieu me vienne en aide ! Je te donne tout, tout, tout ce que j'ai, comme d'habitude, et plus encore. »

23 mai 1949

« Mon cher Battista, je t'écris de mon lit que je n'ai pas quitté depuis avant-hier, depuis la fin de la représentation, si ce n'est pour me rendre aux répétitions. Quelle est cette grippe opiniâtre, je n'en sais rien. Tous les jours, le matin, je me sens bien, je n'ai pas de fièvre ; l'après-midi la température monte à 37°5. Et je souffre d'un perpétuel mal de tête. Sans parler des boutons qui me couvrent le corps.

« Chéri, pour me sentir bien je dois être près de toi, car tu es tout mon univers. Personne ne peut te remplacer, personne ne peut me donner le réconfort et la vie que tu m'offres. Tu ne dois plus me laisser partir seule et loin de toi. Tu vas me demander : "Mais avant, quand tu étais toute seule, comment te débrouillais-tu ?" Et moi je vais te répondre : lorsque l'on aime on ne vit que pour l'autre. Ni le chant, ni la gloire, rien ne peut vous contenter ou vous consoler. Loin de son amour, on est perdu, fini. Mon Dieu, si tu pouvais être ici, auprès de moi ! Je suis persuadée que je guérirais aussitôt.

« La représentation a remporté un bon succès. La presse, heureusement, a écrit de bons articles. Un seul journal a jugé que j'avais une voix sans ampleur, qui n'évoluerait pas. Mais c'est une feuille de chou. Tous les autres journaux ont écrit de bons articles, même celui d'Evita Perón.

« Je ne sais pas comment j'ai réussi à chanter, tant je me sentais mal. Les Serafin mouraient de trac. Dieu me vient toujours en aide.

« On nous a écrit de San Sebastian, en Espagne,

pour deux représentations de *Norma*, en septembre. Ici, tout le monde me réclame : Montevideo, Rio, São Paulo. J'ai tout refusé : je veux revenir auprès de toi !

« Aujourd'hui, j'espérais recevoir des lettres de toi, mais rien. Si tu savais quel bonheur et quel réconfort me procurent tes quelques lignes. Je ne vis que dans l'espoir de recevoir de tes nouvelles. Je m'éveille le matin toute tremblante et impatiente d'ouvrir tes lettres. Quand elles arrivent, je reste enfermée pendant des heures : je les lis et les relis, j'essaie de deviner tes pensées entre les lignes. Et puis j'embrasse – non, ne ris pas – j'embrasse le papier comme si c'était toi.

« Quand je rentrerai, tu verras comme tes lettres sont usées et abîmées ! Je les ai toujours entre les mains.

« Maintenant je te quitte, mon amour. Je te quitte, façon de parler, car je suis toujours si près de toi, si près. »

24 mai 1949

« Mon cher Battista, aujourd'hui j'ai reçu ton mot du 18 et j'ai compris que tu n'avais pas encore reçu la longue lettre que je t'ai écrite en arrivant ici. Cela me fait comprendre plus cruellement encore quelle distance énorme nous sépare. Le courrier met au moins six jours pour me parvenir.

« Dans ta dernière lettre je crois voir transparaître une certaine mélancolie, non ? Serais-tu triste de ne pas avoir de mes nouvelles ? Chéri ! Je t'ai beaucoup écrit, je continue à t'écrire, et plus le temps passe plus j'en ressens le besoin. Je ne sais plus comment te dire à quel point je t'aime et combien je souffre de cette séparation.

« Ma fièvre continue. Mais demain j'aimerais me lever pour descendre un moment, sortir. Demain nous jouons, je ne veux pas être trop fatiguée.

« La représentation de la *Norma* devrait avoir lieu le 10 juin. Je pourrais donc rentrer à la maison vers la fin du mois. J'aimerais tant que mon retour puisse coïncider avec la date de notre rencontre. Tu t'imagines si je pouvais arriver le 29 juin !

« Il est une heure du matin et je ne parviens pas à trouver le sommeil. Je continue à t'écrire et il me semble être là, auprès de toi, dans notre chambre. Je ne sais pas si tu dors ou si mon âme, qui est tout entière à tes côtés, t'a réveillé. Prends-moi dans tes bras, dis-moi tant de belles choses, serre-moi à m'absorber en toi et embrasse-moi jusqu'à ce que mort s'ensuive.

« Tu sais, Battista, nous devons nous sentir les élus de Dieu, car il nous a donnés l'un à l'autre et nous a offert tant de compréhension, d'amour, d'union. Si je pouvais sacrifier ma vie pour toi, pour te montrer combien je t'aime, je n'hésiterais pas une seconde.

« Chéri, je te quitte... mais sans vraiment te quitter car comment dire que je te quitte quand je suis si près de toi ? Je t'embrasse, je me donne à toi tout entière et disparais en toi. »

25 mai 1949

« Mon Battista, aujourd'hui j'avais décidé de ne pas t'écrire, car j'avais l'impression d'exagérer. Je te fatigue et t'agace avec mes longues et ennuyeuses lettres, non ?

« Il est presque minuit et je n'arrive pas à dormir. Je suis si pleine de toi que je me sens exploser. Battista, j'ai besoin de toi, inutile de te mentir et de chercher à jouer les héroïnes. J'ai besoin de toi, je ne sais rien faire sans toi, je dois te voir et te sentir près de moi. Sans toi, je n'existe pas. Tu as tout pris en moi, alors ne m'envoie pas au loin car il ne me reste plus rien, ni âme, ni sensation, ni corps, rien.

« Quoi que je fasse, que je pense, que je voie, je ne cesse de me répéter : "Cela plairait à Battista... Battista dirait... Battista ferait..." Pardonne-moi, chéri, mais ce n'est pas ma faute si je t'aime à ce point.

« Chaque soir je prie notre petite Madone qu'elle me fasse rentrer pour la fin juin. Pense un peu au jour où nous nous retrouverons. Mon bonheur sera tel que mon cœur cessera de battre et que le monde s'arrêtera ! »

26 mai 1949

« Amour, ce matin j'ai été réveillée par la femme de chambre qui m'apportait une lettre de toi. J'ai vécu un de mes plus beaux réveils ! Chéri, tu n'as pas besoin de me demander de rentrer. Je *dois* rentrer, je *veux* rentrer et je *rentrerai*. Il n'y a que la mort qui pourrait m'en empêcher.

« Demain, c'est la première d'*Aïda*, je suis furieuse. La Rigal chantera, et elle interprétera aussi *La Force du Destin*. Pour *La Force* je m'en fiche, mais pas pour *Aïda*. Serafin dit qu'il parviendra peut-être à convaincre Grassi-Diaz de m'accorder deux représentations. Rien que pour la comparaison. »

27 mai 1949

« Mon cher Battista, toute la journée j'ai attendu une lettre de toi. Rien. J'espère qu'elle arrivera demain.

« Chéri, ton absence me pèse de plus en plus. Au moins, toi, tu es très occupé. Ici, l'organisation est stupide. Ils laissent passer dix jours entre chaque représentation. Pour varier. Et moi, qui ne chante que dans deux opéras, je dois attendre mon tour, qui n'arrive jamais. Que c'est agaçant. Je n'en peux plus. Je n'en peux plus.

« La grippe m'a fait maigrir. J'ai le visage tout flétri. Si tu me voyais, tu serais furieux. Je suis maigre et, comme tu le dis si bien... "pâle et à plat". Même Rossi m'a fait remarquer que j'étais creusée.

« Et toi, que fais-tu ? Comment occupes-tu tes journées ? Je ne suis pas jalouse car aucune femme

106

ne pourra jamais t'aimer comme je sais t'aimer et te donner les satisfactions que je t'ai données et te donne encore. Et toi tu n'es pas jaloux car tu me connais bien. Et puis, je ne sors jamais. Pire encore ! Je déteste Buenos Aires.

« Battista, aide-moi à résister jusqu'à mon retour. Au moins, écris-moi souvent. Si tu savais avec quelle angoisse j'attends tes lettres. En ce moment je pleure à chaudes larmes, et je t'appelle, je souffre tant qu'il est impossible que tu ne m'entendes pas, même avec la distance. Pourquoi dois-je toujours souffrir ? Je n'en peux plus.

« Ce soir, on joue *Aïda* avec la Rigal, alors tu peux imaginer mon humeur. Je te jure qu'il y a longtemps que je ne me suis pas sentie si mal, peut-être depuis Venise, quand j'ai chanté *Tristan*. Je souffre horriblement. J'ai l'impression d'avoir tout le corps douloureux, et le cœur encore plus.

« Ici, les gens ne pensent qu'à eux. Quand j'ai été malade, seul le maestro est venu me rendre visite, au risque d'attraper la grippe. Les Serafin n'habitent pas ici, car il n'y avait pas de place, et ils ne viennent donc que pour prendre leurs repas.

« Dehors il fait beau, c'est le printemps, mais l'air est chargé de poussière de charbon qui vous rentre dans les yeux, se dépose sur les vêtements. Sortir est plus une corvée qu'un plaisir. Le temps change d'une heure à l'autre. Il fait chaud et tout de suite après froid. Le climat est très humide et je souffre de ma jambe. C'est un vrai désastre. »

30 mai 1949

« Cher Battista, aujourd'hui je suis furieuse. D'abord contre le Colon, qui nous fait donner une représentation tous les dix jours ! Dieu seul sait quand nous jouerons la *Norma*. Maudit soit le jour où je suis partie.

« Et puis je suis furieuse contre toi. Je ne trouve pas normal que tu ne m'écrives que tous les trois jours, et seulement quelques mots. Moi qui déteste écrire, j'écris beaucoup et souvent. Puisque tu sais que je vis dans l'attente de tes lettres, tu devrais m'en envoyer plus.

« La nuit, je n'arrive pas à dormir avant quatre ou cinq heures du matin. Si je continue ainsi je vais tomber malade. J'ai vraiment peur que tout cela ne finisse mal.

1ᵉʳ juin 1949

« Chéri, chéri, chéri. Je suis heureuse. Je suis allée voir Grassi-Diaz et il m'a dit que je pourrai partir le 10 juillet. Ils vont s'occuper de me réserver une place dans l'avion. Les mots me manquent pour te dire à quel point je suis contente. La joie m'empêche d'écrire. »

2 juin 1949

« Mon cher et doux amour, il semble que je partirai le 12, mais si je peux terminer avant, je partirai le 9. Je ne vis que pour ce moment. »

6 juin 1949

« Mon cher Battista, comme je suis triste et hantée par ton souvenir, aujourd'hui. Depuis vendredi je n'ai pas reçu la moindre lettre et je me sens seule et abandonnée. Quand je rentrerai il faudra que tu me cajoles tant et tant. Je ne peux et ne pourrai jamais décrire les souffrances que j'ai endurées ici. »

7 juin 1949

« Toujours pas de lettre. Je suis lasse, lasse de tout. J'abandonne mon stylo car si je devais t'écrire, je te rendrais affreusement triste, or tu ne le mérites pas. Alors je ne te redis que ces mots : je t'adore ! »

108

« Mon amour ! J'ai enfin reçu de tes nouvelles. Six lettres d'un coup.

« La *Norma* sera présentée le 17, dans huit jours demain. Pourvu que Dieu m'accorde son aide, et que je me sente bien !! Tu sais, dans *Turandot* le public n'a pu apprécier mon art. Mes collègues ont eu la chance de ne pas chanter avec moi, mais avec cette horrible Rigal. Ils ont fait un triomphe et ont pris de grands airs. Surtout ..., qui m'est devenu très antipathique. Je t'expliquerai pourquoi à la maison. Quoique ce ne soit pas mon genre, si jamais je trouve l'occasion de lui mettre des bâtons dans les roues, je ne m'en priverai pas. Maintenant, nous attendons la *Norma*. Si je me porte bien, on verra bien qui remportera un triomphe.

« Pendant que j'étais malade, pas un seul de mes partenaires n'est venu me rendre visite. Ils se félicitaient tous que je ne chante pas. Ils sont morts de peur, les pauvres, et savent qu'auprès de moi leur talent pâlit. Je n'ai jamais été traitée ainsi par aucun de mes collègues. Pauvre Nicolai, quelle femme ! Et Siepi, alors.

« J'ai hâte de me retrouver dans tes bras et de ressusciter car tu sais me donner toutes les satisfactions que je désire ; avec toi j'oublie tout. »

12 juin 1949

« Mon cher Battista adoré, cela fait plusieurs jours que je ne t'écris pas, j'étais très occupée avec les répétitions de la *Norma*. J'ai bien du travail pour me remettre en voix. Chanter tous les douze jours n'est pas très bon.

« Me voici presque prête, mais Serafin m'inquiète. Il est déprimé et j'en suis désolée. Le climat d'ici est néfaste. Moi aussi je me sens mal et j'ai toujours sommeil. Je voudrais dormir toute la journée, même si mes nuits sont agitées. Quel temps affreux !

« Je suis vraiment dégoûtée par les cochonneries

qui se passent entre mes collègues. J'attends avec impatience le moment de trouver refuge dans notre amour si pur, si propre, et si digne. Ce que j'aime le plus en toi, c'est ta distinction ! La femme, surtout une femme comme moi, doit être *fière* de son homme. Je le suis.

« Hier, première répétition d'orchestre avec la Barbieri : second et troisième actes. Tous étaient stupéfaits. Après les duos, l'orchestre a applaudi. Tous sont restés ahuris. Il souffle ici un vent d'hostilité. De temps à autre le bruit court que je suis malade et que l'on devra changer de spectacle. Et c'est toujours après que j'ai fait une bonne répétition ! On sent que je les dérange. Qu'ils disent ce qu'ils veulent, l'essentiel est que je me sente bien, et ils verront. J'aime agacer les gens.

« Demain, j'essaierai de me rendre à la petite église orthodoxe pour recevoir la bénédiction. Dieu est si bon avec moi. Il m'a donné la santé, le succès, un peu de beauté, d'intelligence, de bonté, et surtout toi, ma raison de vivre, ma foi en la vie. Je t'adore infiniment et te désire tant. Cette nuit j'ai cru que tu étais à mes côtés, et je suis sûre qu'à ce moment précis tu pensais à moi. Il m'arrive si souvent de te sentir passer tout près. Ce doit être ton âme qui vient jusqu'ici. Mon amour, je crois que l'émotion m'étouffera quand je te reverrai. La joie se mue si souvent en souffrance, pas vrai ? Je te quitte. Prie pour que je chante bien. »

13 juin 1949

« Mon adoré, tous ont compris ma passion pour toi. Jusqu'aux journalistes. Regarde ce qu'ils ont écrit. Ça te fait plaisir ?

« Je t'adore, mon Titta. Tu possèdes tout, tout en moi. Personne ne pourrait te donner plus. »

« Mon cher Battista, je t'écris aujourd'hui, jour de la grande épreuve, de la grande leçon de chant que je veux donner à tous.

« Hier, nous avons fait la répétition générale. Tu imagines sans peine la curiosité de tous pour cette *Norma* que je vais leur interpréter après leur avoir donné *Turandot*. Une curiosité si vive que les critiques d'un journal m'ont téléphoné pour me conseiller et me prier de chanter fort, car ils comptaient écrire leur papier après la répétition. Les imbéciles !! Bon. Cette répétition a épaté tout le monde. A "Casta diva", ils ont tous pleuré. J'exulte. J'espère que la représentation se passera aussi bien. Alors, si Dieu le veut, je serai contente.

« Je suis allée avant-hier, avec une dame et un journaliste grec, mettre un cierge pour nous et ma *Norma* à l'église grecque orthodoxe. Tu sais que j'avais envie d'y aller. Notre Église me convient mieux que la vôtre. C'est étrange mais c'est ainsi. Peut-être parce que j'y suis habituée et peut-être aussi parce qu'elle est plus "chaude" et plus joyeuse. Ce n'est pas que la tienne ne me plaise pas ; d'ailleurs elle est désormais la mienne aussi, mais je garde une faiblesse pour l'Église orthodoxe. Pardonne-moi, chéri : tu me comprends, n'est-ce pas ?

« Donc je suis allée prier, et il semble que Dieu m'ait entendue car ceux qui assistaient à la répétition d'hier ont eu le souffle coupé par l'enthousiasme. Il y avait Scatto, le pauvre, qui frétillait comme un gardon, comme dit la Rakowska. Il disait : "Ça, c'était chanter, ça, c'était chanter comme autrefois." Avant même la fin de la représentation, Grassi-Diaz a sauté sur la scène, m'a serrée dans ses bras et m'a embrassée en disant : "Je suis enthousiasmé et tiens à vous le montrer : aujourd'hui j'ai pleuré." J'ai appris que les choristes veulent m'offrir un cadeau, tant ils sont contents de moi. C'est gentil ! Dieu, qui est bon et grand, m'a donné ma revanche. Et cela parce que jamais je n'ai nui à personne et que j'ai tant travaillé.

111

« Et toi, mon amour, comment vas-tu ? Je vais te faire rire, ou peut-être même pas, d'ailleurs, si tu te comportes comme moi. De temps en temps je regarde tes photos, je leur parle comme si tu étais là, et c'est alors un débordement de mots tendres et affectueux. Tu ris ? Pas vrai ?

« Mon amour, dans un mois, si Dieu le veut, nous nous reverrons et ne nous quitterons plus ; nous pourrons enfin prendre soin l'un de l'autre, et nous aimer. Parce que c'est là la grandeur de notre amour : chacun offre à l'autre. Et plus l'un donne, plus l'autre donne à son tour. Voici l'amour auquel j'ai toujours rêvé. Maintenant je l'ai rencontré, et j'y tiens plus encore qu'à la prunelle de mes yeux. »

19 juin 1949

« Mon sublime amour, mon chéri. Il est deux heures du matin. Je n'arrive pas à dormir. Ton souvenir m'obsède. J'ai l'impression que tu es près de moi, contre moi. Ce martyre m'est insupportable.

« Comme je ne pouvais pas dormir, que j'étais fatiguée de lire, je me suis levée pour communiquer un moment avec toi, mon âme.

« Je t'adore, Battista. La clef de notre grand amour, c'est ce don permanent de l'un à l'autre. L'absence absolue d'égoïsme. Voici le secret de notre amour. Un secret, car personne n'imagine à quel point c'est important.

« Les mots me manquent pour te dire tout ce que je ressens pour toi, mon mari, mon amant, mon ami, mon protecteur et deuxième Dieu. Je ne dis pas *Dieu*, parce qu'il y a notre Dieu, et Lui vient avant tout ! Non ? Tout le monde aspire à un amour sublime et noble. Et Dieu nous l'a donné, à nous. Imagine comme il nous aime ! Il nous a tout donné. Je crains si souvent de vivre un trop grand bonheur. Qu'Il nous protège jusqu'à la fin de nos jours. »

« Mon chéri, mon chéri ! Tu dois me pardonner si je ne t'ai pas beaucoup écrit ces derniers jours. J'étais tout entière absorbée par mon travail qui exigeait toute mon énergie si je voulais gagner ma bataille. Comme tu as pu le comprendre, j'ai été en butte à l'animosité de tous. Dès mon arrivée, l'atmosphère était à l'hostilité. Et il n'y avait pas que Grassi-Diaz, il y avait tous les autres... Je devais donc leur donner une petite démonstration de ma supériorité et de mon art du bien chanter. Et j'ai fort bien chanté ! A en soulever le théâtre. On n'a jamais vu un succès pareil, même avec la Muzio. Je leur ai rabattu le caquet. Ils ont dû ravaler toutes leurs méchantes paroles. Les affreux !

« Et maintenant, si Dieu m'aide, je leur donnerai une autre leçon avec *Aïda*. Ensuite je reviendrai trouver le réconfort, la paix, l'amour dans tes bras, c'est mon seul et unique désir. Chéri, tu n'étais pas là, l'autre soir. Tu aurais pleuré d'émotion devant un tel triomphe ! J'ai pleuré que tu ne sois pas là, mon amour.

« Je ne sais pas comment survivre sans toi. Je rentre, chéri, je rentre car nous avons tous deux besoin l'un de l'autre. Nous pouvons nous enorgueillir d'un amour tel que le nôtre, si merveilleux, et si rare. Si Dieu nous a donné ce bien suprême, nous devons le remercier en préservant ce sentiment et en vivant pour lui. Je ferai de mon mieux, et je sais que tu agiras de même. Souviens-toi : je t'aime follement parce que je sais et comprends que tu le mérites. Ma raison de vivre, c'est toi. Tu es le gardien de mon bonheur. Si je ne t'avais plus, ou si tu venais à me décevoir, je perdrais toute "foi" en la vie, je gâcherais mes plus belles qualités et ne saurais y survivre. Je te demande de ne jamais l'oublier. Je suis "fière" de toi, et que l'on m'appelle Meneghini. Quand je rentrerai, nous vivrons ensemble, toujours ensemble, nos rêves et nos espérances.

« Buenos Aires m'est absolument insupportable. Le climat y est affreux. Trop d'oxyde de carbone partout. Humide. Et puis le fascisme à son apogée.

113

Heureusement que j'ai refusé d'apporter ici ces photos que... voulait me donner parce qu'il ne pouvait pas les envoyer. Dieu seul sait ce que c'était. Je n'ai aucune intention de me mettre dans le pétrin. Tous les fascistes de l'univers sont rassemblés ici. Et le théâtre, c'est l'Evita qui le dirige ! »

22 juin 1949

« Mon chéri, mon adoré, je t'envoie les journaux d'ici. Les articles sont magnifiques. Impossible de te décrire l'enthousiasme du public pour ma *Norma*. On aurait cru des fous. Maintenant au tour d'*Aïda*. »

24 juin 1949

« Mon amour adoré et sublime, aujourd'hui, la Saint Giovanni-Battista, c'est le jour de ta fête. J'ai reçu deux lettres de toi, magnifiques. Je crois que ce sont les plus belles. Il faut que tu me pardonnes si je t'ai accusé de m'écrire trop peu. Mais ce n'est pas entièrement ma faute. Ces lettres, que j'ai reçues aujourd'hui, sont du 30 et du 31 mai. Après avoir reçu ta dernière lettre, en date du 18 juin, voici que je reçois ces deux-là ! Qui sait où elles ont été s'égarer. C'est à vous rendre fou.

« Tes lettres sont si belles, mon amour. Je les ai déjà lues trois fois. Je les ai reçues à une heure, après le déjeuner, et il n'est encore que deux heures.

« Les Serafin t'embrassent. Ils parlent souvent de toi et alors j'exulte de joie et de fierté. Pendant les représentations de *Norma*, ils ont passé leur temps à répéter : "Ah, si Battista était là." Chéri, les Serafin nous aiment vraiment beaucoup. La Rakowska, pendant la répétition générale, est venue me voir dans ma loge après " Casta diva ". Elle pleurait de joie et de contentement. Pendant la " première ", après le premier acte, je suis allée voir le maestro dans sa loge, lui aussi pleurait d'émotion. Tu te rends compte de l'amour que ces deux personnes me portent ! Serafin m'a inventée. Tu sais comment il me fait travailler, pas vrai ? Tu as entendu, à Rome, chez lui, avec le *Parsifal* ! Il me donne son âme, car musicalement je lui corresponds tout à fait. Lui aussi souffrait de l'animosité qui régnait ici contre moi.

« Hier, la Rigal a donné sa dernière représentation d'*Aïda* et elle a eu le malheur de lancer un couac abominable, juste dans " Cieli azzurri ", où elle pousse sa plus belle note, la seule, d'ailleurs. C'est arrivé lors de sa dernière représentation, alors que je vais la remplacer ! Tu vois, chéri, Dieu est grand. Il suffit de savoir attendre et de ne pas chercher à obtenir justice par soi-même. Prie pour que je chante bien *Aïda*, et ainsi je leur laisserai une autre de mes cartes de visite. Ce serait bien fait. »

3 juillet 1949

« Cher Battista, il y a plusieurs jours que je ne t'ai écrit. Mais désormais mon retour m'occupe tant l'esprit que les lettres me semblent inutiles. Et celle-ci arrivera peut-être en même temps que moi. Si Dieu le veut, j'arriverai le 14 ou le 15 au matin. Ma place est déjà réservée dans l'avion de dix-sept heures sur le vol de Rome à Venise. Comme je retrouverai volontiers " ma ", " notre " Venise ! A partir de là, charge-toi du programme. Et si nous passions la nuit à Venise ? Ce serait merveilleux, non ? J'aimerais passer notre première nuit à Venise. Qu'en dis-tu ?

« Pense, mon amour, que dans onze jours je serai auprès de toi. Tu me trouveras peut-être un peu plus grosse. Je me sentais si mal que pour me remettre je mangeais comme un ogre. Donc, si tu ne veux pas que je ressemble d'ici peu à la Caniglia, tu dois m'aider à manger peu et uniquement de la viande grillée et des crudités. Gare à toi si tu ne m'aides

115

pas. Dans trois, quatre semaines, j'aurai retrouvé mon aspect normal. Tu me promets de m'aider ? Surtout, pas de gâteaux. Je veux être belle pour toi, tu le sais.

« Hier, donc, j'ai enfin chanté *Aïda*. Un triomphe. Il n'y en a plus que pour moi. Le public m'adore. Grassi-Diaz parle déjà de l'année prochaine. Il voudrait monter *Les Puritains* et un autre opéra. Pauvre Rigal !

« Et puis j'ai eu la chance de plaire au ministre. Pour le concert de la fête de l'Indépendance, le 9 juillet, je chanterai *Norma*, presque toute seule. Le ministre a fait couper le duo d'Adalgisa et Pollione, parce que le ténor est mauvais. On chantera l'entrée de *Norma*, dans le premier acte, puis " *Casta diva* " et c'est tout. Après il y aura *Faust*, l'air des bijoux, chanté par une Argentine qui n'est pas mal, et ensuite le troisième acte de *Turandot*. La Rigal ne chantera pas, Evita ne veut pas d'elle. J'ai de la chance, non ? Dieu se montre toujours juste.

« Et toi, comment vas-tu ? Que fais-tu ? Je t'embrasse tant et tant. Je ne t'écris pas d'autres belles déclarations car dans onze jours je te les ferai de vive voix. Mon amour, tu m'attends ? Ta Maria pour toujours. »

CHAPITRE IX

MARIA VOULAIT UN ENFANT

Dès les premiers mois de notre mariage, elle voulait être mère – Le bonheur de vivre enfin dans une maison toute à elle – Son hobby, *la cuisine – Le drame du poids – Lettres de Rome et de Naples – Jugements cruels sur ses collègues*

Maria Callas rentra de sa première *tournée** à Buenos Aires le 14 juillet 1949. Je me précipitai à Rome pour l'accueillir à l'aéroport, et le même jour, dans l'après-midi, nous reprîmes l'avion pour Venise où nous passâmes quelques journées que je n'oublierai jamais. Puis nous rentrâmes à Vérone.

Pendant que Maria était en Argentine, les maçons avaient terminé notre appartement, que j'avais fait construire au-dessus de mes bureaux, via San Fermo. C'était un bel appartement, vaste et lumineux. Je l'avais conçu avec Maria et il s'agissait maintenant de le meubler. J'avais toutefois attendu son retour, car je savais combien elle était « jalouse » de « sa » maison. Depuis notre rencontre, c'était

* En français dans le texte. (*N.d.T.*)

117

notre sujet de conversation préféré. Maria m'avait décrit mille fois la maison de ses rêves.

Elle se jeta à corps perdu dans cette entreprise. Pendant des semaines, elle en oublia le chant. Elle avait abandonné ses leçons avec le maestro Cusinati. La maison l'occupait entièrement. Un décorateur de Vérone, Leonardelli, et un ingénieur, Casali, étaient à sa disposition. Au début, ils lui donnaient des conseils, faisaient des suggestions. « Croyez-moi, madame. Je suis du métier, je m'y connais. » Et ils cherchaient à imposer leurs idées. Ils durent bientôt admettre qu'ils avaient affaire à forte partie.

« Sa » maison, Maria l'avait en tête depuis longtemps, comme une partition musicale apprise par cœur. Les conseils des deux spécialistes, elle ne les écoutait même pas. Elle choisissait tout : les couleurs, la moquette, les rideaux, les meubles et leur disposition. Les deux spécialistes durent bientôt se résigner et se contenter de dire : « Très bien, madame. »

Maria pensait que dans cette maison nous passerions tous deux une grande partie de notre vie : c'étaient donc les exigences pratiques, et non des critères esthétiques abstraits, qui régissaient ses choix. Quand l'ameublement fut terminé, nous quittâmes l'Hôtel Accademia où nous habitions depuis bientôt deux ans. Plusieurs jours durant, Maria ne mit même pas le nez dehors. Elle était enivrée par « sa » maison. Elle avait engagé une bonne, une certaine Matilde, et toutes deux passaient leur temps à déplacer les meubles et à suspendre des tableaux pour améliorer l'aménagement des différentes pièces.

Maria avait acheté une boîte à outils en fer, de celles qui servent aux plombiers et aux mécaniciens pour ranger leur matériel. Elle y avait collé une étiquette recommandant de maintenir cette boîte toujours en ordre, pour un maximum d'efficacité. On y trouvait tout ce qu'il fallait pour les petits travaux de bricolage : un marteau, des tenailles, des clous, des pinces, des tournevis, toutes sortes de bricoles. Elle la gardait sans cesse à la main, comme un sac de voyage. Cette boîte est toujours dans ma cuisine, dans l'état où Maria l'a laissée.

A l'époque, j'étais depuis longtemps passionné d'art et possédais beaucoup de toiles de peintres célèbres. Maria en suspendit un certain nombre aux murs, mais ne se déclarait jamais satisfaite de leur emplacement. Elle s'asseyait au beau milieu d'une pièce, regardait autour d'elle et déclarait à Matilde :

« Tu ne crois pas que si nous déplacions ce tableau, le mur serait plus beau ? »

Et souvent, en rentrant à la maison, j'avais l'impression de découvrir un nouvel appartement, car Maria continuait à accrocher et décrocher ces fameux tableaux. Elle en déplaçait un dans une pièce, détruisait ainsi l'harmonie des autres, et devait à nouveau les changer tous de place. Je ne me serais jamais donné tant de mal, même si l'esthétique de tout l'appartement avait dû en souffrir. Maria, par contre, n'hésitait pas une minute. Elle voulait que « sa » maison fût parfaite. Elle passait d'une pièce à l'autre avec sa boîte à outils, grimpait à l'échelle, plantait des clous, et avec l'aide de Matilde suspendait même les tableaux les plus lourds. Aucun décorateur n'aurait pu faire mieux. Je m'inquiétai et protestai, car Matilde, comme Maria, était plutôt grosse et je craignais qu'un jour ou l'autre elles ne tombent de l'échelle et ne se cassent une jambe.

Maria passait le plus clair de son temps entre la cuisine et la salle de bains. Elle avait des problèmes de poids et cherchait à maigrir par tous les moyens. Elle se soumettait à de longs massages électriques et prenait des bains de toutes sortes. Elle avait voulu une salle de bains pratique, accueillante et spacieuse : là, tandis qu'on la massait, elle lisait et écrivait. Elle s'intéressait surtout aux ouvrages sur l'opéra et aux biographies critiques des musiciens. Elle achetait des livres en italien, mais surtout en anglais. Avec sa passion pour toutes les formes artistiques, elle dévorait les manuels d'histoire de l'art traitant des différentes périodes, des différents mouvements, des artistes. Elle ne lisait pas de romans, car la fiction ne parvenait pas à la captiver. Et la cuisine ? Comme jusqu'en 1953 Maria a toujours été très grosse, les livres et les journaux ont raconté qu'elle se jetait sur d'énormes plats de pâtes et qu'elle adorait le fromage et les gâteaux. Certains ont même été jusqu'à chercher une explication psychologique à cet appétit, soutenant qu'elle mangeait pour compenser un manque affectif. Mensonges.

Je reviendrai plus tard sur l'excès de poids de Maria et sur son soudain amaigrissement. Pour l'heure je me contenterai de dire que si Maria était grosse ce n'était pas qu'elle mangeât trop, mais qu'elle souffrait de troubles endocriniens. Elle a elle-même apporté des précisions sur cette histoire dans quelques notes écrites pour répondre à un article publié dans le *Times*. Quand, en 1937, elle avait quitté l'Amérique pour retourner en Grèce avec sa mère, elle était encore mince. Ce fut à Athènes qu'elle commença à grossir, après une cure d'œufs battus et à cause de troubles endocriniens jamais traités. Elle grossissait même en mangeant peu. Maria a écrit : « Je me souviens que l'on me poursuivait dans les escaliers, car il m'arrivait souvent de sortir le matin sans même avoir bu une tasse de thé. »

De retour en Amérique, en 45, elle entreprit une cure d'amaigrissement. « J'étais descendue », peut-on lire dans ses notes, « de 218 livres à 170, c'est-à-dire d'environ 100 kilos à 80. C'était mon poids à l'époque de *Turandot* et de *Tristan* à Venise, et aussi de la *Norma* de Florence. Après mon opération de l'appendicite, fin 1948, j'ai grossi de dix kilos. Vers 1950-1951, je continuai à prendre du poids sans raison. »

Cet excès de poids ennuyait Maria et sa volonté de maigrir était extraordinaire. Pour ma part, j'ai toujours été un gourmet, sans être pourtant un gros mangeur. J'aimais, chez moi, déguster de bons petits plats. Maria, pour sa part, s'en tenait toujours au régime le plus strict. Elle ne mangeait jamais de farineux, ne se nourrissait que de viande grillée et de crudités, sans aucun assaisonnement, ni huile ni sel, comme une chèvre. Jamais d'alcool, très peu de vin, pas de gâteaux.

Elle était folle de viande rouge : de tournedos et de biftecks à la florentine. Elle s'attaquait à l'os et en arrachait la moindre parcelle de viande avec les dents, comme un tigre. Il n'y avait que pour ses biftecks qu'elle oubliait parfois son régime. Quand elle chantait à la Scala, nous allions dîner au Biffi-Scala vers sept heures. Maria engloutissait des tournedos de huit cents grammes et il y avait de quoi s'étonner à l'idée qu'elle pourrait encore chanter avec tout ça sur l'estomac.

Ses exigences alimentaires étaient donc fort simples, et n'auraient requis aucun savoir-faire culinaire. Mais Maria pensait à moi. Et puis elle adorait se tenir aux fourneaux. La cuisine était pour elle un *hobby* passionnant. Elle achetait les gadgets les plus étranges : des couteaux, des couverts, des batteurs de toutes sortes. Chaque fois qu'elle entrait dans une boutique d'articles ménagers et qu'elle y trouvait une nouveauté, elle l'achetait. Elle appelait tout ça des « pièges », et la cuisine en regorgeait.

Elle avait aussi la manie de collectionner les recettes publiées dans les journaux. Presque chaque matin elle achetait une poignée d'hebdomadaires féminins, arrachait les pages concernant la cuisine, puis découpait toutes les recettes et les collait dans des albums. Elle en possédait des quantités.

Elle passait des journées entières en expériences culinaires, surtout pour essayer de confectionner des gâteaux. Elle obtenait parfois des résultats insensés, soit parce qu'elle s'était trompée dans les proportions, soit parce que les indications données par le journal étaient fausses. Il en sortait des préparations immangeables. J'essayais de leur faire honneur, mais Maria ne se laissait pas prendre. Elle ne se vexait pas : elle riait et le lendemain recommençait tout à zéro.

Le dimanche nous allions à Zevio, chez ma mère, passionnée elle aussi de gastronomie. Toutes deux s'enfermaient à la cuisine, et c'était un plaisir de les voir en mettre partout. Ma mère, qui était très gentille, enseigna à Maria quelques spécialités véronaises, « la bouillie à la vénitienne », « le confit d'oie à la polenta », « la morue à la véronaise », etc.

Le plus étonnant est qu'après avoir passé autant de temps à la cuisine pour préparer un plat ou un gâteau, Maria ne le goûtait jamais s'il n'était pas compatible avec son régime. Elle avait une volonté de fer.

Dans notre maison de la via San Fermo, nous vécûmes environ un an. Notre mariage avait aggravé la brouille avec mes frères, qui vouaient à Maria une haine féroce. Comme notre appartement était installé au-dessus de l'entreprise, il arrivait que mes frères rencontrent Maria dans les escaliers ou devant l'entrée. Ils lui jetaient alors des regards de mépris, sans même la saluer. Ou pire encore, ils lui lançaient des phrases blessantes. Un jour, l'un de mes frères se trouvait dans la courette, devant l'entrée, avec notre chauffeur Rodolfo. Au même moment, Maria descendait l'escalier pour sortir mais, arrivée au palier, elle se tordit un pied et tomba lourdement. Mon frère ne bougea même pas pour l'aider à se relever. Il se contenta de remarquer bien fort, pour que Maria elle aussi l'entende : « L'est tellement bonne à rien que n'est même pas bonne à descendre l'escalier. »

Vu la situation, nous décidâmes de quitter notre maison pour éviter de rencontrer ces gens-là. Nous allâmes nous installer dans un dernier étage entouré d'une belle terrasse. C'était un palais très haut, au sommet duquel on dominait les toits et les clochers de la ville. La paroi de la maison d'en face portait une plaque en souvenir de Renato Simoni (je ne sais s'il était né là ou s'il y avait vécu). Maria aménagea cet appartement selon ses goûts et nous y habitâmes jusqu'en 1953, époque où nous partîmes nous installer à Milan.

En juillet et août 1949, Maria refusa de prendre tout engagement. L'année 1948 avait été fatigante, puis il y avait eu la *tournée** en Argentine, et Maria désirait enfin profiter de sa vie de femme mariée. Nous partîmes une semaine à la mer, au Lido de Venise, fîmes des promenades sur le lac de Garde, mais sans programme précis. Au mois de septembre, Maria reprit ses activités. Son premier engagement la mena à Pérouse, où l'avait appelée Franco Siciliani pour chanter l'Oratorio *San Giovanni Battista*, d'Alessandro Stradella, qui, sous la direction de Gabriele Santini et avec, à part Maria, Cesare Siepi, Miriam Pirazzini, Rina Corsi et Amedeo Berdini, devait être présenté dans l'église Saint-Pierre. C'était un engagement de haute tenue car Stradella, quoique fort peu connu, n'en demeure pas moins l'un des auteurs les plus géniaux et les plus représentatifs du XVIIᵉ siècle italien.

Les premières répétitions se déroulèrent à Rome où Maria resta deux jours. Dans ses lettres, où elle se lamentait comme d'habitude de l'éloignement, elle s'inquiétait aussi désormais de sa petite maison. « Ici les répétitions se poursuivent », m'écrivait-elle de Rome. « Nombreuses et pénibles, car l'Oratorio est très ardu. J'en ai vraiment, vraiment assez. J'ai tant envie de m'occuper de toi et de ma petite maison. Chéri, je t'adore. Je suis heureuse d'être ton épouse, et si c'était à refaire, je le referais avec plus d'enthousiasme encore, si c'était possible. »

De Rome, Maria se rendit à Pérouse, d'où elle m'écrivit le 15 septembre : « Mon chéri bien-aimé, je n'ai pu entendre ta voix au téléphone. Alors je t'écris ces quelques lignes pour te raconter ce que je deviens. Hier, nous sommes partis subitement pour Pérouse. Le départ a eu lieu à trois heures et nous sommes arrivés à six heures et demie. J'ai trouvé une chambre dans cet hôtel, mais il n'y a pas de salle de bains. J'ai pris la pension complète, ce qui m'évite de sortir pour prendre mes repas. Le maestro semble satisfait de l'Oratorio *San Giovanni Battista* ; pas moi ! Patience !

« Hier, j'ai vu Siciliani et nous avons longuement discuté. Nous avions raison de penser à lui comme futur directeur de la Scala. Il n'a rien dit, mais je crois que ça se fera. Au moins il mènera une dure bataille. Surtout, ne dis rien à personne.

« J'ai parlé avec Vitale, qui veut que je lui promette de ne pas accepter d'engagements après le 20 janvier. Il aimerait présenter à Rome la *Norma* et *Turandot*. J'ai refusé *Turandot* et proposé *Tristan*. Ce serait bien, non ? Il désirerait aussi mettre une œuvre nouvelle au programme, peut-être *Santa Cecilia*, le chef-d'œuvre de la Muzio. J'ai accepté à condition que Serafin me dirige, mais j'aimerais mieux ne pas me lancer dans du nouveau !

« Et maintenant, assez parlé travail, causons un peu de toi. Chéri, mon trésor, comment vas-tu et que fais-tu ? Si tu savais comme tu me manques. La nuit, je continue à me réveiller, Dieu sait pourquoi. Je trouve tellement triste que tu ne sois pas près de moi. Je suis incapable de vivre loin de toi. Tes affaires me préoccupent, tout comme ta santé. Dis-moi, raconte-moi tout. Parle-moi de notre petite maison !

« Je ne t'appelle plus au téléphone car d'ici c'est impossible. Essaie de ton côté, peut-être réussiras-tu à obtenir la communication. Écris-moi pour me dire si tu viendras me rejoindre. Évidemment, si tu es submergé, ne viens pas. Je comprendrai, malgré mon immense envie de te voir. Je t'embrasse très tendrement. »

Deux jours plus tard, le 17 septembre, elle m'écrivait encore : « Mon chéri bien-aimé, tu ne peux imaginer comme tu me manques. Surtout aujourd'hui car il fait mauvais. Il pleut et cela me rend triste.

« Nous poursuivons les répétitions : trois en une seule journée. Je dois donc supporter mes partenaires et cela m'ennuie, tu le sais. Patience ! La vérité, c'est que je suis incapable de rester loin de toi plus d'une journée. Tout et tous me semblent idiots. Et pourtant, il faut que je te quitte.

« Et toi, comment vas-tu ? Que fais-tu ? Je te manque ?

« Je suis contente que tu viennes dimanche, et ravie que Pia et ta mère t'accompagnent.

« As-tu trouvé ma robe longue noire, en velours et taffetas rose ? Et son petit boléro sans lequel je ne pourrais pas chanter. Mais vas-tu recevoir ma lettre à temps ? Apporte-moi aussi une veste de fourrure. Ici il fait froid et je ne sais que me mettre le soir. Apporte-moi aussi quelques bijoux, mon brillant et le collier avec les boucles d'oreilles assorties.

« Pardonne-moi si je t'ennuie, mais un minimum est nécessaire même pour une femme aussi simple que moi.

« Viens, mon chéri, je ne veux pas, je ne peux pas vivre loin de toi.

« Les maestri Pizzetti et Gui sont ici. Pizzetti est très gentil avec moi. Gui a fait des pieds et des mains pour me connaître et m'a couverte de compliments. Il aimerait que je chante un jour sous sa direction.

« Je t'aime tant, chéri, et je t'estime tant. Un peu plus chaque jour. Viens !

« Je t'envoie toute, toute mon âme. Tu possèdes tout de moi et il en sera toujours ainsi. Aucun couple au monde ne s'aime comme nous nous aimons. Je t'embrasse, mon trésor adoré, et t'attends avec impatience. »

Victor Gui, qui désirait tant travailler avec Maria, fut exaucé au mois de décembre de la même année. Ils présentèrent *Nabucco* au San Carlo de Naples. La rencontre avec Gui, pourtant, ne fut pas très heureuse ; Maria, au fur et à mesure qu'avançait sa carrière, devenait chaque jour plus exigeante, voulait et cherchait la perfection en tout. Dans les théâtres, par contre, il arrivait souvent que les œuvres soient montées au plus vite, sans beaucoup de moyens et fort peu d'enthousiasme.

Et puis Maria, privée de ma présence, était nerveuse et irritable, ce qui rendait difficiles ses rapports avec ses partenaires. Arrivée à Naples en décembre 1949 pour *Nabucco*, Maria s'inquiéta avant tout d'organiser nos retrouvailles. Que l'on montât un opéra important, que le chef d'orchestre fût une vedette, que le public, qui n'avait pas oublié son exceptionnelle Turandot du début de l'année, l'adorât, tout cela lui paraissait secondaire. Elle m'écrivit le 16 décembre :

« Mon chéri adoré, je viens de recevoir ta lettre qui m'a comblée de joie et a fait renaître ma confiance. Chéri, tu souffres de mon absence, n'est-ce pas ? Mais nous nous retrouverons plus tôt que prévu.

« Donc, la première aura lieu le 20, c'est-à-dire mardi. La seconde le 22, la troisième le 27. Quand tu penses, entre la seconde et la troisième j'aurai cinq jours de repos : je ne resterai pas ici, d'accord ? Je pensais que je pourrais rentrer à Vérone le 23, en avion, et revenir ici le 27 au matin. Qu'en penses-tu ? Je suivrai ton conseil.

« Ici il fait très beau. »

Tout de suite après, Maria me confie ses inquiétudes sur l'œuvre en cours de préparation.

« Gui est content de travailler avec moi. Moi, par contre, je ne suis pas enchantée. Il ne parle que de lui. Le metteur en scène ne sait pas ce qu'est *Nabucco*. Du point de vue scénique, je devrai me fier à mon inspiration. Espérons que tout se passera bien. Tu te rends compte de la façon dont on monte un spectacle, maintenant ! Quelle *horreur* ! Où est Serafin qui nous apprenait tout et s'inquiétait de tout, même de nos jeux de scène !

« Le théâtre est déjà loué au complet. Que les dieux soient avec moi. Prie pour moi, car l'impatience est grande ici. »

Dans la même lettre, elle me parle de la tournée au Mexique prévue pour l'été 1950. Elle s'avoue contente qu'on lui ait demandé de chanter *La Traviata*, mais s'inquiète de ne pas être dirigée par Serafin et se propose de demander à ce dernier de lui faire travailler son rôle avant le départ. Comme on peut le constater, Serafin avait totalement conquis Maria : elle ne se fiait plus qu'à lui.

Le 20 décembre, le jour de la première de

Milan, 1954. Maria Callas avec son mari. « Comme nous n'avions aucun souvenir photographique de notre mariage », écrit Meneghini, « Maria voulut que l'on prît cette photo qu'elle gardait sur la table de nuit de notre chambre à coucher. »

Maria Callas au lit, dans une chambre d'hôtel, abattue par la grippe. « Elle détestait les hôtels dans lesquels elle devait pourtant passer tant de temps », écrit Meneghini. « Dès que nous eûmes décidé, après notre rencontre, de vivre ensemble, nous ne parlions plus que de notre future maison, une maison uniquement pour nous; ce n'est qu'en 1949 que nous pûm réaliser ce rêve. »

Athènes, 1955. Maria Callas et son mari en vacances. « Elle ne voulait jamais me quitter », se souvient Meneghini. Elle menaça de ne plus jamais chanter si je n'acceptais pas de l'accompagner. Au cours de la dernière tournée qu'elle fit seule, elle m'écrivit : « Crois-moi, ces longues séparations finiront par nuire à notre amour. En ce qui me concerne, au moins, ce mode de vie ne me convient pas. Nous perdons nos plus belles années. Assez, assez, je ne veux plus te quitter ».

Maria Callas
et G.B. Meneghini
à Milan en 1955.

Nabucco, Maria m'envoya une nouvelle lettre que je retranscris ici en entier car il me semble important de montrer ce qui pouvait la préoccuper quelques heures avant d'entrer en scène. L'essentiel de cette lettre, pourtant, réside dans la phrase où Maria m'annonce, attristée, que cette fois-ci encore elle n'est pas enceinte. Maria désirait par-dessus tout devenir mère. Il est absolument faux de soutenir, comme on l'a fait, que Maria ne vivait que pour son art, et qu'elle ne voulait pas d'enfant. Une biographie superficielle et mal informée explique : « En 1957, Maria demanda à son mari de lui donner un enfant, mais Meneghini refusa prétextant que la maternité l'aurait empêchée de se consacrer entièrement à sa carrière, et risquait de compromettre son succès. » Ce ne sont que de stupides déductions qui déforment complètement la personnalité de Maria. La vérité, comme en témoigne cette lettre de 1949, c'est que nous désirions tous deux être parents.

« Mon chéri, me voilà, à la table du restaurant, où j'essaie d'avaler quelque chose avant la représentation de ce soir.

« J'ai reçu tous les télégrammes possibles et imaginables : de toi, de maman, de Pia, de Gianni. Évidemment, je t'aurais préféré ici en chair et en os, mais patience. Moi je vais bien et en remercie Dieu. Espérons que tout se passera au mieux. Il aurait fallu quelques répétitions encore : enfin, nous verrons.

« Ici, je ne sais comment m'occuper. Aller au cinéma toute seule m'ennuie, car j'ai peur des poux et des raseurs. Dehors c'est un vrai printemps : un enchantement.

« Je regrette que nous ne puissions nous téléphoner. La ligne est détraquée : dommage. Je me sens seule, isolée, mais heureusement d'excellente humeur.

« Je t'annonce que cette fois encore il n'y aura pas de bébé ! J'ai été indisposée normalement le 18, avec en prime un mal de tête digne de nos pires ennemis. Prenons patience.

« Et toi, comment vas-tu ? Quand viens-tu ? Que vais-je faire, ici, pendant mes cinq jours de relâche ? Écris-moi et donne-moi ton programme.

« Le maire est venu aux répétitions et a déclaré que l'année prochaine il me voulait à demeure. Tu penses : quelle aubaine.

« Maintenant je te quitte, car il faut que je mange. Espérons que tout se passera bien. Au revoir, mon âme. Je t'envoie toute ma tendresse. Baisers. Maria. »

La première de *Nabucco* se passa à merveille. Aux côtés de Maria chantaient Gino Bechi, Gino Sinimberghi, Amalia Pini, Luciano Neroni, Igino Riccó et Silvana Tenti. Alfredo Parenti écrivit dans le *Risorgimento* : « Maria Callas, que l'on doit ranger aujourd'hui parmi les sopranos dramatiques les plus talentueux, a interprété avec de nobles accents le personnage d'Abigaille. L'intensité dramatique, outre qu'elle donne une coloration vocale, jaillit chez elle de la force et du tranchant de son caractère, auxquels elle soumet sa voix splendide et homogène dans tout son remarquable registre – extension nécessaire pour réussir les articulations les plus difficiles. »

Dans *Il Giornale*, A. Procida nota : « Maria Callas a de nouveau témoigné – grâce à ses dons de pure vocalité qui sont ceux d'une école de chant aguerrie – dans le troisième acte et dans l'air de la mort d'Abigaille – d'une efficacité dramatique peu commune. Elle nous a surpris par le volume et l'étendue de sa voix, qui obtient, avec la vigueur d'un soprano dramatique, des notes de soprano léger. » Mario Baccaro, dans *Roma* : « Le rôle difficile d'Abigaille était tenu par Maria Callas, une artiste intelligente douée d'une très grande musicalité, qui a donné au personnage vigueur et accents de puissance malsains et obsédants. »

Maria me téléphona le lendemain de la première. Plutôt que de me parler de son triomphe, elle se plaignit comme toujours de sa solitude. Touché par sa peine, je décidai d'oublier mon travail pendant

128

quelques jours et d'aller passer Noël avec elle à Naples. Je lui fis part de mon projet au téléphone, elle fut ravie.

Elle m'écrivit aussitôt une lettre réjouie, regorgeant de petits projets, de promenades à faire ensemble. On y trouve de nouveau la preuve que le chant comptait bien moins que notre vie commune. En fait, elle me parle longuement de ses petites dépenses, des boutiques à aller voir ensemble... Ce n'est qu'à la fin qu'elle consacre quelques lignes à son travail.

« Mon cher, mon unique amour... ! après avoir attendu deux bonnes heures au central pour obtenir la communication téléphonique, j'ai enfin pu entendre ta voix, ta chère voix, qui m'a apporté, comme toujours, un si grand réconfort.

« Me voici déjà de retour dans ma chambre, et je t'écris ces quelques lignes pour te dire que j'avais le moral à plat, que je me sentais triste et seule, *très seule*. Mais maintenant, après ce coup de téléphone, je me sens mieux.

« Je suis heureuse que tu viennes me rejoindre. Ainsi nous pourrons jouer nous aussi aux « vrais » petits époux. Nous irons en promenade. Il y a tant de belles choses à voir, les boutiques, les avenues, Pompéi... Le 26, nous irons à la première de *Wozzeck*. Nous nous mettrons sur notre trente et un. Il faudra donc que tu m'apportes ma robe longue, celle que tu préféreras, la noire ou la violette, peut-être plutôt la violette, pour changer un peu. Tu serais très gentil de m'apporter aussi une robe un peu moins habillée, un soutien-gorge que Matilde a oublié de mettre dans ma valise et un bustier court. Apporte-moi aussi ma cape.

« Mon Titta, j'ai fait des courses. J'ai acheté un miroir pour ma coiffeuse. Un petit cadeau de Noël pour toi. Et puis des tas de " pièges " merveilleux pour ma cuisine. Et aussi une petite lampe pour le guéridon du téléphone : tout à fait comme je la voulais, je suis ravie. Comment remporterons-nous tout ça ? Apporte donc une grande valise et le carton à chapeau noir : comme ça nous répartirons tous ces objets. Pardonne-moi, chéri, si je t'ennuie, mais ils nous sont indispensables. Viens vite, vite. Je n'en peux plus. La solitude me pèse, sans personne à qui parler.

« Pour le spectacle, tout s'est bien passé jusqu'au second acte. Mais arrivés là, ils brûlent du papier, plutôt que d'employer de la vapeur ; la fumée m'assèche la gorge. Comment ai-je réussi à aller jusqu'au bout, je n'en sais rien. Le troisième et le quatrième actes se sont passés à merveille. J'ai fait un duo extraordinaire. Mais personne ne s'en est rendu compte, pas plus le public que les critiques : alors, à quoi bon ?

« Le maestro Gui ne pense qu'à lui. Le metteur en scène ferait mieux d'aller se noyer : il ne comprend rien. Gino Bechi est fatigué et catarrheux. La Pini est une brave fille, mais côté voix ce n'est pas ça. Et puis, *Nabucco* est un bel opéra, mais *quelle barbe* aussi !!

« Viens, je ne vis que pour toi. Et toi, je te manque ? Qui sait ! »

CHAPITRE X

MARIA ET SA MÈRE

Mon épouse avait une attitude très différente à l'égard de son père et de sa mère – Elle adorait le premier et ne cessait de se disputer avec la seconde – Les mauvais souvenirs de sa prime jeunesse – L'inquiétude que lui causait la santé de sa mère et ses réactions en apprenant que celle-ci voulait divorcer – Lettres du Mexique

Fin 1949, Maria avait trouvé la gloire. Elle ne comptait plus ses triomphes dans les plus grands théâtres d'Italie, sauf à la Scala, où elle n'avait encore jamais chanté. Les journaux la portaient aux nues. Et comme son nom attirait partout beaucoup de monde, il fut question d'organiser un concert au théâtre Nuovo de Vérone.

L'idée de ce concert était venue à l'un de mes amis, un certain Ghiro, qui traversait une passe difficile en affaires et avait besoin de gagner de l'argent. « Avec une vedette comme Maria Callas », me dit Ghiro, « nous devrions remplir le théâtre. » Pour lui rendre service, je décidai de l'aider. Ghiro s'occuperait de l'organisation et Maria participerait au concert sans exiger le moindre *cachet**. Puis, une fois les dépenses déduites, nous partagerions les bénéfices.

Pour ne pas donner l'éternel concert où les airs se suivent les uns derrière les autres, Ghiro décida d'engager aussi un comédien. Il choisit le plus connu, Memo Benassi, qui, en alternance avec Maria, dirait des monologues, des poèmes et des morceaux de tragédies. La proposition plut beaucoup à Benassi. « Je suis un admirateur de Maria », déclara-t-il, « et pour l'honneur de travailler avec elle je suis prêt à me produire gratuitement. »

Le concert fut fixé au mois de novembre 1949. On imprima des affiches, des annonces parurent dans les journaux. Tout semblait aller pour le mieux. On s'attendait à un succès sans précédent. Mais une heure avant le concert, comme j'accompagnai Maria au théâtre, je fus assailli de doutes. Je me rendis compte avec stupeur que les abords du bâtiment étaient déserts. « Il est peut-être un peu tôt », pensai-je.

Tandis que Maria se préparait dans sa loge, j'épiai la salle par un petit trou du rideau. Elle ne se remplissait pas. On apercevait quelques personnes dispersées çà et là. Des gens entraient, mais à la vue de ce théâtre presque désert, ils ressortaient en catimini. Mon ami Ghiro était désespéré ; Benassi n'en revenait pas. Quant à Maria, cela lui était égal. « Il n'y a pas beaucoup de monde », avouai-je pour tester son humeur. « Je n'ai pas mes lunettes », me répondit-elle : « que la salle soit pleine ou vide, je m'en fiche : je ne vois rien. »

A 21 heures précises, elle voulait commencer. Je réussis à la convaincre d'attendre encore un peu pour voir s'il n'arriverait pas du monde. En vain. On leva le rideau à 21 heures 30. Maria chanta comme si le théâtre avait été plein à craquer. Du point de vue artistique, ce fut un concert magnifique ; mais un fiasco sans précédent quant à la fréquentation du public. Cet épisode révèle

* En français dans le texte. (*N. d. T.*)

comment Maria, célèbre dans le monde entier, restait encore presque une inconnue pour les Véronais.

Mon ami Ghiro, qui pensait tirer un bon bénéfice de ce concert, se trouva écrasé de dettes. Il m'écrivit une lettre désespérée, me demandant de l'aider. Je lui versai alors presque sept cent mille lires.

1950 fut une année décisive pour Maria. Elle travaillait beaucoup ; les contrats se succédaient, toujours plus importants. Elle commença l'année avec *Norma*, à Venise, et y resta tout janvier. L'opéra était dirigé par Antonino Votto et avec Maria chantaient Gino Penno, Elena Nicolai, Tancredi Pasero, Nerina Ferrari et Cesare Masini Sperti. Giuseppe Pugliese écrivit dans le *Gazzettino* : « La Callas a su revivre le drame complexe et si humain de l'héroïne avec une passion et une fougue musicales extraordinaires. La profonde dignité, la tragique colère, les chagrins amoureux de Norma ont trouvé en elle des moments musicalement magnifiques. Elle s'est vocalement prodiguée dans cette multitude de phrasés, de roulades et de mélodies, avec une générosité vraiment rare, tout en obtenant une fois encore des résultats merveilleux. »

En février, Maria chanta *Aïda* à Brescia. Alberto Erede dirigeait, et avec elle chantaient Mario Del Monaco, Amalia Pini, Aldo Protti, Enzo Felicitati, Duilio Baronti et Piero De Palma. Toujours en février, elle interpréta *Tristan et Isolde* à Rome, sous la direction de Tullio Serafin avec August Seider, Giulio Neri, Benvenuto Franci et Elena Nicolai ; et ensuite *Norma* toujours sous la direction de Tullio Serafin avec Galliano Masini, Ebe Stignani, Giulio Neri. Les deux œuvres firent grand bruit et furent largement commentées par la presse, et pas seulement la presse romaine. Maria eut même droit à un article dans *l'Osservatore Romano*. En mars elle donna un concert à la RAI de Turin, puis elle chanta *Norma* à Catane. L'œuvre était dirigée par Umberto Berrettoni et avec Maria chantaient Mirto Picchi, Marco Stefanoni, Jolanda Gardino.

En avril, Maria fit sa première apparition à la Scala. L'arrivée de Maria Callas à la Scala sera relatée en quelques pages dans la suite de ce livre, car c'est l'un des chapitres les plus mystérieux, les plus étonnants et les plus ridicules de l'histoire de l'opéra d'après-guerre. A cette époque, la Scala était représentée par Ghiringhelli, un homme plein de haine et de mépris à l'égard de Maria et qui s'ingénia à entraver sa carrière. Aujourd'hui la Scala chante les louanges de ma femme, mais à l'époque elle la fit souffrir injustement.

Comme je l'ai déjà dit, en 48 et 49 Maria avait remporté des succès dans les plus grands théâtres italiens, à la Fenice de Venise, au Comunale de Florence, à l'Opéra de Rome, au San Carlo de Naples, au Regio de Turin, à Catane, Palerme, Gênes, Vérone, Udine, Trieste, etc. A l'étranger, elle avait chanté au Colon de Buenos Aires, et ses triomphes avaient été rapportés par une bonne moitié de la presse mondiale. L'écho des succès de Maria était certainement parvenu jusqu'à la Scala, mais n'avait provoqué aucune réaction. Après chaque nouveau triomphe, je m'attendais à ce que Ghiringhelli téléphone, l'engage ; eh bien ! non, rien. On aurait cru que pour lui Maria n'existait pas. J'étais persuadé qu'on le tenait au courant de tout, mais il ne voulait rien savoir.

Vu la situation, je compris que la Scala ne ferait jamais le premier pas. Il s'agissait donc de trouver l'occasion de s'imposer par la force. Cette occasion se présenta en avril 1950.

Renata Tebaldi, déjà reine de la Scala, contracta une maladie qui l'empêcha de poursuivre les représentations d'*Aïda*. L'occasion se présentait de la remplacer. J'en parlai à Maria. La distribution était bonne ; elle comprenait Mario Del Monaco, Fedora Barbieri, Raffaele De Falchi, Cesare Siepi et Silvio Maionica. Franco Capuana dirigeait. C'était une occasion magnifique de se faire entendre par Ghiringhelli et Maria accepta.

Elle chanta pour la première fois le 12 avril, en

soirée de gala. Le président de la République, Luigi Einaudi, les ambassadeurs des États-Unis, d'Équateur, d'Angleterre, de Turquie, de Grèce, de l'Inde et de Chine, des consuls de plusieurs pays, le préfet, le maire, le ministre Togni et beaucoup d'autres personnalités assistaient à la représentation. L'accueil du public fut chaleureux. Maria chanta vraiment bien, et pourtant nous sentîmes que quelque chose clochait, qu'une certaine hostilité planait. Aucun dirigeant de la Scala ne vint en effet féliciter Maria. Ghiringhelli en profita même pour lui faire une offense. A la fin de la première représentation, je me trouvais dans la loge de Maria à attendre Ghiringhelli. Je répétais : « Il faudra bien qu'il vienne, et nous verrons ce qu'il dira. » De temps à autre, je m'approchais de la porte pour surveiller les alentours. Finalement, je le vis arriver, mais il ne s'arrêta pas chez Maria. Il passa devant sa loge sans lui accorder ne fût-ce qu'un regard, et entra dans celle d'à côté, occupée par le baryton, qu'il félicita, à haute et intelligible voix, pour que Maria l'entende : « Bien, bien », fit-il, « vous y êtes arrivés quand même. » Il est évident qu'il voulait dire par là que la représentation s'était bien passée, malgré l'absence de Renata Tebaldi. Sur la prestation de Maria, pas un mot.

La seconde surprise, je l'eus le lendemain, en lisant les journaux. C'était la première fois que les journaux de Milan s'intéressaient à ma femme. *Il Tempo di Milano* fut le seul à lui prodiguer ses éloges : « En scène, le rôle de l'héroïne était tenu par Maria Meneghini Callas, que nous entendions pour la première fois et admirons beaucoup pour le timbre profond et intense de sa voix, sa musicalité très prononcée, sa vivacité et la noblesse de son phrasé. » Le *Corriere della Sera* citait rapidement son nom, signalant le succès obtenu avec ces mots : « Une nouvelle protagoniste applaudie, Maria Meneghini Callas. » Le *Corriere Lombardo*, dans un article signé T.C., lui décocha une série de rosseries injustes et tout à fait imméritées qui sentait le préjugé à cent lieues. On pouvait lire : « Maria Callas, déjà ancienne dans la carrière mais nouvelle pour la Scala, ne m'a pas enthousiasmé. Si elle montre beaucoup de tempérament et une très grande musicalité, son registre, pourtant, manque d'homogénéité. La chanteuse paraît improviser, de note en note, avec un genre, une technique toujours différents, sans harmonie dans l'émission. Sa diction n'est pas claire et quand elle force dans les aigus, c'est au détriment de la sûreté de l'intonation. » Voilà un jugement en totale opposition avec ceux que d'autres journalistes, tout aussi influents, avaient jusque-là exprimés sur Maria.

Maria chanta de nouveau à la Scala le 15 et le 18 avril, puis elle partit pour Naples où elle interpréta *Aïda*, au San Carlo, sous la direction de Tullio Serafin. A ses côtés chantaient Ugo Savarese, Cesare Siepi, Mirto Picchi, Ebe Stignani. La critique du *Mattino* de Naples fut très élogieuse. Début mai elle partit pour la tournée au Mexique, où elle resta presque deux mois.

L'avion fit escale à New York, et Maria profita de cette occasion pour rendre visite à ses parents.

L'attitude de Maria à l'égard de sa famille est toujours restée un mystère pour moi. Je n'ai jamais réussi à comprendre réellement ses véritables sentiments. Sur ce sujet, les controverses ont été bon train, surtout en Amérique. Les journaux ont accusé Maria d'être une fille dénaturée, d'avoir abandonné son père et sa mère dans la misère, d'avoir refusé de les aider malgré leurs supplications. Maria ne s'est jamais défendue. Elle ne chercha pas à réfuter ces accusations. Il arriva même que ses arguments apportent de l'eau au moulin des accusateurs. Un jour, elle répondit à un journaliste qui lui demandait pourquoi elle n'envoyait jamais d'argent à sa mère : « Si elle n'a pas d'argent, qu'elle aille travailler ; si elle ne veut pas travailler, qu'elle se jette par la fenêtre. » Des répliques qui me laissaient moi aussi désemparé ; mais je suis sûr qu'elles ne venaient pas du fond de son cœur. Maria était exaspérée par la publicité imbécile et les honteuses spéculations dont certains entouraient sa vie privée et ses rapports avec ses parents.

Envers sa mère, elle nourrissait sans aucun doute une certaine animosité. Ce n'était pas de la haine, mais de l'aversion, de la rage. Peut-être un amour contrarié. Quand je lui demandais des détails sur sa mère, elle me répondait : « Je ne veux pas entendre parler de cette femme. » Parfois elle se laissait aller aux confidences et racontait alors que sa mère avait gâché son enfance et son adolescence. Depuis l'âge de trois ans, celle-ci l'avait obligée à travailler le piano pendant des heures, en lui interdisant de jouer. Elle la contraignait à s'exhiber en public comme un petit chien savant.

Son père était très différent. C'était un homme plein de bonté, doux et soumis. Maria l'adorait. Mais sa mère conclut à sa mauvaise influence sur l'éducation de ses filles, et en 1937, décida de les ramener en Grèce pour les élever à sa manière.

Selon les dires de Maria, là-bas toute l'attention de Mme Evanghelia Dimitriadu était réservée à la fille aînée, Cecilia. Cecilia était belle, brillante, expansive. Maria, par contre, était gauche, myope, empruntée. Mme Evanghelia était fière de Cecilia et considérait Maria comme le vilain petit canard. Elle l'obligeait à remplir les tâches les plus dures et les plus humbles. A la maison, c'était une servante. Cecilia obtenait tout ce qu'elle désirait, tandis que Maria était toujours mal habillée, sa mère ne lui achetant jamais rien. Quand survinrent ces troubles endocriniens qui la firent grossir à vue d'œil, sa mère ne prit pas la peine de la faire soigner. Pendant les sombres années de guerre, Maria passa ses jours en travaux humiliants et dangereux pour procurer de la nourriture à sa mère et à sa sœur, tandis que celles-ci restaient en sécurité dans leur appartement.

Voilà le triste tableau que Maria brossait de sa mère. Je souffrais à l'entendre raconter ces histoires. Je suis un « mamiste ». Pour moi la mère est la plus haute expression de l'humanité. J'ai toujours adoré

137

la mienne. Encore aujourd'hui, elle reste présente à mon esprit et à mon cœur, et tous les samedis, qu'il pleuve ou qu'il vente, je vais me recueillir sur sa tombe. J'essayais de convaincre Maria que son attitude à l'égard de sa mère était injuste. Je voulais la pousser à la réconciliation, car je remarquais parfois des attitudes, chez elle, qui témoignaient de son affection et de son amour pour cette pauvre femme. Quand Maria fit ses débuts à Venise dans *Tristan*, en décembre 1947, j'envoyai un télégramme à sa mère. Maria fut émue aux larmes, m'en remercia à n'en plus finir. La preuve donc qu'elle l'aimait.

Après notre mariage, Maria fut contaminée par mon « mamisme ». Elle oublia peu à peu sa rancune. Quand je lui proposai de faire escale à New York (au cours de son voyage vers le Mexique) pour rendre visite à ses parents, elle accepta volontiers. Elle me déclara même qu'elle aurait aimé emmener sa mère au Mexique pour passer avec elle les deux mois de cette *tournée**.

Malheureusement, les événements ne tournèrent pas comme Maria l'aurait désiré. Arrivée à New York, elle trouva sa mère à l'hôpital et son père malade du cœur. Une situation difficile, aggravée de surcroît par une mésentente irréductible entre les deux époux : sa mère avait décidé de divorcer et de venir vivre avec nous à Vérone. Maria, angoissée par les maladies de ses parents, fut indignée par ce projet de divorce. Et l'idée que sa mère pourrait venir vivre avec nous la mit dans tous ses états. Elle ne pouvait oublier les sombres jours vécus en Grèce. Elle craignait que les disputes, les désaccords et les scènes pénibles ne recommencent. Ces soucis l'agitèrent pendant tout son séjour au Mexique, lui firent perdre le sommeil et la menèrent aux limites de l'épuisement nerveux.

Ses lettres ne parlent que de ces soucis, qui affectaient jusqu'à la qualité de son travail. Voici ce qu'elle m'écrivit dès son arrivée à Mexico.

* En français dans le texte (*N. d. T.*)

138

« Mon chéri adoré, je suis enfin arrivée à destination après un voyage facile mais triste. J'ai débarqué avec les chevilles enflées à faire peur.

« A New York, j'ai eu la triste surprise de trouver ma mère à l'hôpital depuis dix jours pour un gros ennui à l'œil droit.

« Je suis allée voir mon père et la Simionato m'a accompagnée. Elle avait soif, et mon père lui a servi une boisson. Tout d'un coup, elle s'est sentie mal : vomissements, douleurs d'estomac, maux de tête et diarrhées. Grand branle-bas toute la journée et une peur atroce. La Simionato pense que mon père s'est trompé et lui a servi à boire du pétrole. En vérité, c'est pire. Mon père, par erreur, lui a donné du poison contre les cafards. Si elle savait ! Enfin, heureusement il n'y a pas eu de conséquences graves, mais moi j'ai passé ma journée de repos à courir de l'hôpital – pour voir ma mère – à la maison (morte de peur que j'étais) pour soigner la Simionato. Quelle histoire invraisemblable !

« A Mexico, nous sommes arrivés ce matin à neuf heures. A l'aéroport, nous avons été accueillis par le directeur général de l'Opéra, monsieur Pani, et le consul de Grèce accompagnés de messieurs qui m'ont offert deux boîtes d'orchidées. Puis, avec la voiture du consul, ils nous ont emmenés à l'hôtel. Je me suis installée, j'ai pris un bain et dormi jusqu'à une heure et demie, ensuite· on m'a réveillée en m'apportant les fleurs que Pani m'envoyait de la part du théâtre. Ici tous m'entourent de mille petites attentions, et j'aimerais qu'il en soit toujours ainsi.

« Il fait une chaleur infernale. J'ai du mal à respirer et le cœur qui bat un peu vite. J'espère pourtant que ça va passer. Tout finit bien par passer, pas vrai ?

« Je suis très préoccupée par maman ! Je voulais l'emmener ici avec moi parce que j'ai besoin d'aide et de calme, et voilà que je suis seule et accablée de soucis. De surcroît, mon père non plus ne va pas bien. Il a des problèmes cardiaques et n'a pu aller travailler de tout un mois. Il a recommencé, maintenant, mais il a perdu un mois de salaire. Et voilà que maman est à l'hôpital. Pourquoi les maladies accablent-elles toujours les gens les plus modestes, qui se retrouvent alors sans le sou ?!

« J'espère que dans quelques jours maman pourra sortir de l'hôpital et que dans une bonne semaine elle m'aura rejointe. Mais ira-t-elle bien ? Pourra-t-elle m'aider ? Enfin !!

« Je fais d'immenses efforts pour rester calme. Il le faut, avec le travail énorme qui m'attend. Et puis je veux revenir vite et en bonne forme auprès de toi, mon âme. Et je t'en supplie, finis les longs voyages, finies ces interminables séparations !

« Et toi, mon trésor, comment vas-tu ? Comme le départ a été horrible, vendredi. Je n'ai même pas eu le temps de t'embrasser. Et toi, comment as-tu fait ce voyage de retour tout seul ? Assez de départs, assez de voyages seule, je n'en peux plus !

« Ici, les répétitions commenceront le 23 et, comme d'habitude, je serai indisposée. On croirait que c'est un fait exprès.

« J'espère de tout mon cœur que tout se passera bien et que maman va récupérer.

« Je t'en prie, insiste pour les robes. Malheur si elles arrivent en retard. Surtout porte-toi bien. J'ai oublié de te dire que je hais New York. C'est une ville trop bruyante, avec trop de circulation. Souviens-toi que je t'aime plus que tout au monde, alors porte-toi bien pour moi. »

Maria n'avait pas un caractère très expansif. Certains de ses soucis, elle les confiait au compte-gouttes. Ce n'est que dans sa seconde lettre, en date du 19 mai, qu'elle me raconte que sa mère avait décidé de venir vivre avec nous à Vérone.

19 mai 1950

« Ma chère âme, aujourd'hui j'ai reçu ta seconde lettre adorée. Je pense que tu as de ton côté reçu ma première lettre, où je te raconte le voyage.

140

« De ma mère, je n'ai plus aucune nouvelle. J'ai écrit, mais n'ai pas reçu la moindre réponse. Je pense télégraphier. Ce qui est sûr, c'est qu'elle ne va pas bien et que l'infection à l'œil est inquiétante. Ma mère continue à se faire du souci pour ma sœur et pour moi. Si nous n'écrivons pas, c'est pire. En bonne mère, elle pense toujours à ses enfants au lieu de penser à elle. Et puis elle ne s'entend pas avec mon père. Lui non plus ne se porte pas bien : il a son diabète, et puis maintenant des problèmes cardiaques. Elle veut le quitter, mais je lui ai dit : " Comment peux-tu l'abandonner alors qu'il est vieux et malade ? "

« Battista, elle veut venir vivre avec moi. Que Dieu me pardonne, Battista, mais pour le moment j'aimerais être seule avec toi dans ma maison. Je ne voudrais pas, pour tout l'or du monde, mettre mon bonheur en danger et renoncer au droit de vivre à deux pendant quelque temps. Nous le méritons, non ? Mais comment expliquer tout cela à ma mère ? Comment lui dire que je l'aime, mais que l'amour que je porte à mon mari est différent ? Je lui donnerai de l'argent pour qu'elle parte se reposer quelque part, à la montagne ou à la campagne, mais je ne crois pas que ce soit bien qu'elle quitte mon père maintenant. Qu'en dis-tu ? Je t'en prie, ne parle à personne de tout ceci.

« J'ai déjà retenu le billet pour ma mère, mais je ne crois pas qu'elle viendra. Peut-être a-t-elle mal pris mon refus détourné de l'emmener vivre à Vérone.

« Ici, rien n'est prêt. Je ne comprends pas. Quand tu penses que nous devons chanter mardi, et que le ténor Kurt Baum n'est pas encore arrivé. Nous n'avons même pas répété avec les chœurs et l'orchestre. Une histoire de fous. Mais je ne m'en fais pas, pourvu que je chante bien et que ma santé soit bonne. Heureusement, aujourd'hui je vais mieux. Je me sens forte comme un bœuf et de bonne humeur. Je sais que je dois rester ici des mois, et qu'il est inutile de s'énerver. Le climat est d'ailleurs si fatigant que je n'en ai même pas la force. S'il te plaît, envoie-moi au plus vite la lettre où le directeur du théâtre m'annonce que je devrai rester ici six semaines. Ceci n'apparaît pas dans le contrat, et je ne voudrais pas qu'ils essaient de me garder plus longtemps. Et puis, comme je m'y attendais, il y a eu toute une histoire à propos de *La Traviata*. Tu te souviens : ils avaient protesté quand nous avions dit que je refusais de la chanter ; mais Liduino, notre agent, a télégraphié et assuré que j'accepterais. Nous verrons ce qui arrivera. Je l'ai annulée sur le contrat et il n'est pas question que je l'interprète : je préfère perdre deux représentations. J'ai dit que j'étais prête à chanter *Les Puritains*, mais ils ne veulent rien savoir.

« En attendant ne t'occupe pas de ton passeport pour venir ici. Sinon je te tue. Je ne veux pas que tu voyages en avion, je t'en supplie, j'ai tellement peur qu'il n'arrive un accident.

« Pour le retour, je partirai directement d'ici pour l'Italie, *via* Madrid. Je ne veux pas repasser par New York. Je déteste cette ville et ne veux pas y remettre les pieds, même pour une journée. J'espère que ma mère viendra me retrouver ici. Ensuite j'enverrai de l'argent à mon parrain, pour lui rembourser la somme qu'il m'avait prêtée pour payer mon voyage en Italie.

« Ici, le programme annonce *Norma, Aïda, Tosca, Le Trouvère*. Je ne sais pas si l'on présentera *La Traviata* ou *Les Puritains*.

« Porte-toi bien, je t'en prie. Je ferai de même de mon côté, car je veux rentrer belle et en bonne santé pour jouir de notre bonheur. Comme Dieu nous a gâtés ! Il nous aidera toujours. Il dispose de nous comme Il l'entend et j'ai en Lui une totale confiance et une grande foi.

« Au revoir, mon âme. Salue bien notre petite maison. »

Toutes les lettres que Maria écrivit du Mexique parlent de sa mère. Elle avait ce souci en tête et ne parvenait pas à le chasser. Deux sentiments s'opposaient dans son cœur : le désir d'aider sa mère et la peur de redevenir sa victime. La tristesse, les problèmes, les crises de dépression, la nervosité, les insomnies que Maria attribue dans ses lettres au climat, à la mauvaise organisation, à la méchanceté de ses collègues et à notre séparation, sont en fait dûs à ces nouveaux problèmes familiaux que Maria ne parvenait pas à résoudre.

25 mai 1950

« Ma chère âme adorée, malheureusement je t'écris à une heure plutôt atroce, sept heures et demie du matin. Cette nuit je n'ai pas fermé l'œil. Alors tu peux t'imaginer comme je me sens bien.

« Je vis dans un état d'apathie anormal, je suis très affaiblie par ce maudit climat et l'altitude qui m'ôtent toute énergie. Les spectacles se poursuivent de façon lamentable, à tel point que si je me trouvais dans mon état normal j'aurais fait un malheur. Mais je n'ai même pas la force de me révolter. Je continue, bêtement. En espérant résister à un nouveau mois de ce travail mal fait et pénible. Et puis j'ai aussi mes petits ennuis qui m'ont achevée. Ces derniers jours nous avons tous eu une diarrhée abominable. Sans aucune raison.

« Ma mère ne m'écrit pas. Je ne sais pas comment elle va et si elle viendra. Papa dit qu'il se sent mieux, mais comment y croire ? Battista, ton absence me pèse énormément. Et pas seulement à cause du besoin physique que j'ai de toi, mais pour toute une série de raisons moins évidentes. Je ne sais pas vivre sans toi. Quoi qu'il m'arrive, au moindre petit ennui ou à la moindre bêtise, je ressens plus encore ton absence, la force de notre affection, et toutes les affinités qui nous lient et nous unissent. Nous ne faisons plus qu'un, alors il est impossible de nous couper, de nous diviser en deux. Si l'on nous sépare, quelle souffrance ! Et s'il n'y a pas de solution, cela pourrait mal finir. Jusqu'ici nous avons été trop souvent séparés. Avant de nous marier, nous désirions ardemment cette union. Je sentais que tu serais mon idéal. Maintenant je connais le bonheur et l'orgueil d'être ta compagne, et souffre encore plus de ton absence, mon adoré.

« Je viens d'être interrompue par l'arrivée d'une de tes lettres. Je ne vis que dans l'attente de ces fameuses lettres. Chéri, je suis contente que tu aies trouvé un bon dentiste ; à mon retour j'irai le voir aussi. Je suis ravie du prie-Dieu et de ta décision de réparer ce tableau abîmé. Quant à la pendule, choisis celle que tu préfères pourvu qu'elle ait le carillon le plus mélodieux.

« Tu sais, je suis un peu jalouse. Qui sait ce que tu fais et comment tu occupes tes journées. Pardonne-moi, mais je ne t'aimerais pas vraiment si je n'étais pas aussi un peu jalouse.

« J'ai commencé une cure de massages électriques. Cela paraît efficace. Je voudrais mincir un peu des hanches et des jambes. Nous verrons, ou plutôt tu verras à mon retour. »

29 mai, minuit et demi

« Mon cher Battista, comme toujours je n'arrive pas à dormir, alors je t'écris. Demain, c'est la première d'*Aïda*. Je te jure que je ne sais pas comment finiront ces sacrées représentations tant les chanteurs sont lamentables ici. Au lieu de s'améliorer, cela va de mal en pis. Moi je suis très résistante, mais cette pauvre Simionato n'en peut plus.

« Aujourd'hui, j'ai eu une grande discussion avec Caruza-Campos à propos de *La Traviata*. Il dit qu'il a commandé les costumes, et moi je reste sur mes positions, je refuse de la chanter. Je ne me sens pas d'attaque pour travailler deux nouvelles œuvres. *Le Trouvère* me suffit. Je ne veux pas y laisser ma peau. Le climat, ici, est abominable. J'ai hâte de m'en aller.

« Maman ne m'écrit pas. Qu'a-t-il bien pu arriver ? Son billet d'avion est à New York depuis dix jours.

J'espère qu'elle ne va pas plus mal. Il faut toujours que j'aie des soucis.

« J'ai fait les comptes de ce que je rapporterai à la maison après cette tournée. Je devrais rentrer avec en poche plus de trois mille dollars, après avoir payé ma dette à mon parrain et donné de l'argent à ma mère. Ce n'est pas énorme, mais l'important est que je rentre. Je n'aime pas rester si longtemps loin de toi. Crois-moi, ces séparations finiront par nuire à notre amour. Pour ma part, en tout cas, ce mode de vie ne me convient pas, nous gâchons les plus belles années de notre vie. Assez, assez. La vie offre tant de belles choses et je ne jouis de rien. « Ici, je ne porte rien. Mes brillants ne brillent que pour le coffre-fort de l'hôtel. Les fourrures ne servent à rien car il fait une chaleur infernale. Et puis je ne profite de rien sans toi. J'ai encore perdu trois kilos. Si ça continue, je vais devenir squelettique. Écris-moi. Aime-moi. Je mourrais sans toi qui es pour moi l'amour, la fidélité, la distinction, la finesse, enfin tout ce que j'apprécie par-dessus tout ! »

1er juin 1950

« Chéri, mon bien-aimé, si tu me voyais en ce moment, je te ferais peur. Je suis furieuse. Ils veulent présenter *Tosca*, puis *Cavalleria*, et enfin *Le Trouvère*. Et puis je suis furieuse contre le ténor Baum. Il est pire qu'une femme jalouse. Il continue à m'insulter et puis il est furieux car à la fin du morceau d'ensemble d'*Aïda* j'ai lancé un *mi* bémol aigu. Le public était en plein délire et Baum crevait de jalousie.

« Je suis indignée par les méthodes de travail d'ici. Il est une heure et demie et l'on vient de m'avertir qu'à deux heures et demie commence la répétition de *Tosca*. Tu te rends compte, je n'ai pas encore mangé !

« J'en ai assez et suis dans une colère folle. Maudit Mexique, et gare à toi si tu me laisses encore quitter la maison. Je t'avertis.

« Ma mère m'a écrit une grande lettre. Elle me

dit que je suis égoïste, que je ne pense qu'à moi et la laisse mourir dans le besoin. J'en ai tellement assez que j'ai presque décidé de rompre toutes relations avec elle.

« Je suis ici, isolée, plus seule qu'un chien. Heureusement, la Simionato est là et nous nous tenons un peu compagnie. On ne peut pas travailler car il n'y a pas de salle de répétition. Je t'assure, il y a de quoi devenir fou.

« *Aïda*, l'autre jour, s'est passé à merveille. Le public était en délire. Il nous a fait un triomphe, à moi et à la Simionato, pas aux autres, qui sont furieux de voir à qui va la préférence.

« Chéri, j'ai reçu ta lettre et prie Dieu qu'il te garde toujours en bonne santé pour moi. J'ai vu le calendrier de l'Arena. Cette année je veux assister à tous les spectacles et pour une fois faire des élégances. J'essaie de toutes mes forces d'éviter les crises de nerfs, sinon gare à moi et gare à mon entourage. »

5 juin 1950

« Chéri, mon cher trésor adoré, aujourd'hui j'ai reçu deux lettres de toi. Je suis contente que tu aies pris la décision de te faire soigner les dents. Mon pauvre Titta, comme tu as dû souffrir. Je voudrais être près de toi pour t'aider à oublier toutes tes souffrances. Et toi, tu as envie d'être près de moi ? Tu sais que je suis très jalouse et que je ne veux plus rester loin de toi. Tu n'es jamais jaloux, toi ? C'est un tort, je n'aime pas ça. Je veux te voir et te sentir jaloux de ta femme, même si tu lui fais confiance !

« Aujourd'hui, je suis au lit avec l'un de mes fameux maux de gorge. Ainsi ils ont reporté *Tosca* dans deux jours. Je suis aphone : ce doit être la *Tosca* qui me porte malheur !

« Ici, ils sont fous d'*Aïda*. Le Baum était à deux doigts de me tordre le cou ; mais avant la " seconde " d'*Aïda*, il est venu me présenter ses excuses. On voit qu'il a eu peur de m'avoir trop à dos. J'avais assuré que s'il ne venait pas s'excuser, je ne chanterais plus avec lui. Ainsi, le « primadonna » est venu me prier de tout oublier. Atroce. Le public criait : " Aïda, toute seule ! ". Après dix rappels encore, j'ai dû rentrer en scène seule. Les collègues en sont presque morts de jalousie.

« Je ne sais que répondre à ma mère. Imagine un peu sa déception quand elle apprendra que je n'irai pas à New York. Je lui ai écrit que tu ne penses pas pouvoir venir à Mexico. Je n'ose pas encore lui avouer que je ne passerai pas par New York. »

6 juin 1950

« Mon cher et doux amour, après quatre jours d'attente j'ai reçu ta lettre. Quelle tristesse il s'en dégage. Mon chéri, c'est toi qui te moques toujours de moi à cause de ce fameux orgueil. Tu sais ce que je veux dire, inutile de t'expliquer.

« En ce qui me concerne, ne crains aucune rivalité. Il est difficile de satisfaire mon idéal, surtout que je suis tout à fait comblée par ta personne. Pourtant, ces longues séparations ne font pas de bien à notre amour. Jouissons donc du bonheur que Dieu nous a donné pendant que nous sommes encore jeunes.

« Quand tu recevras cette lettre, je serai sur le point de partir, et je t'avoue que j'ai fait un horrible séjour dans ce sacré Mexique.

« Je ne me suis pas sentie bien un seul jour. Déjà en Italie, je commençais à éprouver la fatigue de ces deux dernières années de travail. Et même à Naples, j'ai eu du mal à tenir jusqu'au bout. J'essayais de ne pas perdre courage, mais à la dernière représentation d'*Aïda*, l'air conditionné, la nervosité, les colères m'ont fait perdre la voix ; et le moral baissait de façon inquiétante. Aujourd'hui, à la répétition générale de *Tosca*, j'ai cru m'évanouir. Ce qui finit de m'abattre, c'est que je ne dors pas. A six, sept heures du matin je n'ai toujours pas fermé l'œil.

« Je prie les dieux de m'aider à arriver au bout

de ce contrat, et puis j'essaierai de me rétablir. Je voudrais pourtant tenir jusqu'à la fin, sinon mes collègues seraient bien trop contents.

« Cher Battista, il faut que je t'avoue quelque chose. Je meurs d'envie d'avoir un enfant de toi. Je crois que cela améliorerait aussi ma voix et mon horrible peau. Qu'en dis-tu ?

« Je te salue, mon âme, de tout mon cœur qui t'aime, te désire, t'estime et t'apprécie, et dit bien haut que tu es son Dieu. »

8 juin 1950

« Mon chéri adoré, cette fois-ci j'ai battu mon record : à huit heures et demie du matin je n'avais toujours pas fermé l'œil. Je crois que je vais devenir folle, ici, à Mexico. Il paraît que c'est l'altitude qui empêche de dormir. Moi qui ai déjà des problèmes de sommeil chez moi, imagine-toi ce que c'est ici.

« Le seul avantage de ce voyage, c'est que j'ai maigri. J'espère ne pas regrossir avant mon retour, pour que tu me trouves plus belle.

« Hier, nous avons présenté *Tosca* avec beaucoup de succès. Au premier acte, le public était froid et n'a presque pas applaudi. Au second acte, on m'a fait une ovation. Le " Vissi d'arte " les a rendus fous. Cinq minutes d'applaudissements. Un succès plus grand encore que celui des autres opéras. Heureusement que Dieu m'aide toujours !

« Ma mère m'a téléphoné pour me prévenir de son arrivée. Le médecin l'a autorisée à partir. Mon père est triste, car il espérait te voir. Ce sera pour une autre fois. Sa santé m'inquiète.

« Liduino m'a écrit pour me dire que Bing, du Metropolitan, voudrait m'engager pour *La Flûte enchantée* de Mozart. Il est fou ! »

« Mon chéri adoré, cela fait plusieurs jours que je ne t'ai pas écrit, mais j'ai beaucoup travaillé *Le Trouvère*. Je suis incapable d'apprendre une ligne. Ici, à Mexico, on devient idiot. En plus, j'ai une éruption sur la figure, comme celle que j'avais eue à Rome, et même pire. Demain je dois donner *Aïda* : quand je pense que je devrai étaler du noir pour me colorer le visage sur cette merveille de peau !

« Mon âme, je n'en peux plus. J'ai hâte de rentrer. J'ai l'impression de t'avoir quitté depuis un an, et cela fait seulement un mois.

« Ma mère est arrivée et nous sommes ensemble. Elle va un peu mieux. Il est vrai pourtant que je suis très nerveuse et que je la tyrannise, la pauvre. Je traverse la plus mauvaise période de ma vie. Il faut s'armer de patience.

« Chéri, je prendrai l'avion direct pour Madrid, et là, la correspondance pour Rome ou Milan. Es-tu impatient de me voir, Battista ?

« Je n'ai pas d'autres nouvelles à t'apprendre, sinon que j'ai encore maigri et que j'ai le visage dans un triste état. Ici, j'ai fait un triomphe, mais je ne pense qu'à rentrer et à me faire cajoler, comme tu sais si bien le faire. Mon âme, tu es le seul avec qui je me sente bien. Je t'adore.

« Ma mère t'embrasse affectueusement. Embrasse la tienne de ma part. Je te quitte, t'embrasse et te serre très fort sur mon cœur. Pense à moi. »

Du Mexique, Maria revint apaisée. Sa mère s'était rétablie. La maladie à l'œil n'était pas aussi grave qu'il y avait paru de prime abord. Une nouvelle entente semblait s'être établie entre les deux femmes. Le seul point sur lequel Maria refusait de céder concernait le divorce. Mais sa mère n'écouta pas ses conseils et finit par divorcer. Alors Maria se fâcha à nouveau et déclara qu'elle ne voulait plus jamais en entendre parler.

Plus tard, la mésentente s'aggrava encore. Mme Evanghelia tomba entre les mains de personnes peu recommandables qui essayèrent de se servir d'elle pour extorquer de l'argent à Maria. Ils la firent interviewer par les journaux et la télévision, et la poussèrent à écrire un livre qui dénigrait sa fille. Maria n'intervint qu'une seule fois dans cette polémique et écrivit : « Il est vrai que vers la fin de 1950 ma mère m'a réclamé de l'argent et que je le lui ai refusé. Peu de temps auparavant, elle avait fait un séjour auprès de moi à Mexico, à mes frais. Je lui avais acheté un manteau de vison et bien d'autres cadeaux. J'avais remboursé l'une de ses dettes qui s'élevait à presque mille dollars. Je lui avais donné mille autres dollars pour ses dépenses personnelles, en lui recommandant de les faire durer au moins un an. Elle pouvait y parvenir, car elle disposait aussi de mille cinq cents dollars d'économies. Pour la gâter ainsi, des trois mille dollars que j'avais prévu de rapporter du Mexique, il ne m'en resta même pas un. Mais j'étais contente. Pourtant, à peine deux mois plus tard, ma mère me réclama encore de l'argent et je me fâchai. J'étais alors mariée depuis un an et ne pouvais peser sans cesse sur mon époux. Ensuite, ma mère décida de divorcer et de quitter mon père, vieux et malade. Là j'ai trouvé que cela suffisait. »

Les rapports de Maria avec sa mère eurent toujours des hauts et des bas. Mais je suis persuadé de ceci : Maria aimait sa mère et souffrit beaucoup à cause d'elle.

CHAPITRE XI

LA RENCONTRE AVEC TOSCANINI

En septembre 1950 Maria fut appelée par le maestro qui voulait monter Macbeth *avec elle – «J'ai enfin trouvé la voix que je cherchais depuis toujours», déclara-t-il – La lettre de Ghiringhelli – Les raisons pour lesquelles le projet n'aboutit pas – Toscanini aux répétitions de* La Vestale *– Sa colère devant la* Carmen *dirigée par Karajan*

L'un des grands rêves de Maria, qui malheureusement ne se réalisa jamais, était de chanter sous la direction d'Arturo Toscanini. Maria l'adorait, son visage s'illuminait dès qu'elle entendait citer son nom. Et leurs brèves rencontres, elle s'en souvenait comme des plus beaux moments de sa vie.

Maria admirait Toscanini depuis que, tout enfant, elle avait appris le piano et le chant en Amérique. Elle l'écoutait diriger à la radio et possédait aussi quelques vieux disques. Mais son enthousiasme redoubla après son arrivée en Italie, quand elle se lança dans la carrière. Au fur et à mesure qu'elle interprétait de nouvelles œuvres et connaissait de nouveaux chefs d'orchestre, son exigence de perfection grandissait. Elle tirait le meilleur de chaque chef, mais aucun ne la satisfaisait tout à fait. Maria cherchait toujours plus et était convaincue que seul le « grand vieillard », Toscanini, saurait peut-être lui montrer le chemin de la perfection. Mais approcher ce vieil homme semblait impossible.

Le rêve de Maria resta au stade de chimère pendant un certain temps. Un jour, pourtant, il se concrétisa, et faillit se réaliser. Voici un chapitre méconnu de la vie de Maria Callas, et pourtant essentiel vu ses conséquences. Toscanini, en effet, ouvrit à Maria les portes de la Scala qui semblaient lui être fermées à jamais.

1948, 49 et 50 furent peut-être les plus belles années de la vie artistique de Maria Callas. Elle allait de triomphe en triomphe, stupéfiant tout le monde. C'étaient des succès sans tache, heureux, sereins. Les grandes jalousies n'étaient pas encore nées, ni les *clans* qui par la suite troublèrent nombre de ses représentations. A la fin de chaque concert, la loge de Maria était envahie d'admirateurs qui demandaient des autographes, lui apportaient des fleurs, voulaient lui serrer et lui baiser la main.

Parmi ces admirateurs, il y avait un personnage qui ne manquait pas un seul concert. C'était un bel homme, grand, toujours vêtu de bleu, avec un éclatant œillet rouge à la boutonnière. Où que Maria chantât, il était là. Nous l'apercevions dans la salle et, à la fin de chaque représentation, il apparaissait toujours dans la loge, avec des fleurs ou de nouveaux admirateurs. Il était très gentil, très courtois et plein d'adoration pour Maria.

Au début, nous parlions de cet homme en plaisantant. Je soutenais qu'il était amoureux ; Maria se demandait comment le remercier de tant de courtoisie. Petit à petit, j'appris que cet admirateur était un industriel de Parme qui adorait l'opéra car il avait été marié à une cantatrice, décédée depuis peu. Il s'appelait Luigi Stefanotti.

La présence de Stefanotti dans notre loge devint

une habitude et nous nous liâmes d'amitié. Quand Maria chantait très loin, comme il ne pouvait venir nous trouver, il envoyait des lettres et des télégrammes. Il avait beaucoup d'amis chez les musiciens. Il fréquentait d'autres artistes. Et même, il était l'un des rares privilégiés admis régulièrement chez Toscanini.

Un jour, Stefanotti me raconta que chez le grand chef il parlait souvent de Maria Callas, et m'avoua qu'il rêvait en secret de les présenter l'un à l'autre. Je ne pensais pas que cela fût possible, car je croyais Toscanini strictement lié à la Scala. Et comme la Scala, en la personne de Ghiringhelli, ignorait Maria avec obstination, j'étais persuadé qu'il en était de même de Toscanini. Mais je me trompais.

Toscanini, m'apprit Stefanotti, suivait avec attention toute l'activité musicale de notre pays. Pas seulement celle des grands théâtres, mais aussi celle des théâtres de province, et il exigeait d'être informé des jeunes talents qui apparaissaient. Il était donc au courant depuis le début de l'activité de Maria.

Le 10 septembre 1950, Luigi Stefanotti écrivit à Maria : « Très chère madame, j'aurais besoin de vous parler car j'ai des nouvelles très importantes à vous communiquer ; je ne peux vous les écrire. Pour ne pas vous laisser dans l'expectative, je vous avoue tout de suite qu'il s'agit du maestro Toscanini, avec qui j'ai eu une longue discussion hier soir dans sa maison de Pallanza. »

Je téléphonai à Stefanotti qui me dit que Toscanini désirait entendre Maria. Il avait un projet en tête. 1951 était le cinquantième anniversaire de la mort de Giuseppe Verdi et il voulait le célébrer à Bussetto, avec une œuvre montée par la Scala. Il cherchait des artistes capables. J'assurai à Stefanotti que nous serions heureux de rencontrer le maestro, et demandai qu'il nous fixe un rendez-vous.

Après une bonne semaine, le 22 septembre, nous reçûmes un télégramme signé de Wally Toscanini, et adressé à Maria : « Le jour qui vous conviendra, mon père vous attend à Milan, 20 via Durini, avant

153

son départ, le 28. Cordialement. Wally Toscanini. »
Maria répondit par ce télégramme : « Je serai à
Milan mercredi 27, à la disposition du maestro tout
l'après-midi. »

Pendant tout le voyage, contrairement à son
habitude, Maria se montra nerveuse. Je l'avais
souvent accompagnée à d'importants rendez-vous
professionnels, et pourtant toujours vue tranquille,
parfaitement décontractée. Cette fois-ci elle était
tendue. Pas tant parce qu'elle avait peur de chanter
devant Toscanini, mais parce qu'elle allait enfin
rencontrer ce grand artiste pour lequel elle nourrissait une admiration sans borne.

Nous arrivâmes via Durini, vers midi. Toscanini
avait alors quatre-vingt-quatre ans. Il nous reçut de
façon cordiale, mais sèche. Ce n'était pas un homme
très expansif. En attendant le déjeuner, nous restâmes à bavarder au salon. Le maître posait des
questions très précises. Il ne s'adressait presque qu'à
moi et lançait vers Maria des regards foudroyants
et inquisiteurs. Il me demanda où j'avais déniché
cette femme. Quels opéras elle avait interprétés. Je
lui racontai notre rencontre de Vérone puis lui
dressai rapidement le *curriculum* artistique de
Maria. Mais Toscanini en connaissait le moindre
détail. A chaque étape importante de la carrière de
Maria que j'évoquais, il avait une réponse toute
prête. « Plus que la *Gioconda* de Vérone, c'est le
Tristan de Venise qui a compté », déclara-t-il. « Oui,
je m'en souviens », m'interrompit Toscanini, « elle
a chanté le dernier jour de l'année. » Je signalai *Les
Puritains* de Venise que Maria avait interprétés en
même temps que *La Walkyrie*, après avoir appris
l'œuvre en six jours à peine. Et Toscanini s'exclama :
« Oui, quel prodige ! » Il avait entendu parler de la
Norma de Florence, du *Parsifal* de Rome, de la
tournée en Argentine et de celle au Mexique. Je lui
dis que le maestro Serafin ne jurait que par Maria.
Il fit une grimace et commenta : « Serafin est très
bien, mais il pense avec la tête de sa femme. » A
chaque nom que je citais, même des plus célèbres

artistes, il répondait par une pique. Féroce, parfois. Je crois pourtant que sa façon de parler ne reflétait pas son jugement artistique définitif. Ce n'était peut-être là qu'un trait de son caractère rebelle et anticonformiste.

Ensuite, Toscanini me demanda pourquoi nous n'avions pas encore pris contact avec la Scala. Je lui parlai de l'indifférence absolue de Ghiringhelli quand Maria, en avril de la même année, avait remplacé la Tebaldi dans *Aïda*, et du jugement négatif du maestro Labroca après une audition passée en septembre 1947. Sur Ghiringhelli, Toscanini lança un jugement plein de mépris. Il dit : « Cet homme est un âne qui ne comprend rien à rien. » Cette phrase me laissa interdit, car j'avais toujours considéré Ghiringhelli comme le protégé de Toscanini. En fait, comme je pus le constater par la suite, Toscanini n'avait aucun lien avec Ghiringhelli ; c'était ce dernier qui cherchait l'appui du maître pour accroître son prestige dans le monde musical. Au sujet de Labroca, Toscanini observa : « Étrange, c'est un musicien, il devrait s'y connaître en voix. »

Le déjeuner terminé, Toscanini commença à expliquer la raison pour laquelle il avait convoqué Maria Callas chez lui. Il déclara : « De ma vie je n'ai dirigé le *Macbeth* de Verdi, car je n'ai jamais découvert une chanteuse capable d'interpréter Lady Macbeth. Ce personnage était très cher au cœur de Verdi. Il y travailla beaucoup. Et dans une lettre, il prit la peine d'indiquer comment il voyait " sa " Lady Macbeth : " une femme laide et méchante, à la voix âpre, étouffée, ténébreuse. " Je n'ai jamais trouvé une interprète qui réunît toutes ces caractéristiques. D'après ce que l'on m'a dit, vous seriez la personne que je cherche. Je vous ai fait venir ici pour entendre votre voix. Si elle est telle qu'on me l'a décrite, nous monterons *Macbeth*. Je ne voudrais pas mourir sans avoir dirigé cet opéra. »

Tout en parlant, le maestro s'était enflammé. Ses petits yeux brillaient comme de la braise. Dans le

155

salon descendit un grand silence. Nous étions tous suspendus à ses lèvres.

Il quitta d'un bond son fauteuil et s'approcha du piano, ouvrit la partition de *Macbeth* et commença à jouer. Maria se tenait à côté de lui. Ce qui advint cet après-midi-là chez Toscanini, je ne l'ai jamais oublié. Le maître tapait sur le clavier avec une détermination puissante. Maria chantait avec un aplomb, une force et un ton de voix impressionnants. Ils interprétèrent ainsi presque tout le premier acte. Je n'avais jamais senti tant de force, tant de magnétisme dans l'air. J'étais tassé dans un coin, presque apeuré. Les autres invités, eux aussi, s'étaient faits tout petits.

S'arrêtant tout à coup de jouer, Toscanini déclara : « Vous êtes la femme que j'ai cherchée depuis tant de temps. Votre voix correspond à mon attente. Je monterai *Macbeth* avec vous. Demain je verrai Ghiringhelli et vous ferai envoyer un contrat d'engagement. » Le maestro était maintenant détendu, satisfait. Son visage rayonnait. Les yeux de Maria étincelaient et je compris qu'elle était ravie.

Toscanini dit encore : « Je sais que vous avez déjà vu le maestro Siciliani pour monter *Macbeth* à Florence. Bien entendu, ma proposition requiert l'exclusivité. » Maria répondit : « Pour travailler avec vous, je suis prête à renoncer à n'importe quel autre engagement. »

Au cours du voyage de retour, Maria observa : « Je ne sais pas si ce Macbeth se fera, mais cela m'est égal. Je suis si heureuse de ce que j'ai vécu aujourd'hui, à Milan. »

Que Toscanini eût été emballé par la voix de Maria et qu'il comptât monter *Macbeth* avec elle, il n'y a pas le moindre doute. A preuve, il en parla aussitôt à Ghiringhelli et lui annonça qu'il avait trouvé la chanteuse avec qui réaliser ce vieux rêve. Il ne donna pas tout de suite de nom, et Ghiringhelli demanda : « Vous avez choisi la Tebaldi ? » montrant ainsi qu'il n'y connaissait rien en voix. La Tebaldi avait reçu de Toscanini le surnom de « voix d'ange », et le monde entier la connaissait sous ce qualificatif. Pour Lady Macbeth, le maestro cherchait une voix « diabolique » et la Tebaldi était donc la moins indiquée pour le rôle. Toscanini répondit à Ghiringhelli par une insulte et lui enjoignit d'écrire à Maria Callas pour la prier de lui réserver les mois de juillet et août 1951.

Le 2 octobre 1950, Ghiringhelli écrivit à Maria la lettre suivante : « Chère madame, j'ai appris avec grand plaisir votre rencontre avec le maestro Arturo Toscanini et, comme on vous l'a déjà indiqué, vous prie de bien vouloir me confirmer votre accord pour les mois d'août à septembre de l'année prochaine. Si vous avez l'occasion de passer par Milan ces jours-ci, je vous prie de me le faire savoir, car je m'entretiendrais très volontiers avec vous.

« Veuillez accepter mes salutations les meilleures. Antonio Ghiringhelli. »

Je considère cette lettre comme un document très important. Il suffit de s'arrêter un instant sur le ton employé, pour comprendre que bien des choses avaient changé depuis que Toscanini avait parlé de la Callas. Six mois auparavant, Maria avait chanté dans le théâtre milanais, et Ghiringhelli s'était comporté avec elle comme un grossier personnage. Il était passé devant sa loge pour aller féliciter le baryton, et n'avait même pas daigné s'y arrêter un instant pour saluer celle qui débutait dans son théâtre. Mais dès lors que Toscanini s'intéressait à elle, il la priait de lui téléphoner car il se serait entretenu avec elle « très volontiers ».

Maria répondit à Ghiringhelli qu'elle se tenait à leur disposition pour la période indiquée. Elle débordait d'enthousiasme et de joie à l'idée de cet événement qui aurait certainement fait date. Tous les amis de Maria se réjouissaient. Mais, malheureusement, de mystérieuses difficultés intervinrent ensuite, et *Macbeth* ne fut jamais monté.

On n'a jamais su ce qui s'était passé. On a prétendu que *Macbeth* avait été abandonné à cause de la mauvaise santé de Toscanini, mais c'est faux.

Toscanini fut victime, tout comme Maria, d'une obscure machination.

Ghiringhelli, comme à son habitude, ne prit pas la peine de nous tenir au courant. Après la lettre du 2 octobre, nous ne reçûmes plus aucune nouvelle. Le 19 janvier 1951, Maria lui téléphona de Florence pour demander quelques informations, mais Ghiringhelli resta introuvable. Le lendemain, elle le rappela et réussit à lui parler. Ghiringhelli lui promit de lui écrire, mais la lettre n'arriva jamais.

Toscanini, alors en Amérique, continuait à réfléchir à *Macbeth*. Le 23 janvier 51, Stefanotti nous écrivait : « Le maestro Toscanini est toujours fermement décidé à venir à Busseto pour montrer *Macbeth*. En Amérique, où il se trouve en ce moment, il se tient informé des progrès de la façon dont cela s'organise. Malheureusement, certaines circonstances et divers malentendus avec la Scala en ont retardé la mise au point. Je vous expliquerai tout ceci beaucoup mieux lors de notre prochaine rencontre. »

Deux semaines plus tard, le 7 février, Stefanotti écrivait encore : « Le maestro, par l'entremise de son fils Walter et de sa fille, a envoyé une longue lettre pour savoir avec précision comment avançait la préparation de *Macbeth* prévu pour la commémoration de Busseto. Le financement en est assuré. De Milan, avec l'avocat Riboldi, nous avons télégraphié au maestro pour le rassurer sur ce point. Riboldi a ensuite, à la demande de Toscanini, envoyé une lettre contenant tous les détails sur les représentations du *Macbeth*, et l'assurance que l'opéra serait aussi retransmis à la radio. »

Malgré toutes ces promesses, ces échanges de lettres, ces interventions d'avocats, *Macbeth* ne fut pas monté.

Dans le milieu lyrique quelque envieux (de ceux qui s'étaient battus pour empêcher le projet d'aboutir) commença à faire courir le bruit que tout était tombé à l'eau parce que la voix de Maria Callas n'avait pas plu à Toscanini. On entendit les pires

Milan, 1956. Maria Callas embrasse son mari. « Avec moi, elle se montrait tendre et très affectueuse, même en public », écrit Meneghini. « Elle se tenait à mon côté, me prenait la main, avait pour moi mille petites attentions. Quand elle était loin, elle se lamentait, voulait revenir. Toutes ses lettres sont pleines de phrases comme celle-ci, qu'elle m'écrivit du Mexique en 1950 : « Je veux rentrer pour que tu me cajoles, comme toi seul sais le faire. Je te salue, mon âme, avec tout mon cœur, qui t'aime, te désire, t'estime, t'apprécie et te crie que tu es son dieu ».

Maria Callas et Luchino Visconti durant une répétition à la Scala.

insinuations. Si elle ne lui avait pas plu, Toscanini n'en aurait pas parlé à Ghiringhelli et ne l'aurait pas prié d'écrire cette lettre si cordiale. En outre, il existe un autre témoignage précieux. Quelques années plus tard, dans une longue lettre, Wally Toscanini m'écrivit que c'était elle qui avait poussé Ghiringhelli à prendre Maria Callas à la Scala. Il est clair que si Toscanini n'avait pas, en famille, exprimé un jugement plus que favorable sur la voix de Maria, Wally ne se serait pas donné tant de mal pour que Ghiringhelli la fît chanter à la Scala. Il est donc hors de doute que le jugement de Toscanini sur Maria Callas fut enthousiaste et déterminant quant à son entrée dans le théâtre milanais.

Les relations de Maria avec Toscanini restèrent très cordiales. Quelques mois après la rencontre de la via Durini, le maître nous fit signe pour nous recommander l'un de ses protégés, le compositeur Giancarlo Menotti. Ce musicien, quoique encore jeune, était déjà fort connu en Amérique. Toscanini l'appréciait et s'était occupé de faire représenter à la Scala l'un de ses opéras, *Le Consul*. Les débuts étaient prévus pour janvier 1951 et Toscanini désirait que le premier rôle féminin fût tenu par Maria. Celle-ci, cependant, ne voulut rien savoir. Elle connaissait Menotti, le portait en grande estime, avait même regardé l'œuvre qui allait être présentée à la Scala, mais ne se considérait pas faite pour cette musique. Elle assurait : « Je suis habituée à Norma, Isolde, Turandot, Traviata : tous des personnages du passé, enveloppés d'un halo romantique. Je ne me sens pas l'envie d'interpréter un personnage moderne, je ne serais pas à mon aise. » Et malgré les pressions de Toscanini, elle ne céda pas.

Une autre brève mais inoubliable rencontre avec Toscanini eut lieu le 19 septembre 1952, lors du dernier concert du maître à Milan. Maria s'était déjà imposée avec éclat, même à la Scala, Ghiringhelli en avait oublié son hostilité et son indifférence, pour devenir l'un de ses grands admirateurs.

A l'occasion de ce concert, le monde musical fut

en effervescence. Des réservations venues de l'Europe entière affluèrent. Dans l'espoir d'obtenir une place, des centaines de gens firent la queue toute la nuit devant le théâtre. Beaucoup s'évanouirent à force d'attendre dans l'angoisse. Nous fûmes invités par Ghiringhelli qui mit sa loge à notre disposition.

Le programme ne comprenait que des œuvres de Wagner, parmi lesquelles des passages de *Tristan*, de *La Walkyrie* et de *Parsifal*, œuvres que Maria connaissait à la perfection pour les avoir interprétées bien des fois. Je n'oublierai jamais l'émotion avec laquelle elle suivit ce concert. Elle s'agitait sur son siège, son visage changeait sans cesse d'expression, il était pénible d'être assis à côté d'elle. Quand le concert fut terminé, elle dit : « Il faut reconnaître qu'un chef comme " lui " il n'y en a pas d'autre, et il n'y en aura plus d'autre. » Elle alla le saluer dans sa loge. Toscanini était entouré d'amis et de quelques personnalités. Quand il aperçut Maria, il alla à sa rencontre. Il ne prononça pas un mot, mais lui prit les mains avec émotion.

Dans les années qui suivirent, Maria rencontra encore quelquefois le vieux chef d'orchestre. Fin novembre 1954, elle répétait à la Scala *La Vestale* de Spontini, dirigée par Antonino Votto et mise en scène par Luchino Visconti. Toscanini voulut assister à une répétition. Il se fit accompagner au théâtre et resta longtemps sur le plateau désert. Puis il demanda à parler à Maria. Une magnifique photo retrace cette rencontre historique : à côté du maître on voit Maria, Victor De Sabata, alors directeur artistique de la Scala, et Antonino Votto, chef de *La Vestale*. Tous bavardent et les trois hommes ont le regard posé sur Maria.

La dernière rencontre eut lieu quelques mois plus tard, en janvier 1955. A la Scala on préparait *Carmen*, dirigée par Herbert von Karajan. Toscanini avait demandé qu'on l'accompagne sur le plateau pour assister à une répétition. Maria, elle aussi, avait tenu à venir, et nous nous trouvâmes assis à côté du maître. Toscanini était sombre et nerveux. Il

160

échangea quelques phrases rapides avec Maria. Il suivait avec attention les répétitions qui ne semblaient pas à son goût. En fait, il ne cessait de bougonner, de pester, et n'arrivait pas à dissimuler son mécontentement. Il finit par se lever, et s'en fut en grognant. Arrivé chez lui, il soulagea sa hargne par l'une de ses célèbres colères et cassa verres et assiettes en les lançant contre les murs. Peu à peu il partit en Amérique et nous ne le revîmes plus.

CHAPITRE XII

COMMENT NAQUIT LA RIVALITÉ AVEC LA TEBALDI

Les premières rencontres au Brésil après que Maria eut été appelée à la Scala – L'amitié avec Erich Kleiber – Le triomphe au Mai musical – La Traviata dans le ton – Furieuse contre Barreto Pinto – La fuite précipitée de Rio de Janeiro

L'intérêt de Toscanini pour Maria Callas avait fait du bruit dans les milieux du théâtre. On susurrait ici et là des choses qui n'avaient rien à voir avec la réalité. Certains la minimisaient, et d'autres, par contre, lui donnaient beaucoup plus d'importance qu'elle n'en avait.

Tous savaient que Toscanini était un rouleau compresseur : quand il avait une idée en tête, personne ne pouvait plus l'arrêter. Donc, tous attendaient l'événement extraordinaire.

L'attitude de Toscanini encourageait les hypothèses les plus fantaisistes. D'Amérique, il continuait à envoyer des lettres à ses amis et parents pour savoir où en était l'organisation du *Macbeth* de Busseto. Il parlait de ce projet avec enthousiasme, et tous se demandaient ce qu'il avait bien pu trouver de si intéressant à la voix de Maria Callas pour se consacrer avec une telle passion à une œuvre qu'il n'avait jamais voulu diriger de toute sa longue carrière. Tous se demandaient aussi comment il était possible qu'une chanteuse qui éveillait tant d'intérêt chez Toscanini n'ait pas encore fait son apparition à la Scala. La faute en incombait à Antonio Ghiringhelli, directeur du théâtre milanais, et à ses collaborateurs, qui désormais ne pouvaient plus ignorer l'existence de Maria et son activité.

Après tant d'attente et tant d'amertume, Maria se trouvait dans une situation idéale pour faire son entrée dans le plus prestigieux théâtre lyrique du monde. Elle allait y arriver poussée par les événements, sans rien demander à personne.

Tandis que cette affaire se poursuivait, le travail de Maria tournait à plein rythme. Les contrats se succédaient. Tous les théâtres la réclamaient. Sa célébrité était désormais immense. Même les plus petites villes, les théâtres de province la demandaient. Personne ne discutait le cachet : ils étaient tous prêts à accepter n'importe quel chiffre pourvu qu'ils soient assurés de sa présence.

Le 22 septembre 1950, Maria partit chanter une *Tosca* à Salsomaggiore. Angelo Questa dirigeait, Rinaldo Pelizzoni et Giovanni Inghilleri chantaient avec Maria. Quelques jours plus tard, elle donna *Tosca* au Duse de Bologne, toujours dirigée par Angelo Questa, avec Roberto Tuvini, Rodolfo Azzolini, Giannetto Zini. De Bologne elle se rendit à Rome pour *Aïda* au théâtre de l'opéra. L'œuvre était dirigée par Vincenzo Bellezza et chantée par Mirto Picchi, Ebe Stignani, Raffaele De Falchi, Giulio Neri et Augusto Romani.

Les 7 et 8 octobre elle chanta *Tosca* à Pise. Le rôle de Cavaradossi était tenu par Galliano Masini, un ténor très célèbre, déjà âgé, mais dont la voix restait splendide. L'organisation du théâtre de Pise ne brillait pas par son efficacité. Les directeurs se débattaient avec de terribles problèmes financiers et n'avaient pas réussi à trouver l'argent nécessaire pour payer les artistes après le premier acte, comme il était de coutume à l'époque. Galliano Masini s'était alors enfermé dans sa loge et avait déclaré que si on ne lui donnait pas son cachet il refusait de chanter. L'entracte se prolongeait indéfiniment. Je dus, de ma poche, avancer la somme à Masini, sinon cette *Tosca* ne serait jamais arrivée jusqu'au final.

Après Pise, Maria regagna Rome pour *Le Turc en Italie*, de Rossini. Elle était heureuse d'interpréter un rôle différent de ceux qui composaient son répertoire habituel. Maria, une tragédienne née, se révéla encore une fois incomparable dans ce rôle brillant, et prouva qu'elle était une artiste complète, pleine de fantaisie, douée en tout. L'orchestre était dirigé par Gianandrea Gavazzeni, et aux côtés de Maria chantaient Mariano Stabile, Cesare Valletti, Sesto Bruscantini, Anna Maria Canali et Franco Calabrese. La mise en scène était assurée par Gerardo Guerrieri.

Le dernier engagement artistique de Maria, pour l'année 1950, fut le *Parsifal* chanté sous forme de concert les 20 et 21 novembre à la RAI de Rome, sous la direction de Vittorio Gui.

1951 fut une année essentielle pour la carrière de Maria. Elle débuta le 14 janvier par un triomphe, à Florence, avec une superbe *Traviata*, chantée par Francesco Albanese et Enzo Mascherini, sous la direction de Tullio Serafin. Toujours en janvier, Maria chanta à Naples dans *Le Trouvère*, aux côtés de Giacomo Lauro Volpi, encore sous la direction de Tullio Serafin. Puis elle alla à Palerme, où elle interpréta *Norma* dirigée par Franco Ghione, puis à Reggio de Calabre pour *Aïda* dirigée par le maestro De Cupolo, donna un nouveau concert à la RAI, avec Wolf Ferrari, *La Traviata* à Cagliari dirigée par Francesco Molinari Pradelli, un concert pour la Croix-Rouge à Trieste, et, en mai, partit à Florence pour *Les Vêpres siciliennes* de Verdi, et *Orphée et Eurydice*, de Haydn.

Comme je l'ai déjà dit, Francesco Siciliani fut parmi les premiers (du moins chez les directeurs de théâtres) à déceler les extraordinaires qualités artistiques de Maria et à l'employer dans des rôles qui lui convenaient à merveille. Après lui avoir fait chanter *Norma* en novembre 1948 au début de sa carrière, il avait programmé une série d'œuvres rarement exécutées par manque d'artistes capables de les interpréter, et qui firent beaucoup pour le prestige de Maria.

Pour la saison du Mai Musical Florentin de 1951, Siciliani avait mis au programme *Les Vêpres siciliennes*, de Verdi et *Orphée et Eurydice*, de Haydn, sous la direction d'Erich Kleiber, un chef de très grande renommée. Pour *Orphée et Eurydice*, il s'agissait je crois d'une grande première, car cette œuvre de Haydn n'avait jamais été portée à la scène.

La réalisation florentine fut accueillie avec un enthousiasme délirant, surtout par les passionnés de ce genre musical, accourus à Florence des quatre coins du monde. Je me rappelle l'enthousiasme et la passion d'un jeune Vénitien, Nicola Cipriani, alors étudiant en droit, qui connaissait toute l'œuvre de Haydn. Malgré ses moyens plus que modestes, il avait fait tout exprès le voyage de Venise pour assister à *Orphée*. Ce jeune homme est devenu un grand magistrat, et encore aujourd'hui, quand je le rencontre, il me parle de cette extraordinaire exécution d'*Orphée et Eurydice*.

Pendant les répétitions des *Vêpres siciliennes*, une grave querelle éclata entre Maria et Erich Kleiber. Un jour, Maria fut prise de l'envie de rentrer à Vérone pour passer le week-end dans notre maison. Le lundi matin devait se dérouler une répétition fort peu importante pour Maria, et nous avertîmes donc Francesco Siciliani que nous rentrerions à Florence le lundi après-midi ; nous le priâmes d'en informer Erich Kleiber. « Ne vous inquiétez pas, je m'en charge », assura Siciliani, mais il oublia.

Erich Kleiber était un chef d'orchestre précis et très tatillon. Le lundi matin, il fut contrarié de ne pas voir Maria aux répétitions. Il attendit un peu avant de commencer, puis, en grognant, il se résigna à travailler sans elle. Siciliani était présent et aurait dû intervenir mais je ne sais pour quelle raison il ne dit mot.

L'après-midi quand nous nous montrâmes, Kleiber se déchaîna contre Maria. Il ne faut pas oublier que celle-ci, très consciencieuse, arrivait toujours la première aux répétitions et ne manquait pour aucune raison. Se connaissant bien, elle disait : « Je ne veux recevoir d'observations de personne, car je ne veux exposer personne à une riposte foudroyante. »

Il semblait que Kleiber, ce jour-là, eût cherché à lui faire perdre patience à tout prix. Il commença à ironiser sur son absence aux répétitions de la matinée. Maria ne broncha pas. Elle se considérait non coupable car elle avait averti Siciliani et pensait que ce dernier, à son tour, avait prévenu Kleiber. Elle ne comprenait donc pas pourquoi le chef d'orchestre montait ainsi sur ses grands chevaux. Elle gardait la tête baissée, concentrée sur sa partition, ce qui irritait encore plus Kleiber.

Soudain, Erich Kleiber lança : « Il ne s'agit pas seulement de sensibilité et de conscience artistique, mais de bonne éducation. »

« Mon Dieu, nous y voilà », pensai-je. En effet, à ces mots Maria se détendit comme un ressort. Elle posa sa partition et, tournée vers Kleiber, avec calme mais une terrible détermination, elle dit : « Maintenan ça suffit. *Les Vêpres*, vous n'avez qu'à les chanter vous-même. » Elle sortit de la salle et rentra à l'hôtel.

La connaissant bien, je me rendis compte aussitôt que les choses tournaient mal. Siciliani était plus mort que vif. Il s'approcha de moi : « Je vous en prie, essayez de la calmer, de la raisonner » répétait-il.

Je la rejoignis à l'hôtel. « Maria, laisse tomber, retourne au théâtre », commençai-je.

« Je n'irai que si le maestro vient me présenter ses excuses, » répondit-elle.

« Je t'en prie, tu ne penses pas vraiment qu'un maestro renommé comme Kleiber vienne te demander pardon, » fis-je.

« Comment ? C'est lui qui m'a manqué de respect ;
donc il doit me présenter ses excuses, sinon, je rentre
à Vérone. »

Entre l'hôtel et le théâtre, cet après-midi-là ce fut
un perpétuel va-et-vient de gens qui venaient parlementer. On se donna toutes les peines du monde
pour tout arranger. Kleiber comprit qu'il avait
exagéré et fit ses excuses. Alors Maria retourna au
théâtre.

Le geste de Kleiber émut Maria ; elle appréciait
beaucoup les personnes capables de reconnaître
leurs erreurs. Deux jours plus tard, l'incident était
tout à fait oublié. Entre Erich Kleiber et Maria
naquit une entente parfaite qui se mua en une
merveilleuse amitié ; l'épouse de Kleiber et moi n'en
fûmes pas écartés. Tous quatre, nous devînmes des
inséparables. Toutes nos heures de liberté, nous les
passions ensemble. Parfois, Leopold Stokowski et
sa femme se joignaient à nous. Ce furent des
journées merveilleuses dont je me souviens encore
avec nostalgie.

Les Vêpres furent un triomphe. Cette fois-ci, le
succès de Maria se répercuta jusqu'à la Scala de
Milan. Ghiringhelli envoya un télégramme de félicitations dans lequel il annonçait sa visite à Florence
pour rencontrer Maria.

Sans doute Ghiringhelli s'attendait-il à ce que nous
nous jetions à ses pieds dès son arrivée. Bien au
contraire, j'eus tout le mal du monde à convaincre
Maria de lui fixer un rendez-vous. Il y eut nombre
de coups de téléphone et d'incessants échanges de
télégrammes. Finalement, la rencontre fut fixée au
2 juin, après la troisième représentation des *Vêpres*.
Ghiringhelli écouta l'opéra, puis rejoignit Maria
dans sa loge. Il lui fit beaucoup de compliments et
lui proposa d'ouvrir la saison à la Scala, le
7 décembre, avec ce même opéra de Verdi. Maria
le remercia, déclara que la proposition l'intéressait
et promit de donner sa réponse le lendemain.

Maria fut ravie d'accepter l'offre de Ghiringhelli.
Quoique le contrat ne fût pas encore signé, la

nouvelle se répandit dans le monde musical. Beaucoup se réjouirent, d'autres pas. Dans les milieux lyriques, il y a beaucoup d'intérêts cachés, et peu à défendre en plein jour. Ceux qui protégeaient d'autres chanteurs ressentaient l'arrivée de Maria à la Scala comme une grave menace. Commencèrent alors les commérages, les intrigues, les chuchotements, les petites querelles de clocher. Le premier résultat de ces manœuvres fut l'apparition d'une rivalité exacerbée entre Maria Callas et Renata Tebaldi qui, à la Scala, était alors la « reine ». Plus encore qu'entre les deux chanteuses, les rivalités surgirent entre leurs admirateurs, à qui il arrivait de s'abandonner à des actes de fanatisme. Il est certain, pourtant, que la Callas et la Tebaldi furent aussi impliquées en diverses occasions dans les intrigues des fanatiques, et agirent en conséquence. C'est ainsi que naquit la fameuse « guerre Callas-Tebaldi », qui fit, pendant une décennie, couler beaucoup d'encre dans les journaux d'une bonne partie du monde, et dont on parle encore.

A ce sujet, il y aurait beaucoup à écrire et à raconter. Mais je ne veux rapporter pour l'instant que les premières escarmouches de cette « guerre », survenues pendant la tournée au Brésil, en septembre 1951, trois mois avant que Maria ne débute officiellement à la Scala.

Le contrat de la Callas pour cette tournée prévoyait huit représentations de divers opéras à São Paulo et Rio de Janeiro. La compagnie de chant, dirigée par les chefs Tullio Serafin et Antonio Votto était composée d'artistes jeunes mais connus : Maria Callas, Renata Tebaldi, Giuseppe Di Stefano, Mirto Picchi, Nicola Rossi Lemeni, Fedora Barbieri, Titto Gobbi, Elena Nicolai, Boris Christoff, Gianni Poggi et d'autres encore.

La tournée était organisée par un certain Barreto Pinto, un homme très connu au Brésil, membre de l'une des cinq familles les plus riches du pays qui faisaient beaucoup de politique. Physiquement, Barreto Pinto était presque repoussant : petit, édenté, la tête enfoncée dans les épaules, il donnait l'impression d'être toujours sale. Assis, on aurait dit une grenouille. Il dirigeait plusieurs théâtres brésiliens et organisait les saisons lyriques en dictateur, selon ses humeurs. Les programmes subissaient des changements incessants. C'était lui qui choisissait les œuvres et les interprètes. Il lui arrivait de décider au dernier moment, et personne n'osait le contredire.

Un jour, le programme annonçait *La Traviata*, dirigée par Antonino Votto, chef de renommée déjà internationale. Peu avant le spectacle, deux de ses amis étaient arrivés et comme la salle était comble il les installa dans la loge de Barreto Pinto. Arriva alors le directeur qui, voyant sa loge occupée, commença à pester contre les deux malheureux et Antonino Votto. Ce dernier chercha à s'expliquer, mais Barreto Pinto ne le laissa pas placer un mot. Soudain Votto perdit patience et se mit à hurler lui aussi. Alors Baretto Pinto lui dit : « Vous êtes licencié, partez. » Il appela un remplaçant, le Véronais Gaioni, et lui déclara : « Prends la baguette et va diriger ». Et Gaioni dut obéir.

C'était Barreto Pinto, et tous devaient le supporter.

Avec ces méthodes on ne pouvait obtenir d'exceptionnels résultats artistiques, mais le public brésilien aimait beaucoup l'opéra et ne se montrait pas trop exigeant. A chaque représentation, les théâtres affichaient complet.

La Callas et la Tebaldi chantaient les mêmes œuvres, en alternance. Pour *La Traviata*, par exemple, une représentation était assurée par la Tebaldi, et la suivante par la Callas. Ainsi, le public pouvait admirer deux merveilleuses interprétations tout à fait différentes, qui ne manquaient pas de susciter des disputes enflammées entre les *fans* de l'une et de l'autre chanteuses.

L'une des admiratrices les plus inconditionnelles de Maria Callas était Elena Rakowska, l'épouse de Tullio Serafin. Ce dernier, sage et pondéré, tout en admirant Maria n'en admirait pas moins la Tebaldi.

169

Dans les discussions avec son épouse, il savait apprécier les mérites de l'une et de l'autre. La Rakowska, impulsive et pas diplomate pour deux sous, criait bien haut son admiration pour la seule Maria.

« Elles ont des voix différentes et des répertoires différents », répétait Serafin à sa femme. « Il est absurde de comparer.

– C'est vrai », répondait Elena Rakowska. « Mais il existe pourtant une petite différence : Maria peut chanter sans problème le répertoire de la Tebaldi, tandis que la Tebaldi ne pourra jamais interpréter certains opéras que chante Maria. »

Quand les discussions tournaient à la dispute, presque à la rixe, la fougeuse Rakowska coupait court. Elle lançait un regard de commisération à son mari et concluait : « Inutile de parler avec toi : tu ne comprends vraiment rien au chant. » Le brave Serafin souriait sans mot dire.

Ces discussions se firent plus fréquentes et plus enflammées quand la Tebaldi et la Callas commencèrent à chanter *La Traviata* en alternance. Toutes deux remportaient chaque soir un succès retentissant. Serafin était content. Un soir, tandis qu'après le spectacle, il dînait avec d'autres artistes, il dit à sa femme : « Tu vois : ce sont deux voix différentes et toutes deux parviennent à transporter de plaisir le public.

– Ne dis pas de bêtises », répliqua Elena Rakowska. « Si tu étais un homme d'honneur, avant le début de la représentation de Maria tu devrais avoir le courage de te tourner vers les spectateurs et d'annoncer : " Messieurs, Mesdames, ce soir *La Traviata* est chantée dans le ton. " Mais, malheureusement, tu n'es qu'un lâche et ne trouveras jamais le courage de le faire ; ainsi personne ne pourra jamais savoir qui chante vraiment *La Traviata* ni comment elle a été écrite. »

L'attaque était plutôt violente et quelqu'un la rapporta sans doute à la Tebaldi, qui le prit mal. Les jours suivants, Maria et moi constatâmes que celle-ci nous traitait avec froideur, presque avec hostilité, mais nous n'en fîmes pas grand cas. Le 14 septembre, pourtant, à l'occasion d'un concert, le comportement de Renata nous laissa perplexes. Au dernier moment, comme toujours, Barreto Pinto avait demandé aux chanteurs de participer à un concert de bienfaisance. Tous acceptèrent, mais décidèrent d'un commun accord de ne chanter qu'un air chacun et de ne donner aucun bis.

Si je me souviens bien, ce fut la Tebaldi qui lança cette proposition, que tous acceptèrent.

Le concert se déroula normalement, selon les décisions prises, jusqu'à ce que vienne le tour de Tebaldi. Après avoir exécuté l'« Ave Maria » d'*Othello*, Renata Tebaldi, bissée par le public, au lieu de se retirer comme tous ses partenaires, attaqua l'air d'*André Chénier* puis, un troisième, le « Vissi d'arte » de *La Tosca*. Il était clair qu'elle avait préparé ce « mauvais tour » avec soin. Les autres chanteurs et Maria avec eux, en restèrent mortifiés et furieux.

Au cours du repas qui suivit le concert, une violente dispute s'éleva entre la Tebaldi et ma femme, au sujet de la Scala cette fois-ci. La Tebaldi se lamentait, affirmant qu'elle ne s'y était jamais trouvée à son aise, et cherchait par tous les moyens à monter Maria contre le théâtre milanais.

Vers la fin septembre survint l'incident de *La Tosca*, Maria devait donner encore une représentation de cette œuvre à Rio de Janeiro, tandis que la Tebaldi se trouvait à São Paulo pour *André Chénier*. La première de *Tosca* se passa bien. Il y eut bien un ou deux contestataires, vite calmés par les autres spectateurs. Le lendemain, pourtant, le bruit courait au théâtre que Maria serait remplacée par la Tebaldi. On finit même par apprendre que celle-ci, juste avant de partir pour São Paulo, avait commandé les costumes pour chanter *Tosca*. « Ce sont des ragots stupides », disait Maria, qui refusait d'y prêter attention.

Le matin de la seconde représentation de *Tosca*,

Maria et moi sortîmes de l'hôtel et, en passant près du théâtre, nous arrêtâmes pour lire l'affiche qu'avait fait placer Barreto Pinto. « Voyons qui chantera avec toi ce soir », dis-je à Maria. C'est avec stupeur que nous découvrîmes qu'on l'avait remplacée. Maria, incrédule, lut l'affiche où n'apparaissait pas son nom et, après un moment de silence, déclara : « Allons voir Barreto Pinto.»

D'un pas de walkyrie, elle se dirigea vers le bureau du directeur. Je me dépêchai de la suivre. A la voir ainsi, le menton levé, partir au pas de charge, je compris que tout pouvait arriver.

Maria entra, tout droit, sans frapper, dans le bureau de Barreto Pinto. A l'intérieur se trouvaient d'autres artistes, parmi lesquels, il me semble, Elena Nicolai. Barreto était assis à sa table de travail. Maria lui demanda : « Dis-moi, comment se fait-il que tu m'aies remplacée ?

– Parce que l'autre soir tu as été mauvaise », répondit Barreto.

« Ah oui, d'après toi j'ai été mauvaise ? » répliqua Maria, furieuse. Sur le bureau reposait un grand encrier de bronze, avec un porte-papier incorporé. Il pesait une bonne dizaine de kilos. Maria s'en empara et, le brandissant, elle dit :

« Répète, si tu as le courage, et je te défonce le crâne. »

Ses yeux lançaient des éclairs. De toute sa personne se dégageait une force déchaînée. Je ne l'avais jamais vue aussi furieuse. Je me précipitai pour la retenir. Les personnes présentes intervinrent aussi, et firent de leur mieux pour l'immobiliser. Barreto Pinto, terrorisé, s'était effondré dans son fauteuil. Maria continuait à lui jeter à la figure les épithètes les plus insultantes. Quand Barreto se rendit compte que nous avions réussi à lui faire lâcher l'encrier, il dit :

« Maintenant j'appelle la police et je te fais arrêter pour menaces. »

Il n'eut pas plutôt prononcé cette phrase que d'une secousse Maria se libéra de notre emprise et se jeta

172

sur lui, le gratifiant d'un coup de genou à l'estomac. Un vrai coup mortel. Maria, à l'époque, pesait plus de quatre-vingt dix kilos, avait vingt-huit ans et une force de taurillon. Barreto Pinto poussa un gémissement, puis je le vis fermer yeux et se plier en deux. « Mon Dieu, il rend son dernier souffle, nous sommes perdus », pensai-je. Je priai les autres de secourir le malheureux, empoignai Maria par le bras et nous nous enfuimes à l'hôtel.

La situation était grave. Barreto Pinto avait beaucoup d'amis au gouvernement, et pouvait nous faire arrêter sans que personne puisse l'en empêcher. J'étais très soucieux. Maria, par contre, avait retrouvé tout son calme. Elle fredonnait en passant d'une pièce à l'autre, très satisfaite de son exploit.

« Tu ne crois pas que tu as été un peu loin ? » lui demandai-je.

« Je regrette seulement de ne pas lui avoir brisé le crâne », répondit-elle avec un éclat de rire. « Je n'aime pas cet homme et ne chanterai jamais plus dans ce pays. »

Tout de suite après midi, la réception nous avertit qu'une personne demandait à nous parler.

« Ça y est » déclarai-je à Maria. « C'est la police. Je t'en prie, sois gentille, n'ouvre pas la bouche. Laisse-moi parler ».

Je fis monter la personne en question. Ce n'était pas un policier, mais un envoyé de Barreto Pinto. Il apportait dans une enveloppe le montant des cachets de Maria, y compris ceux des représentations qui n'avaient pas encore eu lieu ; dans une autre, les billets d'avion pour l'Italie.

« L'avion part dans deux heures » annonça-t-il, « Barreto Pinto a déjà réservé les places. Une voiture vous attend devant l'hôtel pour vous emmener à l'aéroport. Barreto Pinto demande si l'on doit vous en envoyer une autre pour les bagages.

– Certainement », fit Maria.

« Nous vous l'envoyons tout de suite », assura le monsieur.

Nous fîmes nos valises en vitesse. Deux heures

plus tard, nous quittâmes le Brésil pour ne plus jamais y revenir.

Ces incidents furent sans aucun doute provoqués par le despotisme et le mauvais caractère de Barreto Pinto. Mais je suis convaincu que si Maria avait fait cette tournée sans Renata Tebaldi, tout se serait passé au mieux, comme d'habitude. Cette rivalité naissante entre les deux grandes artistes provoquait des haines irréductibles dans le milieu théâtral et entraînait des conséquences parfois imprévisibles. Ce qui survint au Brésil en ce mois de septembre 1951 ne fut qu'un début.

CHAPITRE XIII

LA CONQUÊTE DE LA SCALA

Après avoir fait barrage à ma femme pendant quatre ans, Ghiringhelli se vit contraint de la supplier pour qu'elle inaugure la saison – Les rencontres secrètes à Florence et à Vérone – Les conditions de Maria – Une Traviata *payée pour rien*

Le 7 décembre 1951, Maria Callas ouvrit la saison de la Scala avec le premier rôle des *Vêpres siciliennes,* dirigées par Victor De Sabata. Ce fut un triomphe. Les journaux écrivirent que Maria avait donné là une interprétation historique. C'est ainsi que commença sa collaboration avec le théâtre milanais, une collaboration intense et mémorable qui se poursuivit pendant dix ans au cours desquels elle chanta sur cette scène cent quatre-vingt-une fois, dans vingt-trois rôles différents, donnant ses meilleures interprétations et contribuant beaucoup au prestige de la Scala dans le monde.

L'arrivée de Maria à la Scala a fait couler beaucoup d'encre. Tous les livres et les innombrables articles de journaux consacrés au sujet racontent comment le théâtre milanais alla chercher la Callas en province pour la lancer dans le grand monde de l'opéra ; et ce lancement, on l'attribue en grande partie au génie et à l'habileté d'Antonio Ghiringhelli, le directeur tant adulé de la Scala. Cette version des faits ne correspond pas à la réalité. La vérité est très différente et sera rétablie, même si elle doit déplaire à bon nombre de gens.

Maria conquit la Scala toute seule, en s'imposant grâce à son art et à sa personnalité, en dépit de Ghiringhelli qui refusait de l'accueillir. « Ghiringhelli ne voulait pas entendre parler de moi », écrivit Maria en 1958. « Beaucoup de gens me l'ont raconté et lui-même l'a confirmé. »

Antonio Ghiringhelli fut directeur de la Scala pendant vingt-sept ans, de 1945 à 1972, puis dut se retirer pour raisons de santé. Il consacra sa vie à ce théâtre. L'époque où il le dirigea fut si brillante qu'on la désigne encore comme « l'époque de la Scala de Ghiringhelli ».

Bien sûr, Antonio Ghiringhelli fit beaucoup pour le théâtre milanais. Il en prit la direction tout de suite après la guerre, alors qu'il n'en restait plus qu'un tas de décombres. En un temps record il en organisa la reconstruction et contribua à étendre son rayonnement au maximum. Tout cela est vrai, mais, à mon avis, le mérite n'en revient pas au seul Ghiringhelli. Les grands artistes qui passèrent entre ses mains y furent pour beaucoup.

Je me suis lié d'amitié avec Ghiringhelli, j'ai collaboré avec lui à l'époque où Maria chantait à la Scala, nous nous tutoyions, sortions dîner ensemble : je l'ai bien connu. Il savait à la perfection, avec froideur et habileté, exploiter les talents et les situations. Son plus grand don restait encore de toujours savoir d'où venait le vent et de se jeter à corps perdu dans cette direction. « Ghiringhelli, » écrivit Maria en 1958, « s'il a besoin de vous, devient le plus dévoué des lèche-bottes ; dans le cas contraire, il vous jette sans la moindre pitié. Si les artistes qui sont passés par la Scala dans les années d'après-guerre avaient le courage de parler, que n'apprendrait-on pas ! »

Maria a brossé là un portrait sévère mais très juste de Ghiringhelli. Ce dernier tenta d'adopter cette même attitude avec elle, oubliant son étonnante force de caractère.

Après lui avoir fait barrage pendant des années, il chercha à la conquérir par toutes sortes de cajoleries, mais se heurta à un roc. Dès l'arrivée de Maria à la Scala, une terrible bagarre éclata entre eux, une bagarre où le directeur eut le dessous et se vit contraint à nous verser une grosse somme d'argent.

En musique, Ghiringhelli ne connaissait pas grand-chose. Un critique connu dit un jour qu'il ne savait distinguer un baryton d'une basse. Je crois d'ailleurs qu'il n'a jamais assisté du début à la fin à un opéra. Il venait d'une famille d'industriels du cuir et, à la Scala, il continua à travailler selon les méthodes d'un chef d'entreprise. Sa culture artistique était inexistante. Un soir, après un spectacle de Maria à la Scala, Ghiringhelli vint chez moi avec Giuseppe Saragat. Nous bavardâmes un bon moment. Saragat admirait ma maison et surtout mes tableaux. Il était émerveillé par une grande toile exposée au salon.

« C'est un Titien », dit Saragat en s'approchant pour mieux le regarder.

« Oui, c'est un Titien », affirmai-je. « Il représente Acteon découvrant Diane et ses suivantes au bain. »

Ghiringhelli, qui n'avait pas bien saisi le nom, dit : « Je ne savais pas que Titien aussi s'était intéressé à Pollion. »

Ses seules bribes de culture lui venaient des personnages des œuvres lyriques. Devant un tableau de Hayez, qui représentait une belle femme du XVIIIe, il me demanda :

« C'est le portrait de la Malibran ? »

Il dirigeait la Scala en dictateur. Ses collaborateurs tremblaient devant lui. Ils l'appelaient « Il tenno » (l'empereur). Ghiringhelli n'avait ni estime ni respect pour ceux qui travaillaient avec lui. Dans les lettres à Maria, il répétait souvent : « Maria, à nous deux nous sommes la Scala : les autres ne comptent pas. »

Même son admiration pour Maria fut plutôt une question d'intérêt que d'estime. Ghiringhelli décida d'ouvrir les portes de la Scala à Maria quand il comprit que la Callas lui servirait. Alors il n'hésita pas à sacrifier ses protégés pour lesquels il avait fait jusque là barrage à Maria.

La première et véritable rencontre entre Maria et Ghiringhelli se déroula le 2 juin 1951, au Comunale de Florence. Ghiringhelli arriva muni d'un programme des plus détaillés, un programme à long terme auquel il avait déjà travaillé. Il avait décidé de ne plus faire barrage à Maria, et de prendre enfin son parti.

Jusque-là, nous avions rencontré Ghiringhelli en diverses occasions, et il s'était toujours montré malpoli avec Maria, ne daignant même pas la saluer. En septembre 1947, lors de la première audition de Maria à la Scala, Ghiringhelli ne se montra pas. Nous étions pourtant recommandés par le grand Antonio Guarnieri, mais il s'en moquait.

En octobre 1949, de passage à Milan, Maria et moi nous arrêtâmes pour dîner avec Tullio Serafin au Biffi Scala. Ghiringhelli entra, et ne salua que Serafin. Ces deux-là ne s'entendaient pas. Serafin avait été directeur artistique de la Scala tout de suite après la reconstruction. Je ne sais pour quelle raison il avait abandonné cette charge – il ne m'en parla jamais – mais d'après ce que j'ai pu comprendre, il ne s'accordait pas avec Ghiringhelli. En fait, il ne dirigea plus à la Scala tant qu'il n'y revint pas avec Maria.

Tullio Serafin n'était donc pas très tendre avec Ghiringhelli. Dans la conversation, il ne se privait jamais de lui envoyer des piques. Ce soir-là, pourtant, il chercha à se montrer aimable pour mettre la discussion sur Maria ; mais Ghiringhelli continuait à feindre de ne pas comprendre.

Au bout d'un moment, Serafin lui dit : « Vous avez sans doute entendu parler des triomphes historiques que nous avons remportés en Argentine avec *Norma* ? »

C'était un argument qui ne plaisait guère à Ghiringhelli. L'année précédente, il avait monté à la Scala une *Norma* qui s'était avérée un vrai désastre : il avait remplacé trois sopranos et trois ténors sans toutefois réussir à obtenir un spectacle présentable. Piqué au vif il répondit :

« Monter une *Norma* n'est pas aussi difficile qu'on le pense. Ne croyez-vous pas que la Scala puisse se permettre d'en présenter une sensationnelle dès qu'elle le veut ? D'ailleurs, j'ai l'intention d'en donner une qui fasse date.

– Vraiment ? » fit Serafin. « Et comment cela ? »

Serafin était un petit bonhomme au physique insignifiant. Il portait le chapeau sur l'oreille, était affligé d'un « tic » qui lui faisait faire une étrange grimace, et parlait peu mais toujours par phrases incisives. Il considérait maintenant Ghiringhelli avec un petit sourire ironique.

« Vous doutez peut-être que la Scala, le plus grand théâtre du monde, soit capable de monter une *Norma* prestigieuse ? » poursuivit Ghiringhelli.

« Je vous en prie, ce n'est pas ce que j'ai dit », répondit Serafin.

Après un bref silence il ajouta :

« Je suis de Rottanova di Cavarzere, dans la province de Venise. Chez moi, on prépare un plat délicieux : " le risotto à la pilote ". Vous savez ce qu'il faut pour faire le " risotto à la pilote " ?

– Quoi donc ? » demanda Ghiringhelli qui n'arrivait pas à comprendre le rapport entre le risotto et *Norma*.

« Le riz », répondit Serafin d'un ton sec.

Puis, se tournant vers Maria :

« Seule cette chanteuse est capable d'interpréter *Norma*. »

Ghiringhelli, sans même accorder un regard à Maria, déclara :

« L'année prochaine, je vous ferai voir, moi, quelle *Norma* saura monter la Scala ! »

Ghiringhelli ne pensait pas que cette « grandiose » *Norma* à la Scala, il ne la réaliserait qu'en 1952, avec la « recette » que lui avait indiquée Serafin.

En avril 1950, Maria chanta *Aïda* à la Scala, pour remplacer Renata Tebaldi, malade. Dans une interview donnée quelques années avant sa mort, Ghiringhelli affirme qu'en cette occasion il vit beaucoup Maria, et l'emmena dîner après la représentation. C'est faux. Cette fois encore il refusa de la rencontrer. Comme je l'ai déjà dit, il se rendit, au cours d'un entracte, dans la loge voisine de celle de ma femme, sans même s'arrêter pour saluer la chanteuse qui débutait dans son théâtre.

Au cours de l'été 1950, Maria, de retour de sa grande tournée au Mexique, avait décidé de s'accorder une période de repos à la maison. Tous les soirs nous allions à l'Arena, puis dînions dans les restaurants de la ville, comme deux touristes.

Un soir, nous avions invité Helvira De Hidalgo, le premier professeur de Maria. Après le spectacle, nous allâmes dîner piazza Bra, dans un restaurant en plein air fréquenté par les artistes et les passionnés d'opéra. Maria était déjà fort connue. Les gens défilaient pour venir la saluer. Ce soir-là, la présence de la De Hidalgo accrut encore le nombre des admirateurs. Nous étions entourés de journalistes et de photographes. Bientôt, à deux tables de là vint s'asseoir Antonio Ghiringhelli avec quelques amis. Il se rendit compte tout de suite de la présence de Maria et de la Hidalgo, à cause du continuel va-et-vient autour de notre table, mais il feignit de ne rien voir. La Hidalgo dit à Maria :

« Je savais qu'il était malpoli, mais pas à ce point là. »

En 1951, à vingt-huit ans, Maria était désormais une chanteuse plus que confirmée. Ell avait triomphé dans tous les théâtres d'Italie, à Milan excepté, où elle n'avait presque jamais chanté. C'était la reine de l'Opéra de Rome, du San Carlo de Naples, du Comunale de Florence, sans parler de la Fenice de Venise, où tous l'adoraient. Toscanini l'avait remarquée et avait voulu monter le *Macbeth* avec elle. Tout ceci laissait entendre à Ghiringhelli que la Callas devenait une grosse affaire artistique. Ou il fallait se ranger de son côté, ou l'on risquait d'être rejeté par le milieu lyrique. Ghiringhelli comprit qu'en prenant le parti de la Callas, il augmenterait son prestige. Il décida donc de « larguer » ceux qu'il avait soutenus jusque-là et courut se « prosterner » aux pieds de Maria.

Le verbe « prosterner » n'est pas exagéré, au contraire, il révèle tout à fait comment Ghiringhelli approcha la Callas. En mai 1951, ma femme et moi nous trouvions à Florence. Maria chantait dans *Les Vêpres siciliennes*, dirigées par Kleiber. Ghiringhelli téléphona pour demander un rendez-vous. Maria avait mille choses à faire, et cette rencontre ne fut pas facile à organiser. On échangea télégrammes et coups de téléphone et, enfin, on parvint à se décider pour le 2 juin.

Après le spectacle, Ghiringhelli alla trouver Maria et lui proposa d'ouvrir la saison de la Scala, en décembre, avec *Les Vêpres*, dirigées par Victor De Sabata. Il proposa encore trois œuvres pour la saison 1951-52 : *Norma, L'Enlèvement au sérail* et *Don Carlos*.

A cette époque, Maria s'était taillé une grande réputation comme interprète de *Norma*. Elle n'avait pratiquement pas de rivale dans ce rôle. Pourtant, elle se savait aussi la meilleure dans *La Traviata* et voulait se présenter à la Scala avec cet opéra.

La Traviata est une œuvre qui fascine toutes les chanteuses, mais qui est très difficile. Pour bien l'exécuter, il faudrait trois voix différentes. Même la Tebaldi, la rivale directe de Maria, avait présenté à la Scala une *Traviata* qui n'était pas tout à fait réussie. Il était donc évident que la Callas désirait s'imposer à Milan avec cette œuvre-là.

Ghiringhelli, qui jusque-là avait protégé la Tebaldi, ne pouvait offrir à la Callas l'œuvre dans laquelle Renata ne s'était pas montrée tout à fait à la hauteur. Il déclara donc qu'il n'était pas question de monter

La Traviata. Maria répondit qu'elle y tenait énormément : elle était prête à la chanter après *Les Vêpres* à la place de *Norma*. Sans *La Traviata*, l'offre d'ouvrir la saison à la Scala ne lui souriait guère. Ghiringhelli laissa planer quelque espoir. Nous nous quittâmes avec l'intention de nous voir quelques jours plus tard à Vérone.

Cette deuxième rencontre n'eut pas lieu. Le 23 juillet, Ghiringhelli envoya cet exprès : « Chère madame Callas, j'aurais beaucoup aimé pouvoir vous rencontrer à Vérone, mais les tâches que j'ai dû remplir ces derniers jours, dont aucune ne pouvait être repoussée, m'en ont empêché.

« Je compte néanmoins vous rendre visite pour reprendre où nous l'avions laissée notre conversation de Florence. En attendant, toutefois, pour éviter tout malentendu sur le contenu de votre futur programme d'activité, je tiens à vous préciser que la Scala voudrait vous avoir : du 20 novembre au 26 décembre pour cinq représentations des *Vêpres siciliennes* (œuvre d'ouverture de la saison) ; du 3 janvier au 2 février pour cinq représentations de *Norma* et éventuellement le 10 février pour une sixième représentation ; du 8 mai au 1er juin pour quatre représentations de *Don Carlos* ou d'un autre opéra de votre répertoire, à choisir d'un commun accord, au cas où des difficultés interviendraient dans la formation de la troupe devant interpréter cette œuvre.

« Soyez assez aimable, chère madame, pour me donner votre accord définitif, pour que je fasse préparer par l'Administration les contrats correspondants.

« Je suis heureux de penser que la saison prochaine vous connaîtrez, enfin, dans notre théâtre, toutes les satisfactions artistiques que vous méritez.

« Veuillez recevoir, ainsi que Monsieur votre mari, mes plus vives et cordiales salutations. Antonio Ghiringhelli ».

L'importance de cette lettre réside dans les dernières lignes. Ghiringhelli avoue être heureux qu'« enfin » la Callas puisse chanter à la Scala, oubliant qu'un an plus tôt elle était déjà venue dans le théâtre milanais sans qu'il ait même daigné venir la saluer.

Maria répondit que les dates indiquées lui convenaient très bien, mais insista encore pour chanter *La Traviata*. En juillet, nous partîmes pour le Mexique. En août, nous allâmes au Brésil et revînmes à Vérone fin septembre.

Le 2 octobre, sans même s'annoncer par téléphone, Ghiringhelli vint nous trouver. Vers seize heures, cet après-midi là, Maria et moi nous trouvions dans notre salon. Je lisais, elle travaillait au piano. La sonnette retentit. Matilde, notre bonne, vint nous avertir que trois messieurs demandaient à parler à Maria et elle nous tendit une carte de visite : c'était celle de Ghiringhelli. Il était accompagné de Luigi Oldani, secrétaire général de la Scala et d'un avocat. Ils venaient fixer les termes du contrat.

Ghiringhelli entama la conversation en parlant des rémunérations, mais Maria l'interrompit aussitôt.

« Je suis flattée par vos propositions », déclarat-elle. « La Scala est un objectif qui entre dans mon programme mais sans *La Traviata* elle ne m'intéresse pas, du moins pour la saison prochaine. Donc, avant d'aborder d'autres problèmes éclaircissons la question de *La Traviata*. »

Ghiringhelli resta ébahi. C'était sans doute la première fois qu'un artiste soulevait des objections aussi précises alors qu'on lui proposait d'inaugurer la saison de la Scala. L'attitude de Maria dut lui sembler inouïe mais aussi lui révéler que cette chanteuse n'était pas du genre à plaisanter.

Après un moment de silence, il renoua le fil de la conversation pour essayer de convaincre Maria d'oublier *La Traviata*. Oldani intervint lui aussi, plus persuasif. Maria écoutait, tranquille, sereine. Quand ils eurent tous deux épuisé tous leurs arguments pour lui démontrer que leur offre était une occasion à saisir même sans *La Traviata,* Maria dit :

« Bon, puisque l'on ne peut pas monter *La Traviata,* nous reprendrons cette conversation l'année prochaine. Je sais que beaucoup de travail vous attend à Milan, et ne veux donc pas vous faire perdre plus de temps. »

Elle se leva. Les trois visiteurs, confus et incrédules, la suivirent jusqu'à la porte. Ils saluèrent en bredouillant et sortirent. Une fois seuls, je dis à Maria :

« Je crois que tu as eu tort de laisser perdre cette occasion. »

Elle répondit :

« A la Scala, j'entends agir selon mon bon vouloir. »

Elle se rassit au piano et recommença à travailler. Au bout de dix minutes à peine, la sonnette retentit à nouveau. C'était Ghiringhelli et ses deux collaborateurs.

« Nous avons réfléchi, annonça le directeur. Nous tenons à ce que vous inauguriez la saison de notre théâtre milanais, nous essaierons donc de faire tout ce qui est en notre pouvoir pour monter aussi *La Traviata.* »

Tout le monde s'assit et l'on recommença à parler du contrat.

Fin novembre, nous partîmes à Milan pour les répétitions des *Vêpres.* Maria était toujours obsédée par *La Traviata* et demandait sans cesse des précisions. Ghiringhelli disait qu'il se heurtait à des difficultés, mais qu'il travaillait à les surmonter.

A la première des *Vêpres,* le tout-Milan était là. Des admirateurs et des connaisseurs étaient arrivés de tous les pays d'Europe et aussi d'Amérique. Le succès fut fracassant, les applaudissements délirants, les critiques enthousiastes. Le plus autorisé des critiques, Franco Abbiati, écrivit dans le *Corriere della Sera :* « Elle n'a pas tremblé, la gorge miraculeuse de Maria Meneghini Callas, avec sa prodigieuse extension et ses sonorités – surtout dans le registre grave et moyen – d'une beauté phosphorescente et d'une souplesse, d'une mécanique plus unique que rare. »

Le triomphe de Maria se renouvela chaque soir tout au long des sept représentations. Elle était devenue la nouvelle reine de la Scala.

Ghiringhelli pensait que ces succès avaient dû la combler et qu'elle en avait oublié *La Traviata*. Mais il se trompait. Vers la fin décembre, Maria remit la question sur le tapis, et obtint du directeur les mêmes réponses évasives. Début janvier 1952, nous devions partir à Florence, pour *Les Puritains*. Maria me dit :

« Ghiringhelli pense me jouer un bon tour avec *La Traviata*, mais il s'en repentira. S'il ne règle pas le problème, je ne chanterai pas *Norma*, dans deux semaines. Écris-lui pour le prévenir. »

J'envoyai aussitôt une lettre recommandée à Ghiringhelli lui déclarant que Maria voulait le voir pour « discuter le problème de *La Traviata*, problème qui, s'il n'était pas résolu, compromettrait sans le moindre doute toutes les représentations de la saison en cours, car toutes avaient été acceptées à la condition expresse qu'on jouerait *La Traviata* ».

A la lecture de cette lettre, Ghiringhelli dut comprendre que les choses tournaient mal. Toutefois il ne capitula pas et tenta de résoudre la question, comme d'habitude, de façon paternaliste. Le 9 janvier, à Florence, il envoya à Maria le télégramme suivant : « Je vous confirme les répétitions de *Norma* avec l'orchestre à quatorze heures vendredi 11. Bien cordialement. »

Je répondis par un autre télégramme : « Navré que ma lettre recommandée du 5 courant soit demeurée sans réponse. Je vous informe que ma femme ne participera à aucune représentation de *Norma*. »

Ghiringhelli prit peur Il expédia aussitôt un nouveau télégramme : « J'espère que mon exprès est déjà arrivé à Florence. Je souhaite vivement que madame Callas participe à *Norma*, d'autant que jusqu'ici le contrat est régulier. Je vous confirme une

185

fois encore que tout problème avec madame Callas sera résolu avec la plus vive cordialité ».

L'exprès auquel Ghiringhelli faisait allusion dans son télégramme était une réponse tardive à ma lettre recommandée. Et avec son habituelle ambiguïté, sa réponse laissait entendre qu'il avait tenu ses promesses. Aussi Maria décida-t-elle de se rendre à Milan. Le 13 janvier, nous nous trouvions dans le bureau de Ghiringhelli. Maria lui dit :

« Cher Ghiringhelli, inutile de perdre notre temps en bavardages. Vous m'avez promis de me faire chanter *La Traviata* et c'est à cette seule condition que j'ai accepté d'interpréter *Les Vêpres*. Pourtant, cette *Traviata* est encore dans l'impasse. Je ne chanterai pas *Norma* si vous ne me dites pas quand je donnerai *La Traviata*.

– Oui, vous avez parfaitement raison » commença à s'excuser Ghiringhelli. Mais, comprenez-moi, la Scala est noyée sous les problèmes. Si l'on ne peut monter *La Traviata,* il y a de bonnes raisons à cela.

– Et quelles sont-elles, ces raisons ? Citez-m'en une », insista Maria.

« Par exemple, l'impossibilité d'avoir Mascherini » dit Ghiringhelli.

C'était là une excuse ridicule. Le baryton n'était pas indispensable pour exécuter *La Traviata* et l'on pouvait dans l'instant trouver un remplaçant à Mascherini. La discussion se poursuivit, toujours plus enflammée. Ghiringhelli, mis au pied du mur par les questions précises de Maria, dut capituler.

« Inutile de poursuivre cette discussion » conclut-il, « il est impossible de monter *La Traviata.*

– Mais alors vous m'avez trompée depuis le début », dit Maria en quittant son siège et en avançant d'un air belliqueux vers Ghiringhelli. « Déjà en octobre, quand vous êtes venu me voir chez moi, vous saviez que cette œuvre ne serait pas montée. Vous avez menti pour me faire interpréter *Les Vêpres.* »

Elle était froide et hautaine. Ghiringhelli devint blanc comme un linge.

« Calmez-vous, madame, cherchons à comprendre », répétait-il. « J'ai fait erreur, dites-moi comment réparer. »

Si je l'avais laissée parler, Maria aurait dit : « Adieu, Ghiringhelli ; la *Norma* et les autres opéras, chantez-les vous-même », et elle serait partie, provoquant un énorme scandale et portant préjudice à sa carrière. Le calendrier était déjà connu, et, après le succès des *Vêpres,* on attendait avec beaucoup d'impatience son interprétation des deux autres œuvres au programme. Je me hâtai donc d'intervenir et déclarai à Ghiringhelli :

« C'est vous qui êtes responsable, trouvez donc la façon la plus juste de réparer.

– Je vous promets » dit Ghiringhelli en se tournant vers Maria, « de vous préparer pour la saison prochaine une grande *Traviata,* digne de vous. Pour les représentations de cette année, qui n'auront donc pas lieu, je vous paie bien entendu le cachet prévu. »

Il sortit le cahier de comptes et se mit à calculer le montant des quatre représentations manquantes de *La Traviata.* Comme le cachet s'élevait alors à trois cent cinquante mille lires par représentation, la somme atteignait un million quatre cent mille lires.

Tandis qu'il rédigeait le chèque, Ghiringhelli s'interrompit et dit :

« Je ne peux faire cela. C'est un acte illégal. La Scala ne peut payer des représentations qui n'ont pas eu lieu. Nous devons recourir à un subterfuge. La somme vous sera versée avec les cachets des représentations qu'il vous reste à donner, augmentés en proportion. »

Ce fut ainsi que Ghiringhelli paya une *Traviata* qu'il avait promise mais ne présenta pas pour ne pas heurter la susceptibilité de certains.

Cet après-midi là, Maria se rendit aux répétitions de *Norma.* Trois jours plus tard elle obtint un nouveau succès retentissant. Le même triomphe accueillit *L'Enlèvement au sérail* qu'elle donna en avril. Elle avait conquis la Scala, et Ghiringhelli était vaincu.

CHAPITRE XIV

C'EST AINSI QUE NOUS FIMES ENTRER VISCONTI A LA SCALA

L'amitié et l'admiration du grand metteur en scène pour Maria – Dans de longues lettres, ses confidences et ses peines – Projets et jalousies autour de La Traviata *– Callas et Tebaldi face à face – Le triomphe de* Médée

Les années 1952-53 furent parmi les plus intenses dans la carrière de Maria Callas. Une fois terminée la conquête de la Scala, le théâtre le plus prestigieux du monde, il ne lui restait plus d'autre obstacle à surmonter pour être la reine du lyrique. C'était elle, désormais, qui dictait sa loi, choisissait les œuvres à interpréter et les artistes avec qui travailler. Elle faisait preuve d'une intuition et d'un instinct infaillibles. Certains succès « historiques » de la Scala, ce sont à elle qu'on les doit.

Quand on la demandait pour un opéra, Maria s'informait de la distribution et jaugeait les artistes avec une surprenante compétence. « Untel ne convient pas pour les raisons suivantes », déclarait-elle, et elle ne se trompait jamais. Pour s'enquérir du nom du chef d'orchestre, elle employait une expression typique qu'elle tenait du maestro Serafin. Elle disait : « Qui est le batteur ? »

Un jour, à la Scala, on cherchait quel chef d'orchestre engager pour diriger un opéra de Gluck. « Celui-ci est bien, mais il n'est pas "gluckien" », déclara Maria commentant le choix des dirigeants de la Scala. Peu après la critique confirma son jugement.

Après avoir chanté à la Scala en décembre 1951 et pendant les premiers mois de 1952, Maria se rendit à Rome pour donner un concert à la RAI, puis à Catane pour *La Traviata* dirigée par Francesco Molinari Pradelli, avec Nicola Filacuridi, et Enzo Mascherini ; puis elle revint à la Scala pour *L'Enlèvement au sérail* dirigé par Jonel Perlea, avec Giacinto Prandelli, Salvatore Baccaloni, Petre Monteanu, Tatiana Menotti. Fin avril, elle alla à Florence pour *Armide* de Rossini.

Le musicien de Pesare avait écrit cet opéra en 1817 pour le San Carlo de Naples. Après les premières représentations, accueillies avec enthousiasme, *Armide* avait été oubliée. On ne trouvait plus de chanteuses capables de l'interpréter. Francesco Siciliani l'avait exhumée, persuadé que la Callas possédait une voix qui ferait merveille dans cette œuvre. Maria fut enthousiasmée. On donna *Armide* pour l'inauguration du Mai Musical Florentin, sous la direction de Tullio Serafin et avec, outre la Callas, Francesco Albanese, Mario Filippeschi, Alessandro Ziliani, Gianni Raimondi, Antonio Salvarezza et Marco Stefanoni. Cette œuvre marqua une nouvelle étape historique dans la carrière de la Callas.

Après Florence, Maria se rendit à Rome pour *Les Puritains*, où elle chanta pour la seconde fois avec Giacomo Lauri Volpi, puis elle partit en tournée au Mexique. Elle rentra à Vérone en juillet, pour la saison lyrique, où elle interpréta *La Gioconda* et *La Traviata*, puis elle alla à Londres pour *Norma* à Covent Garden. C'étaient ses débuts londoniens.

189

L'œuvre était dirigée par Vittorio Gui. Aux côtés de Maria chantaient Mirto Picchi, Giacomo Vaghi, Ebe Stignani, et dans le rôle de Clotilde, Joan Sutherland. L'accueil fut chaleureux tant auprès du public que de la presse.

En décembre, Maria retourna à Milan pour inaugurer une seconde fois la saison à la Scala. L'œuvre au programme était *Macbeth,* que Toscanini aurait voulu diriger.

Sous la baguette de Victor De Sabata, Maria chanta avec Enzo Mascherini, Gino Penno, Italo Tajo, Angela Vercelli, Ivo Vinco, et remporta le triomphe habituel. Abbiati, dans le *Corriere della Sera,* écrivit : « Maria Meneghini Callas a prodigué sa voix avec pureté et mesure dans les moments de lyrisme, poli les phrasés et maîtrisé les élans dans les passages de fièvre, comme le désirait Verdi. »

Il y eut aussi des critiques peu enthousiasmés par la voix de Maria, qui exprimèrent des réserves. A cette occasion, Rubens Tedeschi, le critique de l'*Unità,* écrivit : « Madame Meneghini Callas a fait succéder des moments heureux à d'autres qui l'étaient moins, comme d'habitude, et n'a pas su trouver cette expression de majesté sans laquelle Lady Macbeth ne peut exister. »

Teodoro Celli dans le *Corriere Lombardo* soutenait pour sa part tout le contraire : « Aucune autre œuvre, peut-être, ne peut sembler plus adaptée à la Callas que ce *Macbeth* pour lequel Verdi refusa une chanteuse à la voix harmonieuse pour en choisir une autre, la Barbieri-Nini, grande actrice, capable d'émettre des sons "presque diaboliques" (selon l'expression frappante employée par Verdi dans une lettre). Un choix que ne devraient pas oublier les deux ou trois personnes qui, munies de sifflets, ont essayé, après la grande scène du somnambulisme, d'agresser la chanteuse, avec pour seul résultat de transformer ce qui n'aurait été qu'un accueil chaleureux en une ovation triomphale et interminable. »

Aussitôt après *Macbeth* Maria interpréta, toujours à la Scala, *La Gioconda* avec Giuseppe Di

Stefano, Ebe Stignani, Carlo Tagliabue et Italo Tajo dont la direction incomba à Antonino Votto ; puis elle donna *La Traviata* à Venise et à Rome, *Lucie de Lammermoor* à Florence, une reprise de *La Gioconda* à la Scala et tout de suite après, encore à la Scala, *Le Trouvère* avec Gino Penno, Ebe Stignani, Carlo Tagliabue, Giuseppe Modesti, toujours dirigés par Antonino Votto.

Une autre étape importante dans la carrière de la Callas fut marquée par la *Médée* de Cherubini, d'abord présentée à Florence, à l'occasion du Mai Musical de 1953. Encore une œuvre qui fut proposée à Maria par Siciliani. Composée par Cherubini aux environs de 1797, elle avait connu une certaine popularité au xixᵉ siècle, surtout en Allemagne. Puis elle était presque tombée dans l'oubli. En fait, au xxᵉ siècle, en Italie, elle n'avait été exécutée qu'une seule fois, en 1909, à la Scala, avec Ester Mazzoleni. Le succès de Maria dépassa encore celui obtenu avec *Armide.* Vittorio Gui déjà âgé, dirigeait l'orchestre. Ma femme, dans tout l'éclat de sa jeunesse, ressentait profondément cette grande tragédie grecque et, au cours des répétitions, eut quelques violents accrochages avec Gui sur la façon d'interpréter certains morceaux. Toutefois, malgré des dissensions, l'œuvre fut menée à bien.

La presse unanime célébra l'extraordinaire interprétation de Maria. Giuseppe Pugliese, dans le *Gazzettino,* écrivit : « Maria Callas a surmonté une épreuve que peut-être aujourd'hui aucune autre chanteuse ne serait capable de surmonter. Engagée dans un rôle on ne peut plus adapté à ses moyens exceptionnels, elle s'est montrée d'une générosité vocale – tant du point de vue de la richesse que de la résistance – à peine croyable ».

Giulio Confalonieri dans *La Patria :* « En scène, Maria Meneghini Callas s'est révélée une héroïne merveilleuse grâce à sa précision musicale, sa compréhension du personnage et l'intensité de ses accents. Sa voix, si rebelle aux définitions habituelles, a semblé s'adapter très bien à la merveilleuse expressivité de Cherubini. »

Leonardo Pinzauti : « Maria Meneghini Callas a été la grande triomphatrice de la soirée. Il est inutile, pour une artiste de ce niveau, de rappeler ses talents de chanteuse et de comédienne : il suffit de dire que sa musicalité a été parfois jusqu'à faire oublier sa voix même, pour reporter tout entière l'attention des spectateurs sur un plan théâtral supérieur, au pouvoir quasi mythique, comme l'intrigue qui était racontée ».

Teodoro Celli dans le *Corriere Lombardo :* « Médée est le portrait de la protagoniste. L'exécution dépend entièrement de la chanteuse à qui incombe l'énorme tâche de remplir ce rôle. Hier soir, Médée était Maria Meneghini Callas ; une merveille. Une grande chanteuse et une tragédienne d'une grande puissance. Elle a donné à Médée-la-magicienne une musicalité farouche, cruellement intense dans le registre grave, terriblement incisive dans l'aigu. Mais elle a eu des accents déchirants pour Médée-amante et émouvants pour Médée-mère. Elle a en fait dépassé le rôle vocal pour atteindre le personnage statuaire et elle l'a évoqué avec toute son ardeur et une humble fidélité à Cherubini. »

La présence continuelle de Maria à la Scala avait créé des tensions et des jalousies. La Tebaldi qui, avant l'arrivée de Maria, avait été la reine incontestée du théâtre milanais, se sentait mise à l'écart. Ses *fans* protestaient. Ghiringhelli, qui ne voulait se brouiller avec personne, cherchait à satisfaire les deux prime donne.

A l'automne 53, Ghiringhelli vint nous voir et dit à Maria :

« Tu as déjà inauguré deux saisons consécutives à la Scala. Permets-moi d'en réserver l'honneur, cette année, à Renata Tebaldi. Toscanini désire que l'on ouvre la Scala avec *Wally*, de Catalani, dont, en son jeune temps, il fut le grand ami. 1954 est le centenaire de la naissance de Catalani et nous voulons célébrer cet anniversaire avec l'exécution de son chef-d'œuvre. Toi, tu chanteras dans la seconde œuvre au programme, *Mithridate* ».

Le contrat fut signé le 28 octobre, alors qu'à peine un peu plus d'un mois nous séparait de l'ouverture de la Scala. Les préparatifs se déroulaient avec les incertitudes, les embarras et les contretemps habituels. Ghiringhelli et ses collaborateurs étaient chaque jour plus mécontents du programme, qui paraissait trop peu fourni. Après la *Wally* et le *Mithridate*, il était question de présenter *Rigoletto* : rien qui crée l'événement ni attire l'attention, surtout celle de la presse.

Un beau jour, quelqu'un eut l'idée de tout bouleverser. Au souvenir du succès remporté par Maria à Florence avec *Médée* de Cherubini, il fut question de monter cette œuvre à la place de *Mithridate*. Ghiringhelli téléphona à ma femme et lui demanda si elle accepterait de jouer *Médée*. « Tout à fait d'accord », répondit Maria. « Mais comment réussirez-vous, en si peu de temps, à mettre sur pied une compagnie de chant et à préparer tout le reste ? »

On se mit à discuter. Le point le plus délicat tenait au choix du chef d'orchestre. L'œuvre exigeait un artiste de grand tempérament. Gui, qui connaissait *Médée* pour l'avoir dirigée à Florence, n'était pas disponible ; De Sabata, qui sans aucun doute se serait révélé à la hauteur, n'était pas libre non plus. Il s'avérait impossible de trouver un nom qui inspirât la confiance. Soudain Maria déclara : « Il y a quelques soirs de cela, j'ai entendu un concert à la radio. Je ne sais qui dirigeait, mais j'ai été enthousiasmée et suis persuadée qu'il s'agit là du chef idéal pour *Médée*. »

Ghiringhelli se renseigna sur-le-champ. Il apprit que ce concert avait été dirigé par Leonard Bernstein, un jeune Américain, presque inconnu en Italie. Comme il était inconnu, Ghiringhelli renâclait à l'engager, mais Maria insista. Alors Ghiringhelli céda et l'appela au téléphone. Bernstein avoua ne pas connaître l'œuvre et déclina l'offre de la Scala. « Laissez-moi lui parler », intervint Maria. Je ne sais pas ce qu'ils se racontèrent, car ils discutèrent en anglais. Je compris qu'ils parlaient d'*Armide*. A la fin, le chef d'orchestre accepta. Quelques jours plus tard, il arrivait à Milan. Rien qu'à le voir, on comprenait qu'il était fait pour la musique de Cherubini.

Comme *Médée* devait être présentée le 10 décembre, trois jours seulement après l'inauguration officielle de la saison avec *Wally*, interprétée par Renata Tebaldi, les deux prime donne se sentaient en compétition. Les comparaisons étaient inévitables. On discutait avec fièvre des meilleures chances de succès de l'une et de l'autre.

Le soir du 7 décembre, dans la loge de Ghiringhelli, Maria et moi applaudissions la Tebaldi, qui chanta à la perfection, même si l'œuvre ne souleva pas un grand enthousiasme. Trois soirs plus tard, ce fut au tour de Maria de monter sur scène, et je cherchai des yeux dans quelle loge s'était installée la Tebaldi. Elle n'occupait pas celle de Ghiringhelli. A la fin du premier acte, une ovation retentissante accueillit Maria. Les lumières rallumées, je remarquai qu'une femme seule, que je ne parvenais pas à reconnaître, était tapie dans la loge qui se trouvait juste au-dessus de celle de Ghiringhelli. Piqué par la curiosité, j'allai voir. J'entrai et me trouvai face à face avec Renata Tebaldi qui, en me voyant, devint rouge de confusion. Je la saluai, elle dit quelques mots et se retira. Quelque temps après elle partit pour l'Amérique. Au cours d'une interview elle avoua avoir quitté la Scala car, après l'arrivée de Maria, il n'y avait plus de place pour elle à Milan. Elle préférait donc chanter dans les théâtres qui lui donnaient une plus grande latitude.

Avec la *Médée* de la Scala, Maria obtint un triomphe plus éclatant encore que celui de Florence. Toute la presse en parla, en Italie mais aussi dans le monde entier. A partir de là, elle devint la grande figure incontestée de la Scala. Tous voulaient travailler avec elle. Je garde encore des lettres de chefs d'orchestre célèbres qui sollicitent humblement cet honneur.

Les grands metteurs en scène la recherchaient aussi. Parmi eux, il y en avait un qui nourrissait une véritable adoration pour elle : c'était Luchino Visconti, désormais entré lui aussi dans le mythe et la légende. Mais on lui a consacré des biographies qui ne lui rendent pas justice et sont en partie fausses. Tout ce qui a été écrit, par exemple, sur ses relations avec la Callas n'est que le fruit de l'imagination et des pires ragots. Que Visconti fût un grand metteur en scène aux intuitions géniales, même dans le domaine de l'opéra, personne ne le met en doute. Qu'il se soit entiché de Maria, c'est possible aussi. Mais je démens catégoriquement que celle-ci se soit amourachée de lui, comme beaucoup le soutiennent. Maria admirait l'art de Visconti, et accepta pour cette raison de travailler avec lui. Mais ils ne réussirent jamais à s'entendre. Les idées, la façon de vivre, et surtout le langage de Visconti l'irritaient au plus haut point.

L'engouement de Visconti pour la Callas naquit en 1949, quand elle chanta dans *Parsifal* à Rome. Visconti, amoureux de Wagner, alla voir l'œuvre et fut impressionné par l'interprète de Kundry. Il me semble qu'il envoya un télégramme de félicitations. Le nom de mon épouse resta gravé dans son esprit, et, chaque fois que Maria chantait à Rome, Visconti venait l'écouter. Il alla même voir *Le Turc en Italie*, que Maria interpréta en octobre 50 à l'Eliseo, et dont il était l'un des commanditaires.

Quand Maria se fut imposée à la Scala, Visconti redoubla d'assiduités. Après chaque représentation arrivaient de longs télégrammes. Les compliments s'accompagnaient désormais de demandes de collaboration. La première parvint le 8 décembre 1951, le lendemain des débuts de Maria à la Scala dans *Les Vêpres siciliennes*. Visconti envoya le télégramme suivant : « Follement heureux de votre nouveau triomphe, je vous envoie mes félicitations les plus affectueuses après vous avoir entendue avec un immense plaisir, hier soir, à la radio. J'espère vous revoir très vite et très vite pouvoir enfin travailler avec vous. Meilleurs vœux, meilleurs vœux avec mon amitié sincère. »

S'il assistait aux représentations, Visconti venait saluer Maria dans sa loge. C'étaient là de brèves rencontres, sans importance, mais assidues. Un soir, Maria et moi nous trouvions à Rome, à l'Hôtel Quirinale, et ma mère nous accompagnait. Dans le hall, nous vîmes entrer Visconti entouré d'Anna Magnani et de quelques amis. L'actrice portait une robe très décolletée qui lui découvrait toute la gorge. Ma mère, une femme à l'ancienne mode, très pudique, en fut indignée et, tandis que Visconti lui présentait la Magnani, tournée vers moi, avec une grimace, s'exclama : « Quelle horreur ! » Ce commentaire n'échappa ni à la Magnani ni à Visconti, et cette rencontre se termina bien vite.

Plus tard, Visconti devint l'un de nos amis. Nous commençâmes à nous fréquenter régulièrement, nous nous tutoyions. Il parlait de ses projets, de ce qu'il aurait aimé monter au théâtre avec Maria et nous pressait de le recommander à la Scala.

Maria admirait l'intelligence de cet homme, mais ne pouvait supporter son langage. En fait, les conversations de Visconti fourmillaient de mots obscènes, triviaux, d'adjectifs orduriers. Maria lui disait souvent : « Quand tu parles ainsi, tu me donnes la nausée ». Il s'excusait en répondant : « Les gens sont des imbéciles, ils ne comprennent rien à rien, alors il faut être clair. »

Dans le travail, son langage devenait encore plus lourd, surtout s'il s'adressait aux femmes. A l'entendre, Maria en frémissait. Elle me déclara bien souvent : « S'il ose s'adresser à moi en ces termes, je lui donne une gifle à lui casser toutes les dents. » Peut-être Visconti avait-il deviné les pensées de Maria, car il ne se permit jamais avec elle le plus infime manque de respect.

Ghiringhelli non plus n'aimait pas beaucoup Visconti. Et malgré tout ce qui a été écrit, je crois qu'il ne plaisait pas non plus à Toscanini. En fait, je ne me souviens pas que le grand chef d'orchestre ait recommandé Visconti à la Scala. Il a coulé beaucoup d'encre au sujet d'un certain *Falstaff* que Toscanini, alors fort âgé, aurait voulu diriger à la Scala dans une mise en scène de Visconti. Mais ce dernier ne me parla jamais de ce projet, même pas dans ses lettres. Les seules personnes qui aient vraiment tenu à ce qu'il entre à la Scala sont Maria et moi. Nous en parlions souvent à Ghiringhelli, qui, peut-être lassé de s'entendre recommander Visconti, décida de le faire travailler.

Le premier engagement de Visconti à la Scala remonte à la saison 1953-54. Il devait assurer la mise en scène du ballet *Mario et le magicien,* dont il avait écrit le livret tiré d'une nouvelle de Thomas Mann, tandis que la musique avait été composée par son beau-frère, Franco Mannino. Quelques jours avant ce ballet, on avait présenté à la Scala l'œuvre moderne *Gita in campagna* de Maria Peragallo, sur un livret de Moravia. Dans une scène de cet opéra, une automobile entrait sur le plateau occupée par les deux protagonistes qui chantaient tout en exécutant un strip-tease. Le public avait abondamment sifflé. Soi-disant à cause de la voiture. Comme dans *Mario et le magicien* devaient entrer en scène des bicyclettes, les dirigeants de la Scala pensèrent à annuler le ballet pour éviter d'irriter à nouveau le public. Visconti le prit très mal. Il me l'avoua dans une lettre qu'il m'envoya à Vérone, en mai 1954, pour me prier de continuer à le recommander à la Scala.

Mai 1954

« Chère Maria et cher Battista (eh oui, cher Battista, car c'est bien vrai : Maria ne lira même pas ma lettre et si quelqu'un me répond, ce sera Battista).

« Terminé ce trop long préambule, venons-en aux affaires sérieuses. Où êtes-vous ? A Vérone, sans doute, je vous y envoie donc ces quelques lignes. Déjà chanté à Ravenne ? Tout s'est bien passé ? J'imagine sans peine le triomphe de Maria là-bas aussi.

197

« Maintenant j'espère que tu vas te reposer, à moins que tu n'aies d'autres enregistrements ? Je crois me souvenir que tu dois chanter Marguerite dans cet affreux et ennuyeux *Méphistophélès*. Je me rappelle, par contre, qu'il y a un an à peine nous avons été charmés par une *Aïda* de Maria merveilleusement orientale. Cette année, qui sait où je me trouverai à la même date.

« De la Scala, quelles nouvelles ?

« Voici les miennes. Une fois le ballet refusé, comme tu l'auras su, nous nous sommes trouvés un peu à couteaux tirés avec cette respectable administration d'esprits brouillons, puis tout s'est résolu selon mes conditions. Et ces messieurs ont réglé l'affaire tant du point de vue économique qu'artistique de la façon la plus satisfaisante pour nous.

« Toutefois, cette histoire m'a donné beaucoup de souci et de désagrément car l'on ne doit pas déranger et faire travailler des gens si l'on n'a pas les idées claires et surtout si l'on est incapable d'élaborer un programme sérieux que l'on puisse respecter.

« En fait, je suis parti plutôt irrité. Mais comme tu peux l'imaginer, ce que je voulais et devais dire je ne me suis pas privé de le leur répéter sur tous les tons. Et sans ménagement.

« Ghiringhelli, néanmoins, ne m'a pas laissé partir sans me promettre monts et merveilles. En substance : ouverture de la saison avec *Norma ;* ou bien (et ceci n'était qu'un espoir pour eux, et je ne sais s'il est autorisé ou non) toujours ouverture de la saison avec *Un bal masqué* dirigé par Toscanini.

« Voilà. Vous y croyez vous ? Moi pas du tout pour le moment.

« Mais voici le but de ma lettre. Moi, évidemment, avec une œuvre ou l'autre, si je débutais enfin à la Scala, je voudrais que ce soit avec Maria. Que savez-vous de ces programmes ? Vous a-t-on parlé du *Bal masqué*, Maria doit-elle le chanter ? Et si c'est vraiment *Un bal masqué*, *Norma* serait donc annulée ; dans ce cas Maria interpréterait-elle *La Somnambule ?* Et avec qui ? Avec Giulini ? Et me voudrait-elle comme metteur en scène de *La Som-nambule*, alors ? Et quand ? Et *La Traviata* ? Éva-nouie ? Ou pourrait-on prévoir de la glisser entre mars et avril ? Ou carrément en avril, où je me trouverai à Milan avec la troupe de théâtre (date que je viens de fixer).

« Excusez cette longue série de questions, mais voici des points sur lesquels j'aimerais connaître votre avis, si vous êtes en mesure de me répondre, bien entendu.

« Je m'occupe en ce moment d'organiser mes activités au théâtre et au cinéma et garde en tête le projet de travailler avec Maria. Aller à la Scala sans elle ne m'intéresse pas beaucoup. Vous comprenez ?

« Si vous le pouvez, répondez-moi. En attendant je vous souhaite un été agréable et reposant, et toutes sortes de bonnes choses. Comme toujours, votre fidèle, Luchino ».

Par cette lettre, on déduit sans peine que nous étions le seul lien de Visconti avec la Scala.

Il était lui aussi obsédé par *La Traviata*. Après avoir entendu Maria la chanter, il ne rêva plus que d'en assurer la mise en scène. Il avait compris qu'avec une artiste comme Maria, il aurait pu donner un chef-d'œuvre immense qui marquât d'une pierre blanche l'histoire de l'opéra. Mais il n'était pas le seul metteur en scène à l'avoir compris ; on comptait parmi eux Franco Zefirelli qui, pour convaincre Maria de monter avec lui *La Traviata*, lui écrivit bon nombre de lettres. Visconti était jaloux. Il craignait qu'un autre ne réalise ce projet avant lui.

Un jour, j'écrivis à Visconti et l'informai, entre autres choses, que Maria avait reçu des propositions pour tourner *La Traviata* à la télévision. J'aurais dû m'en garder. Il me répondit par une longue lettre, où il m'avouait le désarroi que lui avait causé cette nouvelle. Il tentait de conjurer le mauvais sort, imaginant le pire au cas où ce projet verrait le jour.

« Cher Battista, je te remercie pour ta lettre pleine de nouvelles et de précisions importantes. Je constate que, bien que les vacances soient arrivées, Maria n'arrête jamais. Enregistrements, représentations... D'un point de vue égoïste, je me réjouis car dans peu de temps nos discothèques s'enrichiront d'extraordinaires enregistrements de la Callas (même *Paillasse*, que je déteste ; mais chanté par Maria, Leoncavallo devient Wagner).

« Qui sait si je ne parviendrai pas à faire une « fugue à Vérone », en août, pour réentendre *Aïda*, qui est restée gravée dans ma mémoire comme un souvenir enchanteur de « Mille et une nuits ». Peut-être qu'à cette date mon voyage en Italie du Nord coïncidera avec la présentation de mon film au Festival de Venise, et que je pourrai courir à l'Arena de Vérone.

« L'une des nouvelles que tu me donnes m'épouvante. Celle de la télévision ! Comment Maria peut-elle se laisser séduire par un projet aussi hasardeux et aussi absurde ?

« Je ne dis pas cela par égoïsme ou par jalousie. Jalousie, s'entend, que Maria monte *La Traviata* avec d'autres (parce qu'à la télévision, je ne voudrais pas travailler pour tout l'or du monde !). Mais avez-vous déjà vu un spectacle à la télévision ? Et en plus, un spectacle lyrique ? Mon Dieu ! Mon Dieu ! Selon moi, c'est la forme de spectacle la plus laide, la plus irritante, anti-artistique et malvenue que l'on puisse voir.

« D'abord, les conditions techniques actuelles de la télévision : très mauvaise vision, ignoble résultat photographique, une grisaille sans relief, sans âme, sans vigueur.

« Et puis ne parlons pas des réalisations ! Des réalisations où de pseudo-metteurs en scène, en mal d'audace et d'originalité confondent le théâtre avec le cinéma, l'opéra avec le documentaire d'actualité. Imagine le gâchis ! Pire encore, pour obtenir une insupportable vivacité d'interprétation (qu'ils considèrent comme géniale) ils remuent les caméras à vous donner le mal de mer.

« Et puis, sais-tu qu'ils reprennent l'opéra avec un *play-back* ? C'est-à-dire que l'œuvre est d'abord chantée, et enregistrée, après quoi les chanteurs (j'imagine Maria !) la reprennent en entier (le jeu) en ne remuant que les lèvres ! Passe encore pour des gens sans envergure, mais pas pour une grande artiste.

« Et Maria se précipiterait pour donner de façon aussi barbare et compromettante une de ses *Traviata* tant attendues, en se faisant téléviser (quel mot superbe !!), mal photographiée avec des gros plans (soignés, bien éclairés, pensés, étudiés) et forcée à interpréter Violette deux ou trois jours auparavant, comme un poisson rouge dans son bocal ?

« Pardonne-moi cette explosion, mais je ne parviens pas à comprendre l'intérêt, pour Maria, de prendre un tel risque. Tu me diras : "Occupe-toi de tes affaires, nous nous chargeons des nôtres." Mais moi, têtu comme un âne, j'insiste en véritable ami et admirateur de Maria, et lui déconseille d'affronter une telle aventure qui ne lui vaudrait que des déboires.

« La télévision demeure encore un moyen si primitif. Attendez au moins la couleur, que de véritables artistes prennent les programmes en main, et que les spectacles (soi-disant) aient enfin dépassé la phase expérimentale ! Et puis, justement *La Traviata* ! Sacrifier ainsi cet opéra, qui doit, pour Maria, je pense, représenter son objectif, son chef-d'œuvre d'interprétation, son point d'arrivée, sa "neuvième symphonie" ! Envoyez-moi au diable, mais je ne me croirais pas l'un de vos amis si je ne vous disais ce que je pense.

« Et puis j'ose espérer que vous accorderez un peu de poids à mon jugement en matière de spectacle.

« Je clos le long chapitre *Traviata*-télévision. Je vous ai assez ennuyés comme cela.

« Les autres nouvelles pourraient s'accorder avec ce que je vous ai déjà écrit. Pour *Norma* tout est... normal, au moins à ce qu'ils m'en ont dit. *Un bal*

201

masqué n'était qu'un espoir qui ne tenait, justement, qu'au "fil" Toscanini.

« Si les engagements de Maria pour *La Somnambule* et *La Traviata* sont prévus autour de mars et avril, il sera peut-être possible de s'arranger. Je te préviendrai si je peux me libérer pour l'une ou l'autre. *La Somnambule* me tente beaucoup. Bernstein m'attire comme chef d'orchestre. Maria dans Bellini (ce Bellini-ci) m'impressionne depuis longtemps (même dans l'autre Bellini, évidemment. Ne te méprends pas sur le sens de mes paroles, Maria !). *La Traviata* c'est *La Traviata,* un point c'est tout. On en a déjà assez discuté.

« Parlez-en à Oldani, et puis nous verrons. Le temps ne presse pas, c'est vrai. Mais, à mon avis, pour bien réfléchir aux choses, on ne dispose jamais d'assez de temps. J'arrête. Tu as raison. Il en est ainsi en Italie. Vous n'avez pas vu *Le Barbier de Séville* à la TV ? Dommage. Vous vous seriez fait une idée ! J'en ai eu mal au ventre. Mes plus affectueuses amitiés à Maria. A toi une poignée de main des plus cordiales et amicales. Luchino. »

Pendant l'été 1954, Visconti continua à nous écrire des lettres. Le thème principal tournait toujours autour de *La Traviata* et de la Scala. Un jour, je l'informai que Ghiringhelli était prêt à le faire travailler avec Maria. Il s'agissait de commencer avec *La Vestale* de Spontini pour ouvrir la saison 1954-55, puis devaient suivre *La Somnambule* et *La Traviata,* à laquelle il tenait tant. Visconti était content, mais préoccupé car personne ne l'avait encore contacté. Il craignait que les promesses faites à Maria ne fussent un piège pour la convaincre d'accepter ces œuvres. Mais le soir du 7 décembre 1954, la saison lyrique milanaise s'ouvrait avec *La Vestale* de Spontini, interprète Maria Callas, metteur en scène Luchino Visconti. C'est ainsi que commençait la collaboration artistique entre ces deux grands : une collaboration qui donna des résultats extraordinaires, même si la critique, à l'époque, se montra méfiante et perplexe.

CHAPITRE XV

« ENGAGE-MOI COMME JARDINIER... »

*Voici ce qu'écrivit Visconti à Maria, et il ajouta :
« Ainsi chaque matin je pourrai t'entendre chanter »
– Les critiques féroces du metteur en scène sur le
théâtre à la Scala, Di Stefano, Karajan, Rossellini –
L'admiration pour Carlo Maria Giulini – Les inventions sur les relations sentimentales de Luchino et
de mon épouse*

Maria et Visconti travaillèrent ensemble à la Scala
à six opéras. A *La Vestale,* qui fut présentée à
l'ouverture de la saison, le 7 décembre 1954,
succédèrent, en mars et en mai 1955, *La Somnambule* et *La Traviata ;* au printemps 1957, *Anne Boleyn*
et *Iphigénie en Tauride.*

Chacun de ces opéras a fait date. On les cite dans
les livres d'histoire de la musique comme des
exemples de pure perfection. Surtout *La Traviata,*
considérée comme le chef-d'œuvre des chefs-
d'œuvre.

Comme ils travaillaient ensemble et obtenaient
ensemble des succès retentissants, Maria Callas et
Luchino Visconti devinrent le « couple dont on

parlait » dans les milieux mondains. Les journaux et les magazines s'intéressaient à eux, et écrivaient toutes sortes de sottises, fruits de leurs chimères. On déclara qu'ils étaient fous d'amour, inséparables. On raconta qu'au contact de Visconti, Maria commençait à s'habiller avec élégance, à porter des bijoux très chics, à aimer l'art, les meubles anciens, et à acquérir des goûts raffinés. On rapporta enfin que Maria, un soir, pendant une représentation de *La Traviata* emportée par le désir d'embrasser Visconti avait quitté le théâtre entre le second et le troisième acte et, en costume et maquillage de scène, l'avait rejoint au Biffi. Ce sont des histoires absurdes, de pures inventions. Il existe des dizaines de documents et de témoignages qui démontrent qu'il ne s'agit que de racontars et, pourtant, on continue à faire courir ces bruits, à travestir la vérité.

A force de travailler ensemble, Maria et Visconti se connaissaient mieux chaque jour. Chez Visconti l'affection, l'admiration et l'engouement pour Maria ne cessaient de croître. Chez Maria, c'était le contraire : plus elle connaissait Visconti, plus elle se détachait de lui. Elle gardait toujours une très vive admiration pour l'intelligence et le sens artistique génial du metteur en scène, mais ne parvenait pas à se sentir proche de lui et à l'apprécier en tant qu'homme. Hors de la scène, elle refusait de le voir.

Maria jugeait les gens et les choses suivant des critères très personnels. Elle obéissait à son instinct qui parfois l'empêchait de se montrer objective. Elle était incapable de fréquenter une personne chez qui un trait de caractère heurtait sa sensibilité.

Enfant, elle avait beaucoup souffert de la mauvaise entente de ses parents. Elle avait vécu un cauchemar perpétuel à l'idée qu'ils pourraient se quitter. Voici pourquoi elle détestait les séparations conjugales, les divorces. Elle avait une notion stricte et puritaine du mariage, et n'admettait pas qu'entre deux époux puissent survenir des trahisons et encore moins une séparation. Si l'on pense à l'attitude qu'elle adopta, ensuite, vis-à-vis de moi –

m'abandonner pour partir avec Onassis – il semble impossible qu'elle ait jamais pu raisonner ainsi. C'est pourtant vrai.

Ma gouvernante, Mme Emma, qui était toujours à mon service quand je vivais avec Maria, se souvient très bien de ces détails. Quand Maria apprenait que l'un de nos amis trompait sa femme ou l'avait quittée, elle ne voulait plus le voir. Un jour, Emma reçut chez nous un homme qui venait souvent nous rendre visite. Maria fit une scène et refusa de lui parler. « Maintenant qu'il est séparé de sa femme, ce n'est plus notre ami », déclara-t-elle.

Une fois, nous rencontrâmes Ingrid Bergman, qui venait tout juste de quitter Rossellini. Maria et Ingrid étaient très liées. Cette dernière la salua avec chaleur, comme d'habitude, mais Maria se montra plutôt froide. Puis, dans la conversation, elles en arrivèrent à parler de la séparation toute récente. Maria réprimanda Ingrid Bergman et lui annonça qu'elles ne pouvaient plus désormais être amies comme avant.

Maria jugeait les personnes qui cultivaient des amitiés particulières avec cette même mentalité puritaine et intransigeante. Le jour où quelqu'un lui raconta que Visconti était homosexuel, elle ne voulut pas y croire. Ce fut Visconti lui-même qui aborda le sujet avec elle, sans faire aucun mystère sur ses préférences, et dès lors Maria ne put plus le supporter.

Son aversion était manifeste et radicale, parfois presque obsessionnelle. Elle disait qu'elle ne le supportait pas à côté d'elle, que son odeur et sa respiration l'importunaient. Hors de la scène, Maria ne vit jamais Visconti, refusa toujours de l'inviter chez nous. Nous allâmes chez lui, via Salaria, une seule fois. Et sortîmes ensemble au restaurant très rarement.

Visconti adorait Maria. Il lui téléphonait, lui écrivait, mais elle l'ignorait complètement. C'était moi qui répondais au téléphone, tout comme aux lettres. Visconti s'était résigné, et très souvent ses lettres m'étaient adressées. Bien plus que de Maria, Visconti fut un de mes amis et je m'en sens honoré car j'ai toujours nourri une grande estime et une immense admiration pour son talent.

Jusque sur scène, Visconti avait peine à manœuvrer Maria. Avec les autres artistes, c'était un tyran ; vis-à-vis de ma femme, il dut apprendre à céder. Il avoua lui-même qu'il la faisait évoluer et jouer selon son inspiration. Il n'est pas juste d'affirmer, comme beaucoup le font, que Visconti « créa » Maria actrice ; Visconti l'« utilisa » bien, lui suggérant certains procédés pour améliorer son interprétation. Même pour la célèbre *Traviata*. Maria a toujours affirmé que seul le maestro Serafin lui avait enseigné *La Traviata*, ce qui voulait dire que pour bien interpréter une œuvre musicale il faut surtout approfondir la partition. Une fois, nous passâmes une journée entière à chercher une ombrelle pour une scène de *La Traviata*. Maria était furieuse. Elle refusait d'admettre que l'on perdît tant de temps pour un détail qui, selon elle, n'ajoutait rien à la musique de Verdi.

Pour la scène de la mort de Violetta dans *La Traviata*, Maria et Visconti se querellèrent. Il voulait que Violetta se fasse habiller par Annina de pied en cap, et qu'elle porte aussi son petit chapeau. Maria assurait que c'était absurde : une femme qui s'apprête à mourir ne pense pas à mettre son chapeau. Je dus intervenir et convaincre Maria de céder à Visconti, pour éviter qu'il n'en fasse une maladie. Selon lui, le chapeau, dans cette scène, revêtait une importance fondamentale. « Bon », finit par dire Maria. « Mais pour la représentation, je suivrai mon idée. »

A la première, quand arriva la scène fatidique du chapeau, Maria laissa Annina le lui mettre sur la tête, comme le prévoyait la mise en scène. Puis, tandis qu'elle chantait d'un geste élégant elle le jeta dans un coin.

Visconti, qui assistait à l'opéra avec moi dans la loge de Ghiringhelli, s'exclama : « Mon Dieu, elle a perdu son chapeau !

– Tu n'as pas vu qu'elle l'a jeté au loin exprès », fis-je.

« Ah, la garce, elle me le paiera », murmura-t-il.

A la fin de la représentation, donc, Visconti s'en fut protester auprès de Maria, mais en pure perte. Pour toutes les représentations de cette *Traviata,* Maria se refusa à chanter cette scène avec son chapeau.

Elle ne se laissait jamais rien imposer. Si elle avait accepté de faire les choses sans y croire, elle aurait mal joué. C'était une femme d'une sincérité totale, sur scène comme dans la vie.

Début juillet 1955, Maria et moi nous trouvions à Rome où elle avait enregistré en studio et donné un concert à la RAI. Cela terminé, nous étions sur le point de partir. Visconti le sut et envoya un télégramme disant qu'il aurait aimé nous saluer. Quelques heures après, il téléphona pour nous inviter à dîner et s'informa de ce que nous aimerions manger.

« Moi, j'adore le poisson », déclarai-je.

« Alors nous irons à Ostie, chez des amis à moi », répondit Visconti.

Je possédais une Alfa 2000 et pour les longs parcours préférais voyager de nuit. Nous prîmes nos bagages, car après le dîner à Ostie, Maria et moi avions décidé de repartir vers le Nord. Ce fut une soirée très sympathique. Visconti était très heureux. Nous mangeâmes un délicieux repas de poisson. Maria et moi nous empiffrâmes, si bien que je fus même un peu inquiet : Maria avait mal au cœur en voiture et je craignais qu'après ce repas si copieux elle ne souffre pendant le voyage. Mais ce fut moi qui souffris.

Au début, tout se passa bien. Nous filions dans la nuit illuminée par la lune. Tout à coup, je commençai à ressentir des maux de ventre qui empirèrent petit à petit. A l'aube, ils étaient devenus insupportables. Je compris que je devais renoncer à conduire. Arrivé à Sienne, je dis à Maria :

« Nous devons nous arrêter, descendre dans un hôtel et appeler un médecin. »

Je n'étais plus qu'une loque. Maria commença à s'inquiéter. A l'hôtel, on nous traita fort bien. Les patrons reconnurent aussitôt mon épouse, qui était très populaire à l'époque. On appela un médecin. Survint même le comte Chigi Saracini, fondateur de la fameuse Académie Chigiania, et grand admirateur de Maria. Le docteur, face à la très célèbre soprano et au non moins célèbre comte, fut pris de panique et perdit tous ses moyens. Il déclara qu'il fallait consulter un ponte, professeur à l'université.

On l'appela. Lui aussi se troubla. Il m'examina et diagnostiqua une grave inflammation des voies urinaires.

« Il faut vous hospitaliser et vous opérer tout de suite », assura-t-il.

Maria bondit comme une tigresse :

« L'opérer ? Ce n'est même pas la peine d'y penser. Nous partons à Milan consulter notre spécialiste. »

Elle téléphona à Vérone et fit venir notre chauffeur. Puis elle appela Visconti. Elle était furieuse contre lui. Elle l'accusait du malheur qui m'arrivait : le pauvre qui n'y était pour rien. Elle accusait Luchino d'avoir pratiquement attenté à mes jours. Et comme celui-ci, au téléphone, ne parut pas donner grande importance à ma maladie et ne se précipita pas à mon chevet, Maria se vexa et décida qu'elle ne voulait plus jamais le voir. Elle le lui dit puis le lui écrivit.

Plus tard, quand je fus rétabli, Maria comprit qu'elle avait exagéré et écrivit à Luchino de bien vouloir l'excuser. Il lui répondit en lui expliquant pourquoi il n'était pas venu à Sienne : « Venir à Sienne était impossible, » écrivit-il le 22 juin 1955. « Mon travail me retenait ici. Et puis, soyons objectifs : tout planter là et se précipiter à Sienne, pour y faire quoi ? Battista lui-même risquait de se fâcher devant ce geste un peu exagéré. Il faut considérer les choses sous leur vrai jour, chère Maria. Le sens de la mesure est indispensable pour vivre, et entretenir de bons rapports avec les autres. Toi même aurais jugé excessive une telle intervention. Donc, ta décision de ne plus jamais me voir après mon... abstention siennoise n'était pas en proportion de la faute commise. Tu ne crois pas ? Je suis sûr que si. Je suis heureux que tu aies décidé de surseoir à une décision aussi draconienne. »

Après ce dîner à Ostie, Maria ne vit plus Visconti jusqu'au printemps 1957, lorsqu'ils recommencèrent à travailler ensemble pour *Iphigénie en Tauride*, de Gluck, et *Anne Boleyn* de Donizetti. Ils passèrent donc deux années sans se rencontrer. Pendant cette période, Visconti continua à nous écrire. Il se plaignait de ne jamais nous voir. Dès qu'il arrivait quelque part, nous venions tout juste de partir ; à moins que ce ne fût le contraire. Il écrivait, mélancolique : « C'est le destin ! Fatalité, fatalité. » En fait, c'était Maria qui s'ingéniait à ne pas le rencontrer.

Dans ses lettres, Visconti se confiait, parlait de ses projets, de ses déceptions, cherchait à tout prix un échange intellectuel et affectif avec nous. Je lui répondais toujours et il m'en était reconnaissant. Il parlait aussi de ses amertumes de cinéaste. Au cours de l'été 55, il m'avoua sa déception. On lui avait attribué le *Nastro d'argento* et il était fou de joie. Mais il tomba de haut en apprenant qu'on le lui avait décerné ex aequo avec deux autres réalisateurs. « Le plaisir du *Nastro d'argento* s'est trouvé un peu gâché par la tartuferie du jury qui en a aussi décerné un à Fellini et un autre à Castellani », m'écrivit-il. « Nous avons donc été trois à recevoir le prix. L'affaire m'a tellement porté sur les nerfs que je ne suis pas allé à la cérémonie de remise. Je me suis contenté d'envoyer un télégramme rédigé avec art, très gentil mais subtilement moqueur, qui a beaucoup amusé les spectateurs qui l'ont compris. Ce soir, pourtant, nous allons tous (tous les *Nastri*) chez le président de la République qui tient à nous féliciter. Quelle joie ! »

Dans la même lettre il parle de Rossellini, qui, cette année-là, avait assuré la mise en scène d'*Othello* à l'Arena de Vérone. L'œuvre, interprétée par Mario

Del Monaco et dirigée par Antonino Votto, n'avait pas connu un grand succès. Des disputes avaient même éclaté entre Del Monaco et le metteur en scène. A la fin du second acte, Del Monaco refusa de chanter. Visconti, qui était mauvaise langue m'écrivit : « Tu as vu l'incident Rossellini-Del Monaco-Votto à Vérone pour *Othello* ? Rossellini est un "sot", mais ne parlons pas des deux autres ! Le drame c'est que Rossellini, avec son manque de sérieux et son incompétence, finit par discréditer la mise en scène d'opéra. »

Maria ne répondait jamais aux lettres de Visconti et celui-ci s'en plaignait. Le 2 août 55, il lui écrivait : « C'est vrai ce que dit Manzoni "Les temps heureux ne se racontent pas..." On voit que tu vis un moment heureux et serein, de vrai repos et... tu ne réponds plus aux lettres des amis qui sont au loin. »

Les sujets de prédilection de Visconti, dans ses lettres, demeuraient le travail, qui était le but de sa vie, et *La Traviata* qu'il avait réalisée avec Maria et considéra toujours comme son chef-d'œuvre. En août 55, je l'informai que La Voix de son Maître avait décidé de sortir un enregistrement de *La Traviata* chantée par Di Stefano et une autre soprano que Maria. La nouvelle le mit dans une colère terrible. Il s'en prit à la Scala, à Di Stefano, à la maison de disques. Il considérait cet enregistrement, après le triomphe de *La Traviata* à la Scala en mai, comme un affront inadmissible à l'égard de Maria comme de lui-même.

« Je suis absolument effaré », écrivait-il, « par le mauvais tour que La Voix de son Maître, sans aucun doute sollicitée par quelqu'un, cherche à jouer à Maria. Et je n'arrive pas à croire que la Scala soit de la partie. Car de sa part, plus encore que de mauvaise foi ou de lâcheté, il peut s'agir de connerie ! On n'évalue jamais assez le niveau de bêtise des gens, jusqu'au jour où ça vous tombe sur la tête comme un coup de massue ! Il faut que Maria réagisse de façon très énergique (mais c'est bien inutile de le lui conseiller, n'est-ce pas ?). La vacherie me semble évidente, injurieuse, irrévérencieuse, mesquine, déplaisante (plus on en a plus on en met).

« C'est sans doute une manœuvre sordide et sournoise de Di Stefano, qui pense ainsi prendre sa revanche après sa prestation ridicule en mai au théâtre. Maria tient en main de telles cartes et de telles armes pour repousser cette vile attaque, qu'elle n'a qu'à choisir pour semer la panique dans les rangs de la Scala. Et j'espère qu'elle s'en servira.

« Et puis que Ghiringhelli n'en sache rien, mais rien, me paraît absurde ! Bah ! C'est possible ! En fait, tout me semble si peu propre et si lâche que c'est un peu écœurant ! Enregistrer une *Traviata* sans Maria ! Si ce n'était aussi énorme, il y aurait de quoi rire à s'en démettre la mâchoire.

« Mais, bien sûr, ce nouvel épisode sent l'hostilité concertée contre Maria. Et contre toute *La Traviata* de mai. Contre un spectacle qui, dans son ensemble, a affreusement tapé sur les nerfs des médiocres, des imbéciles, des jaloux, de ceux qui sentent venir la fin de leur monde de mesquinerie, de routine, de paresse intellectuelle ! Que Maria les envoie au diable ! Qu'elle menace de ne plus chanter à la Scala, qu'elle menace, elle le peut, de chanter ailleurs ! Et alors nous les verrons tous... *chier* sous eux ! Youpi ! »

En septembre de la même année, Visconti reparlait de *La Traviata* car il semblait qu'à la Scala on ne voulût pas faire les reprises prévues.

Il en reparla encore en décembre 55, quand il apprit que l'œuvre avait été programmée : « Je viendrai certainement pour *La Traviata* », écrivit-il. « C'était la seule et unique satisfaction que j'exigeais de la Scala. Tu t'imagines si je ne venais pas. Une représentation de *La Traviata* est pour moi une joie, pas seulement parce que je suis heureux de mon travail, mais parce qu'il est si bon de l'entendre à nouveau chanter et de redonner quelques épanchements de bile aux critiques. Ah, quel plaisir ! »

Le 13 juillet 56, Visconti m'écrivit une longue lettre : sept pages, denses, magnifiques. Resté seul à Rome, tandis que tous étaient en vacances, il confiait ses idées sur la mise en scène d'opéra et les raisons de son admiration pour l'art de Maria. C'est une longue lettre, mais elle vaut la peine d'être retranscrite en entier, car elle constitue un précieux document artistique et humain sur ce réalisateur.

« Cher Battista, Gnam, par téléphone, m'a transmis vos amitiés : tout de suite après ta lettre qui m'a fait grand plaisir. Je sais donc que vous vous portez bien, que Maria a repris le travail, et qu'à Milan, heureusement, il ne fait pas trop chaud (pas comme ici, à Rome, où ces jours derniers nous avons tous pensé cuire comme des œufs à la coque).

« Néanmoins, et malgré la grande chaleur de Saint Laurent (qui n'a pas fini pour rien sur un gril comme un bifteck à la florentine ou certains tournedos du Biffi Scala que Maria aime tant), j'ai décidé de ne pas bouger et de rester ici pour prendre un peu de repos, calfeutré à la maison comme une taupe, ou comme un chrétien dans les catacombes. Partir, mais pour aller où ? En cette saison où tous, croyant fuir la ville, se retrouvent en masse dans mille et un endroits et recréent ainsi sans le vouloir l'affolement des grandes cités, désertes, par contre, tels des navires abandonnés du style de l'Andrea Doria avant le naufrage. C'est peut-être dans ces villes que l'on peut jouir d'un semblant de solitude, d'isolement, et pourquoi pas de vacances. On peut en profiter pour tirer son épingle du jeu, comme on dit, et envisager les projets à venir, mettre au point un programme de travail pour l'automne, l'hiver et le printemps. Voici à quoi je m'emploie.

« Tu me demandes des nouvelles de la Scala. Je t'ai dit que la Scala m'avait d'abord proposé *Aïda*, en ouverture. Après y avoir réfléchi un mois, j'ai finalement refusé. Je ne me sentais pas le courage de m'embarquer dans une telle affaire sans y porter un véritable intérêt. Car si je m'étais risqué à monter *Aïda* (sous le feu nourri que nous connaissons) je ne m'y serais attelé qu'à condition de chambouler toutes les conventions, toutes les erreurs, tout le mauvais goût. Mais, comme toujours en Italie, comme toujours lorsque l'on *revoit* un opéra, un texte, avec beaucoup de conscience et le désir sincère de procéder à un dépoussiérage, c'est le *scandale*. A priori, sans solution. D'accord pour le scandale, si, toutefois, les grandes lignes de la tâche assignée t'intéressent. Si, autrement dit, le jeu en vaut la chandelle. Mais voici la situation actuelle : Votto, la Stella et Di Stefano !!! Je ne me sentais vraiment pas l'envie de mettre ne fût-ce qu'un gramme de cervelle au service de ce trio. Voilà les raisons de mon refus. Et je ne l'ai pas regretté un seul instant. Au contraire, je m'en réjouis.

« Quand se présentera, si elle se présente, une occasion d'un intérêt particulier (comme la rencontre avec Maria, une artiste comme Maria pour *La Traviata*) alors je m'engagerai de nouveau (et je crois, sans déshonneur) pour poursuivre ce travail de *révision* de notre opéra dix-neuvième, qui en a grand besoin.

« Mais, supposons que Maria ait chanté *Aïda,* alors ma décision aurait été bien différente, comme mon ardeur au travail, mon enthousiasme. Parce que *La Traviata* restera (quoi qu'en puissent encore dire les attardés ou les cons irrécupérables) et elle restera parce que cette "révision" est désormais un fait artistique, acquis grâce à l'art d'une grande actrice telle que Maria. Et, n'oublie pas ceci, toutes les *Traviata* qui suivront, d'ici peu, pas tout de suite (parce que la présomption humaine est un défaut long à éliminer) ressembleront un peu à *La Traviata* de Maria. Un peu, au début ; puis (quand on pensera qu'assez de temps a passé pour éviter les comparaisons directes) beaucoup ; et ensuite, tout à fait.

« Les futures « Violette » seront des Violette-Maria. C'est irrémédiable, en art, lorsque quelqu'un *enseigne* quelque chose aux autres. Maria *a enseigné.* Mais tu me vois enseigner ou proposer à la Stella un jeu essentiel, nouveau ? Elle s'en ficherait ! Quelle influence exerce-t-elle ? Et ce grand fat de Di Stefano ? Même si je devais vivre cent ans, je ne perdrais plus une minute de mon temps à lui suggérer une seule virgule. Le manque de conscience professionnelle me choque. Il croit en savoir beaucoup plus que tout le monde. Bravo. Qu'il se débrouille un peu tout seul. Moi je n'y perds rien du tout. Et lui non plus, peut-être. Ses succès, il continuera à les remporter. Pas de doute. Mais je me place sur un autre plan. Moi je parle d'art, et non d'approbation vulgaire, de cabotinage... Tout cela ne m'intéresse pas et ne m'intéressera jamais. C'est pourquoi je suis reconnaissant à Maria quand elle me fait dire, comme dans ta dernière lettre, qu'elle pense avec nostalgie au merveilleux travail accompli ensemble. Et si les circonstances nous ont pour le moment empêchés de renouveler une collaboration aussi heureuse, je ne désespère pas de pouvoir recommencer un jour. De toute façon, je lui suis reconnaissant de s'en souvenir, et de *distinguer* notre travail de tous les autres. Qu'elle ne doute pas que moi aussi je m'en souviens avec un sentiment de satisfaction, de bonheur artistique, de plaisir élevé, comme j'en ai rarement ressenti. Ce sont là des souvenirs rares et inoubliables.

« Tu me dis que *La Traviata* sera présentée à Vienne, mais sous la direction de Karajan. Je n'en suis pas revenu. J'ai pensé à Giulini (que cette *Traviata* a mené au succès lui aussi, grâce à l'amour, à la dévotion qu'il lui a consacrés). Tu ne trouves pas que le tort est grand ? Et injustifié ? Et peu élégant ? Ma sympathie pour un artiste sérieux et consciencieux, peut-être injustement mis à l'écart, ne peut que s'en trouver accrue. Giulini est un homme noble et civil, et un chef parfait, consciencieux, enthousiaste. Je suis très chagriné pour lui. Les humeurs des dirigeants de la Scala sont aussi imprévisibles que les changements atmosphériques. Un beau jour ils prennent quelqu'un qui les a dignement servis, ils lui donnent un coup de pied au cul et bonsoir.

« Voici pourquoi, en définitive, je ne leur accorde pas la moindre confiance. Cartes sur table avant tout.

« Le dernier qui a parlé a toujours raison, avec eux.
Et leur confiance en Karajan est désormais aveugle.
Karajan au déjeuner et au dîner. Nous aurons, d'ici
peu, une Scala à l'autrichienne, comme en 1848. Et
au chœur de la *Norma* viendra à nouveau se joindre
le poulailler, tout à fait comme sous la domination
autrichienne : "Guerra guerra".

« Voici tout ce que je peux vous raconter. Le San
Carlo m'a sollicité, mais, comme d'habitude, rien ne
se fera. Je prépare deux spectacles pour Paris à
présenter en 57. Deux spectacles auxquels je tiens
beaucoup, en raison de leur importance, mais aussi
parce qu'ils m'ouvrent de nouveaux horizons professionnels à l'étranger. L'Italie est plus que jamais
"une terre morte", en ce qui concerne le théâtre et
le cinéma, du moins pour le moment.

« Je vais partir pour Venise, après le quinze
août, où je ferai partie du jury du Festival de
cinéma.

« Dix jours de pellicule exposée à voir sans
interruption finiront par me dégoûter pour toujours
même du cinéma. Alors je me mettrai à cultiver des
fleurs.

« Dis à Maria que si elle m'engageait comme
jardinier, j'accepterais volontiers. Ainsi, au moins,
par une fenêtre ouverte je l'entendrais chanter. En
septembre je serai sur le lac, chez Nane, ma sœur.
Je viendrai vous chercher pour discuter un peu et
je vous casserai les pieds, pas vrai ? Maintenant, sûr
de t'avoir tenu la jambe assez longtemps, je te quitte
pour ne pas te la casser tout de suite. Sois gentil de
transmettre à Maria mes pensées affectueuses et
toujours dévouées. A toi, une poignée de main.
Luchino. »

CHAPITRE XVI

« CE GARÇON TOUT FEU TOUT FLAMME IRA LOIN »

Ainsi parla Maria quand elle rencontra Franco Zeffirelli pour la première fois en 1950 – Les jalousies de Visconti et une célèbre querelle – Envers et contre tous, Maria défendit Zeffirelli – Longues lettres de Franco pour la convaincre d'interpréter La Traviata *au cinéma*

A l'époque de ses plus grands succès, Maria fut un personnage que se disputaient les rois, les princes, les chefs d'État, les personnalités de la culture et de l'art. Umberto de Savoie était l'un de ses grands admirateurs et ne reculait pas devant de longs voyages pour aller l'écouter chanter. A la fin du spectacle, il venait féliciter Maria dans sa loge ; il emmenait parfois ses filles, passionnées elles aussi de lyrique. A Londres, Maria fut reçue par la reine Élisabeth. Au Mexique, nous fûmes accueillis avec les honneurs réservés aux chefs d'État. L'une des grandes admiratrices de Maria fut Marlène Dietrich, avec qui nous passâmes plusieurs soirées, aux États-Unis. Elsa Maxwell, la célèbre journaliste américaine qui, pendant longtemps, fut une inconditionnelle de la Tebaldi, après avoir entendu chanter Maria devint sa plus fidèle amie. Et même trop, à mon goût.

Ne parlons pas de son travail. Les directeurs des théâtres la voulaient en exclusivité et lui faisaient des ponts d'or. Après les premiers triomphes à la Scala, Ghiringhelli, qui, pendant des années, l'avait ignorée, lui écrivait des billets d'amoureux transi : « Ma chère et bonne Maria, je t'envoie un supplément de baisers. » « Maria, tu es vraiment une tigresse. J'ai le cœur gros, bien gros. Que mérites-tu Maria ? Tout le bonheur du monde. Je t'embrasse. » Francesco Siciliani, qui le premier l'avait appréciée et fait chanter à Florence, puis lui avait conseillé le répertoire qui la rendit célèbre, souffrait de la voir lui échapper, toujours plus dévorée qu'elle était par la Scala, et lui écrivait : « Chère Maria, je serai "gentil", comme tu dis, et n'insisterai plus pour faire pression sur tes décisions. Je manquerais de sincérité, pourtant, si je ne t'avouais pas que tout cela me laisse un profond sentiment d'amertume et de désillusion. Mises à part toutes considérations de caractère formel, qui crois-tu chagriner en agissant ainsi ? Certainement pas ceux à qui ton absence permettra de faire des économies ! Le seul qui se trouve " humilié " dans cette histoire, c'est bien moi ; et la Scala s'en réjouira, tout comme une certaine administration (qui derrière une correction peut-être bien formelle à ton égard a toujours mal accepté tes succès) et, enfin, les autres artistes, les critiques et les personnalités du monde musical qui tous envient et craignent notre collaboration. »

Les seuls ennemis de Maria se comptaient parmi ses collègues, surtout les plus talentueux. Sur scène, sa présence les faisait disparaître, et ils cherchaient à se venger en colportant des ragots. Personne ne soutient que ma femme avait un caractère doux et soumis ; mais les histoires racontées par ses collègues pour la calomnier, et reprises par les journaux, ne sont que pure invention.

Mario Del Monaco se plaignait que Maria, pour l'empêcher de tenir un aigu, lui donnait des coups de pied dans les tibias ; Di Stefano soutenait qu'après les représentations, elle voulait saluer seule à l'avant-scène pour recevoir les ovations du public. Il ne trouva pas d'autre excuse pour refuser de participer à la reprise de la fameuse *Traviata* à la Scala, mise en scène par Visconti.

Pour sa défense, Maria écrivit : « Il est faux qu'après les représentations j'essaie de paraître seule sur l'avant-scène. Bien des fois j'y ai envoyé des collègues, même s'ils n'en avaient pas le droit. Di Stefano, par exemple, lors de la première représentation de *Lucie* à la Scala ; Infantino, lors des représentations de *Lucie* à Venise ; Del Monaco, pour sa dernière représentation d'*André Chénier* à la Scala. S'ils sont honnêtes, ces trois partenaires devraient confirmer mes dires. »

Maria avait des idées très arrêtées sur sa profession ; elle entrait donc souvent en conflit avec ses collaborateurs et ses metteurs en scène. Le seul metteur en scène qu'elle ne contesta jamais fut Franco Zeffirelli. Maria l'estimait et l'aimait beaucoup. Elle le voyait volontiers.

Nous fîmes la connaissance de Zeffirelli en 1950, lorsque Maria chanta *Le Turc en Italie* à l'Eliseo de Rome. L'œuvre avait été montée par une société qui, tout de suite après, fit faillite et ne paya pas le personnel. Même Maria ne reçut pas la totalité de son cachet. Luchino Visconti avait lui aussi participé à cette affaire désastreuse. Il me semble me souvenir qu'il avait appelé, pour travailler aux côtés du metteur en scène Gerardo Guerrieri, son ami et disciple Franco Zeffirelli.

Zeffirelli était jeune et sympathique. Il nourrissait une véritable adoration pour Maria, qui disait de lui : « Ce garçon, tout feu tout flamme, me plaît ; il ira loin. » Une estime réciproque grandit entre Maria et Zeffirelli. Franco se tenait au courant de tous ses spectacles et envoyait des télégrammes et des lettres débordants d'enthousiasme.

Outre l'intelligence et le courage, Maria admirait chez lui la modestie. Visconti était orgueilleux, parlait toujours de lui, étalait sa culture. Zeffirelli, au contraire, était humble, réservé, doux, gentil. Maria aimait discuter avec lui car il se montrait toujours mesuré et parlait avec « correction », à l'encontre de Visconti qui usait toujours d'un langage relâché et vulgaire.

La collaboration entre Zeffirelli et Maria fut entravée par Visconti, jaloux sans doute. Zeffirelli avait grandi à l'école de Visconti, qui lui avait enseigné le métier de comédien, de scénographe et de metteur en scène. Comme scénographe Zeffirelli s'était déjà fait un nom, en travaillant sur des œuvres qui reçurent les louanges enflammées des critiques. Et voici que le jeune Toscan se révélait aussi talentueux pour la mise en scène ; cela ne plaisait pas à son maître. Visconti craignait peut-être que Zeffirelli ne devînt meilleur que lui, que sais-je. Je ne peux juger cette affaire embrouillée, car je n'y connais rien. Reste que Zeffirelli avait des idées, des inspirations brillantes et le désir de travailler avec Maria, mais il n'en eut que fort peu l'occasion.

En avril 1955, Franco Zeffirelli assura la mise en scène du *Turc en Italie*, à la Scala, avec Maria dans le premier rôle féminin et Gianandrea Gavazzeni à la direction d'orchestre. Les autres interprètes étaient Mariano Stabile, Cesare Valletti, Nicola Rossi Lemeni, Franco Calabrese, Jolanda Gardino, et Angelo Mercuriali. L'œuvre remporta un énorme succès.

C'était l'époque de la collaboration intense entre Maria et Visconti. En décembre 1954, à la Scala, ils avaient donné *La Vestale*, en mars 55, *La Somnambule*, et en mai devaient présenter *La Traviata*. Quoique très absorbée par son activité avec Visconti, Maria travaillait volontiers avec Zeffirelli. Et même, quand surgirent entre eux des divergences, Maria se mit ouvertement à faire des comparaisons entre les deux, sans cacher sa préférence pour les méthodes de travail tranquilles et sereines de Franco.

L'attitude de Maria ne plut pas à Visconti. Susceptible, il résolut de donner une leçon à son jeune disciple. « Scénographe oui, metteur en scène jamais », décréta Visconti et il menaça de mener une guerre impitoyable à ceux qui auraient soutenu Zeffirelli.

Visconti était alors une superstar, Dieu le Père dans le domaine du théâtre et du cinéma. Personne n'osait lui tenir tête. Il était entouré d'une cour de fainéants, de bavards, de lèche-bottes, de désœuvrés et d'oisifs qui répandaient toutes sortes de médisances et de faux bruits dans les salons du tout-Milan, faisant et défaisant les réputations dans le monde du spectacle. Si l'on apprenait que Visconti soutenait tel jeune acteur ou telle jeune actrice, sa carrière était assurée ; mais ses jugements négatifs équivalaient à une condamnation à mort.

Au cours de l'été 1955, la condamnation fut prononcée à l'égard de Zeffirelli. Le mot d'ordre, dans le clan Visconti, consistait à ne plus prononcer son nom. Gare à qui lui faisait confiance ou décidait de l'aider. Maria se trouva impliquée elle aussi dans cette fâcheuse histoire, elle qui, avec *Le Turc en Italie*, avait contribué à accroître le prestige de Zeffirelli.

Maria, à l'époque, jouissait d'une grande autorité. Dans le monde du lyrique, être ami de la Callas comptait au moins autant que d'être celui de Visconti dans les milieux du théâtre ou du cinéma. Il fallait donc réussir à priver Zeffirelli de la protection de Maria, et les mauvaises langues se mirent en devoir d'attribuer à la Callas toutes sortes d'attaques sur Zeffirelli.

Le jeune metteur en scène, ayant eu vent de ces critiques, le prit mal. Il connaissait bien Maria, ne doutait pas de son estime, et la savait incapable de mentir ; il ne comprenait donc pas qu'elle ait pu ainsi jouer double jeu. D'autant que ces ragots lui avaient été rapportés par des gens au-dessus de tout soupçon.

Après avoir considéré la situation, Zeffirelli eut le courage de réagir. Au lieu de se résigner à la guerre qu'on lui menait, en bon Toscan, il sortit à découvert.

Il écrivit une longue lettre à Maria, où il lui exprimait ses inquiétudes et demandait un éclaircissement.

« Chère Maria,(...) me voici au cœur de cette lettre. Je tiens d'abord à te prévenir que je te raconte ceci en toute loyauté et avec la sincère amitié que j'ai toujours éprouvée pour toi. Il s'agit donc de bruits qui me sont parvenus de sources diverses (des gens dont l'habitude n'est pas de colporter des ragots), à propos de ta prétendue hostilité à mon égard. Cela m'a beaucoup peiné et comme je n'ai aucune intention, ne fût-ce qu'un instant, de prendre l'affaire au sérieux je préfère te la raconter telle qu'elle m'est arrivée.

« Nous nous connaissons depuis bien des années, désormais, et tu sais l'admiration et l'amitié que je t'ai toujours portées. En outre, ces derniers mois nous avons enfin travaillé ensemble sur un spectacle qui a été fort bien accueilli. Ce sont des expériences qui cimentent l'amitié plutôt que de l'affaiblir, du moins en ce qui me concerne. Je me souviens avec quelle gentillesse tu es allée au-devant de mon père et de ma sœur le soir de la première du *Turc,* alors que ta loge débordait d'admirateurs enthousiastes. J'en ai été ému aux larmes, et c'est l'image que je garde de toi, toujours.

« C'est pourquoi ces bruits absurdes me révoltent et je souhaite simplement... dissiper le doute. A moins que je ne t'aie blessée sans le vouloir ?

« Je t'ai souvent vue irritée, et même furieuse contre des partenaires qui t'avaient d'une façon ou d'une autre déçue ou vexée, mais c'était toujours pour une raison précise, même si, avouons-le, tes réactions semblaient parfois disproportionnées. Quoi qu'il en soit, tu as toujours affronté tes responsabilités la tête haute, face à tes adversaires. " Je ne peux pas le supporter, t'exclamais-tu furieuse. C'est lui ou moi. " C'est dans la nature du personnage Callas, et constitue sa force, son pouvoir de séduction. Par contre, cette histoire-ci ne te ressemble pas du tout... »

Maria lut cette lettre avec indignation. Elle était vraiment hors d'elle, et me chargea d'écrire à Franco pour lui exprimer toute son admiration, son estime et son amitié. Zeffirelli, ému, répondit par retour du courrier.

« Cher Battista, tu ne peux imaginer comme ta lettre m'a rendu heureux. Je l'attendais jour après jour, avec confiance mais aussi angoisse. Maintenant elle m'est parvenue, grâce au ciel, et je reprends vie, me semble-t-il.

« Je me demande soudain quel genre de condamnation prévoit le code contre ceux qui font courir de faux bruits, tels que cette prétendue animosité de Maria à mon égard. Est-il possible que les gens s'en tirent après de tels méfaits ? Heureusement que la confiance règne entre nous, sinon, pense un peu, la situation aurait empiré jusqu'à devenir irrémédiable, et l'inimitié serait devenue réelle.

« Désormais, toutefois, je garde encore quelques remords : je continue à me reprocher d'avoir trop facilement prêté l'oreille (même si je n'y ai pas cru) à des ragots aussi injurieux et malhonnêtes : j'aurais dû faire preuve de plus de discernement, rester confiant. Il faudra beaucoup de temps avant que je ne me pardonne cette faiblesse.

« Mais, tu sais, au fond ce monde-là m'a pris au dépourvu. Je m'y perds : les gens renient ce qu'ils viennent de te dire à peine as-tu le dos tourné, ils te sourient, mais le venin n'est pas loin. Ils te manifestent une estime sincère et même enthousiaste, mais en leur for intérieur attendent avec impatience que tu commettes une erreur, fût-elle minuscule, pour te mettre en pièces. »

La brouille entre Visconti et Zeffirelli ne dura pas longtemps. On raconte que la réconciliation eut lieu une nuit de ce même hiver, après une altercation plutôt violente. Zeffirelli et Visconti se rencontrèrent devant le Piccolo de Milan. Zeffirelli attaqua le maître avec fougue, en exigeant des explications. Visconti répondit hors de lui par une série d'injures cuisantes. La dispute dégénéra bien vite. On raconte même qu'ils en vinrent aux mains.

Ce fut une bagarre salutaire. Ils en sortirent plus amis qu'auparavant. Pour oublier ce qui s'était passé, en mars Visconti partit avec Franco passer quelques jours de vacances en Italie du Sud, d'où il nous envoya ses vœux de Pâques. De retour à Rome, Visconti écrivit à Maria : « Le télégramme de vœux était expédié de Potenza, par hasard. J'étais parti avec Franco et Danilo faire un tour en voiture en Italie du Sud pour visiter quelques villes que je ne connaissais pas encore, Matera, Altamura, etc. En passant à Potenza, j'ai voulu envoyer aux amis mes bons vœux pour Pâques, afin qu'ils arrivent à temps. La petite balade en voiture a été très agréable et nous sommes rentrés à Rome le soir du lundi de Pâques. »

Pendant l'été, Visconti décida de repartir en vacances avec Franco Zeffirelli. Il avait été invité à Madrid chez Lucia Bosé, pour le baptême de son fils Miguel. Zeffirelli se trouvait en Hollande pour la mise en scène de *Falstaff*, dirigé par Giulini. Visconti partit de Rome avec Gnam Penati, son vieil ami, et alla chercher Zeffirelli. Puis, en touristes, ils prirent la route de Madrid.

De chaque ville qu'ils visitaient, ils envoyaient des lettres et des cartes postales à Maria. De Madrid, en date du 15 juillet 1956, Zeffirelli écrivait : « Chère Maria, ce merveilleux voyage en Espagne avec Luchino et Gnam se prolonge plus que prévu. C'est une expérience extraordinaire. L'Espagne est vraiment plus déroutante, mystérieuse et enivrante que je ne le pensais. Le prétexte à ce voyage était, comme tu le sais, le baptême du fils de Lucia, qui a eu lieu jeudi dernier. Une magnifique journée, inoubliable de bout en bout.

« Hier et aujourd'hui, nous avons visité Tolède et même assisté à une corrida. Demain nous poursuivrons notre voyage par l'Andalousie et je meurs d'impatience. L'ombre de *Carmen* plane sur nous. Je te raconterai mes impressions de vive voix. Luchino et moi pensons très souvent à toi. Les oreilles te sifflent-elles ? Et tout en roulant nous espérons toujours renouveler le coup merveilleux de l'année dernière, quand, une nuit, pendant un violent orage dans le nord de la France, la radio nous offrit ta retransmission de la *Norma*. »

De retour à Rome, Visconti écrivit à Maria :
« L'Espagne est un pays qui te plairait énormément,
encore tout chargé de mystère et d'un charme
extraordinaire. Il me semble que c'est le pays le plus
fantastique que je connaisse, et je suis heureux de
mon voyage. Le sang musulman et arabe court dans
les veines des Espagnols comme un précieux enri-
chissement qui depuis des siècles modifie et embellit
leur race. C'est un peu comme chez toi ce soupçon
d'orientalisme, qui ajoute à ton tempérament d'artiste et de femme tant de mystère et tant de force... »

En août 1956, Zeffirelli écrivit à Maria une lettre
étrange : « Chère Maria, hier soir, Marlène Dietrich,
une de tes admiratrices enragées, n'a cessé de me
parler de toi. Elle m'a raconté que dans les hôpitaux
américains on passe tes disques sans arrêt, car on
a découvert que ta voix réconforte les malades, leur
redonne confiance, les calme, et les aide à guérir.
Rien de nouveau, nous l'avions compris depuis
longtemps. La Dietrich m'a aussi raconté qu'il y a
bien sept mois qu'elle a réservé sa place pour ton
début au Metropolitan. Et elle n'a réussi à obtenir
un billet que parce qu'elle connaît bien Bing. Il est
clair que ce soir-là ce ne sera pas un triomphe, mais
une apothéose. »

Comme Visconti, Zeffirelli lui aussi avait l'idée fixe
de monter *La Traviata* avec Maria. Il considérait
qu'aucune autre artiste au monde ne pourrait
interpréter le chef-d'œuvre de Verdi comme elle. Son
ambition n'était pas tant de mettre en scène *La
Traviata* pour le théâtre, car Visconti l'avait fait
avant lui de façon magistrale. Il rêvait de réaliser
un film sur *La Traviata,* avec Maria dans le premier
rôle, bien sûr.

Un jour, à Dallas, il nous parla de son projet
pendant trois heures. Il avait déjà trouvé le financement et constitué la *troupe**. Pour la partie musicale,
l'enregistrement serait assuré par la Philharmonie
de Londres sous la direction de Victor De Sabata.

* En français dans le texte (*N. d. T.*)

Pour la rédaction du scénario et le conseil musical, il avait pensé à Susi Cecchi d'Amico et Fedele d'Amico ; pour la partie visuelle et la couleur, à Lila de Nobili ; pour la photographie, à Giuseppe Rotunno. La date du tournage était déjà fixée.

Quand il rencontrait Maria, et dans les lettres qu'il lui écrivait, Zeffirelli continuait à l'entretenir de ce projet. Maria demeurait perplexe. Zeffirelli avait recours à tous les arguments pour atteindre son but, comme on peut le constater dans cette lettre, écrite de Rome, le 26 juin 1958 :

« Chère Maria, je n'ai pas voulu te harceler, ces derniers temps, pour te parler du film. Je ne sais pas si j'ai eu raison ou tort : quoi qu'il en soit, il m'était impossible de faire autrement vu mon insurmontable répugnance à agir comme presque tous les réalisateurs, qui font le siège des vedettes qu'ils désirent entraîner dans leurs affaires commerciales. Ce que je veux réaliser, tu le sais. Et tu sais que j'ai trop d'affection et de respect pour toi pour te proposer des entreprises qui ne soient pas dignes de toi...

« Je comprends très bien, crois-moi, toutes les raisons de tes hésitations et de ta prudence. Je comprends que tu sois assaillie de propositions et que tu les passes au crible à cause de la responsabilité dont tu te sens investie à l'égard de ton travail. Je comprends aussi qu'aucun projet ne te paraisse jamais assez alléchant, ne t'emballe complètement. Et non parce que tu es désabusée ou trop exigeante, comme on pourrait le conclure trop vite, mais parce que, te connaissant un peu, je sais que chaque nouvel engagement professionnel représente pour toi, avant tout, un gigantesque effort créatif. Que dire alors d'une expérience neuve, comme le cinéma, neuve et pleine d'inconnues, même si au fond de toi elle t'attire, tout en t'inspirant une grande méfiance. Je comprends ça parfaitement !

« Toutefois, je pense que notre projet de film sur *La Traviata* est très sérieux et c'est la raison pour laquelle je travaille depuis si longtemps pour qu'il se réalise.

225

« Personnellement (mais cela ne regarde peut-être que moi), je crois que je traînerai de terribles regrets pour le restant de mes jours si nous ne réussissons pas, maintenant, à fixer ta *Traviata* sur trois mille mètres de pellicule ! Car l'idée de ce film, je ne me lasserai jamais de le répéter, a jailli de cette exigence morale : disposer d'un document vivant et parfait de l'une de tes grandes interprétations, au faîte de tes capacités artistiques, dans les années de ton plein épanouissement de femme.

« Je veux que le film puisse passer dans le monde entier, dans les endroits les plus oubliés et les plus reculés, de la Patagonie au Congo, que tous assistent à ce spectacle et que demain, nom d'une pipe ! tu offres aux générations qui le verront ce que ni la Duse ni Sarah Bernhardt n'ont pu leur laisser : l'image de cette créature exceptionnelle qui a ému, exalté, fait trembler et délirer des parterres et des foules dans cette seconde moitié si troublée du xxᵉ siècle !...

« Chère Maria, je ne sais pas si tu voudras me voir ou me parler avant de te décider. Moi, comme je te l'ai dit, je déteste gagner par la contrainte, mais je me tiens prêt à te rejoindre au moindre signe. Et si tu as des réserves de principe, fais-m'en part s'il te plaît, avec la franchise fraternelle qui constitue l'un des traits les plus attachants de ton caractère. Ces jours-ci je me trouve à Rome et ne devrais pas en bouger. Inutile de t'avouer avec quelle angoisse j'attends que mûrissent vos décisions.

« Baisers affectueux à toi et à Battista. *Franco.* »

Malgré ses promesses alléchantes et toutes ses prières, Maria ne se décida jamais à accepter la proposition de Zeffirelli. A mon avis, elle eut tort. Je suis sûr qu'avec Franco elle aurait atteint un résultat extraordinaire, bien supérieur à l'expérience cinématographique qu'elle tenta plus tard avec Pier Paolo Pasolini.

CHAPITRE XVII

DU PACHYDERME AU PAPILLON

En dépit d'un régime draconien, Maria souffrit pendant des années d'un excès d'embonpoint – Comment, au cours de l'hiver 1953, elle se mit à maigrir de façon imprévue jusqu'à perdre trente kilos en un an – Le secret de sa « cure » – L'amour des vêtements et des bijoux – Les « règlements domestiques »

En décembre 1951, quand Maria, pour la première fois, chanta à la Scala, elle pesait quatre-vingt-quinze kilos ; trois ans plus tard, à l'inauguration de la saison 1954-55, elle en pesait trente de moins. Son corps avait connu une transformation radicale, qui avait modifié jusqu'à son comportement. On aurait cru une autre femme, avec un autre caractère. Il n'est pas exagéré d'affirmer que ce changement a bouleversé la vie de Maria Callas, tout comme son activité artistique.

Cet amaigrissement fit date. Le pachyderme gauche et emprunté s'était transformé en femme très élégante au corps de mannequin. Les amaigrissements inattendus laissent en général la peau flasque, avachie. Maria, elle, avait maigri sans connaître aucun de ces effets secondaires. Sa peau était restée tendue, lisse, fraîche.

Quelques mois plus tard, le médecin prescrivit à Maria des piqûres de vitamines et celle-ci demanda à notre gouvernante, Emma, de les lui administrer. Mais Emma était nerveuse, elle craignait de lui faire mal. Comme elle me l'avoua ensuite, elle pensait qu'après cet amaigrissement les fesses de Maria seraient trop délicates pour l'aiguille. Maria insista et Emma dut capituler. Après la première piqûre, la femme de chambre, stupéfaite, me dit : « C'est incroyable ; Maria a un petit derrière ferme comme celui d'une toute jeune fille. »

De cet amaigrissement, on parla beaucoup dans les journaux et les magazines de beauté ; on interviewa médecins et diététiciens. A cette époque, surtout chez les femmes, Maria était plus connue pour sa mystérieuse perte de poids que pour ses dons de chanteuse. Chaque jour, elle recevait des dizaines de lettres ; des femmes la suppliaient de révéler le secret de son régime miraculeux. Des firmes de produits variés et des instituts d'esthétique lui proposèrent des sommes astronomiques pour breveter en exclusivité les « recettes de la Callas ».

Même moi, qui vivais auprès d'elle jour et nuit, je n'ai jamais pu comprendre tout à fait comment elle avait maigri. Les journaux échafaudèrent des théories et avancèrent des hypothèses absurdes. On écrivit que son désir désespéré d'avoir une ligne parfaite avait poussé Maria à entreprendre des jeûnes draconiens, des régimes exténuants, des thérapies tout à fait secrètes. Quelqu'un alla même jusqu'à écrire qu'elle s'était rendue en Suisse chez un médecin célèbre qui lui avait conseillé d'attraper le ténia. Maria aurait accepté et bu le parasite « amaigrissant » dans une coupe de champagne. Mais c'est là une histoire aussi absurde que stupide.

Le désir de maigrir tracassa toujours mon épouse. Maria était une femme intelligente, orgueilleuse, aimant la beauté et l'élégance. Se voir ainsi condamnée à subir un physique pataud, qui l'empêchait de porter de beaux vêtements et de jouir à fond de sa jeunesse et de sa célébrité, la fit beaucoup souffrir. Pour maigrir, elle avait tout essayé, sans jamais obtenir de résultats appréciables.

Son embonpoint n'était pas dû à l'amour de la bonne chère. C'était le fait d'un dérèglement physique et peut-être psychique. Un médecin me déclara un jour que l'obésité pouvait résulter d'une certaine insatisfaction, de tensions, de problèmes. On a écrit que depuis son tout jeune âge Maria montrait une tendance préoccupante à la boulimie, tant et si bien qu'on la nommait « Pantagruel », qu'à trois mois sa mère la trouva avec une saucisse dans la bouche et que devenue grandelette, pour apaiser les morsures de son appétit démesuré, elle se rendait à la cuisine après déjeuner et se faisait cuire une marmite de pommes de terre qu'elle mangeait dans l'après-midi. Ce ne sont là que des inventions.

Enfant, Maria était maigre et ne portait aucun amour particulier à la nourriture. Elle a écrit à ce sujet : « J'ai grossi en Grèce, après une cure d'œufs battus et à cause de troubles endocriniens que ma mère n'eut pas la prudence de faire soigner. Il n'est pas vrai que je me gavais de fromage. Il me semble n'avoir jamais aimé le fromage. Je n'ai jamais été non plus une grosse mangeuse. Je me souviens que mes parents me poursuivaient dans les escaliers car je sortais le matin sans même avoir bu un thé ou mangé une tartine de pain grillé. »

Quand je connus Maria, au cours de l'été 1947, elle pesait presque cent kilos. La graisse, outre qu'elle lui donnait une silhouette lourde et empruntée, lui causait des problèmes de circulation sanguine, surtout aux jambes. Si elle restait debout pendant plusieurs heures de suite, ses chevilles enflaient horriblement jusqu'à devenir aussi épaisses que ses mollets. De temps à autre des abcès se formaient. Elle avait des éruptions cutanées qui ressemblaient à de l'eczéma, et de curieux prurits sur tout le corps.

Je m'occupai aussitôt de la faire examiner par divers spécialistes. Son embonpoint ne me gênait pas, Maria avait un très beau visage et j'ai toujours aimé les femmes potelées, à la Titien. Non, je m'inquiétais de ces œdèmes aux jambes, de ces abcès et de toutes les complications provoquées par l'excès de graisse. Les médecins qui la virent ne surent pas se prononcer.

Sur les conseils d'Elena Rakowska, la femme du maestro Serafin, nous allâmes consulter un célèbre médecin, le professeur Coppo, que l'on nous présenta comme le « remède infaillible » pour ce genre de maladies. Coppo, après avoir consciencieusement ausculté Maria, déclara : « Vous êtes en bonne santé, vous ne souffrez d'aucun trouble et n'avez pas besoin d'être soignée. » Puis, avec un sourire, il ajouta : « Si vous êtes malade, c'est dans la tête. Vous, les artistes, êtes tous un peu fous. Et vous, madame, qui êtes plus artiste encore que les autres, êtes plus folle que les autres aussi. »

En vérité, les médecins craignaient de prescrire des remèdes ou de conseiller des régimes à Maria, car ils ne pouvaient prévoir quelles en seraient les conséquences sur sa voix. Peut-être existait-il des médicaments efficaces, mais personne n'osait les administrer à une chanteuse célèbre.

Au fur et à mesure que sa gloire grandissait, le problème de son obésité devenait plus aigu. Maria apparaissait de plus en plus souvent dans les journaux, rencontrait des gens importants, était invitée à des réceptions, voyait des femmes superbes et se sentait toujours plus mal à l'aise.

Je voulais qu'elle s'achète de beaux vêtements ; je lui offrais des bijoux ; mais elle ne savait qu'en faire. Je l'emmenais voir les boutiques. Elle s'arrêtait devant les vitrines pour admirer un modèle, dévorée de curiosité féminine, puis s'éloignait, triste et furieuse à l'idée de ne jamais pouvoir l'endosser. Elle s'habillait toujours sans recherche, portait des couleurs sombres qui la vieillissaient, et détestait qu'on la photographie.

Elle se passionnait pour la cuisine. Elle avait, comme je l'ai raconté, la manie de recueillir toutes les recettes qu'elle trouvait dans les journaux, de les découper et de les coller sur des feuilles, jusqu'à obtenir d'épais volumes. Elle y ajoutait des notes de sa main. Elle s'amusait à inventer des plats et des gâteaux de toutes sortes, mais ne goûtait jamais à rien. En dépit de tous ces sacrifices, elle ne perdait pas un gramme.

Fin 1948, elle fut opérée de l'appendicite. Pendant sa convalescence, elle grossit de dix kilos. A cette époque, elle dépassait le quintal. Elle était désespérée et se pesait tous les jours. Quand elle voyageait, elle emportait sa balance dans sa valise, de peur de ne pas en trouver à l'hôtel ou qu'elles ne fussent pas justes.

La métamorphose survint de façon imprévue, fin 1953. Nous nous trouvions à Milan, au Grand Hôtel. Nous logions dans une chambre voisine de celle où mourut Verdi. Ce soir-là, je m'étais rendu à la Scala voir un spectacle qui m'intéressait. Je sortais seul fort peu souvent, et ce fut là l'une des rares exceptions.

J'étais installé dans un fauteuil des premiers rangs quand au bout d'une demi-heure environ une ouvreuse vint me trouver et me dit : « Commendatore, votre femme a téléphoné ; elle a demandé que vous rentriez à l'hôtel de toute urgence. »

Il n'y avait rien d'exceptionnel à ce que ma femme me cherche quand j'étais sorti, elle le faisait toujours et pour les raisons les plus futiles. Des fois elle avait un petit gâteau à manger. Elle téléphonait et disait : « On me l'a offert et je veux le partager avec toi. » Ou alors tout simplement : « J'ai envie de te voir, viens tout de suite. » C'étaient des attitudes presque puériles, mais je comprenais et accourais.

Ce soir-là, à la Scala, ce « de toute urgence » m'affola. Ma mère, qui vivait à Vérone et était très âgée, ne se portait pas bien. Je pensai aussitôt que Maria avait reçu un coup de téléphone de Vérone à son sujet. Aussi, avant de quitter la Scala, je téléphonai à l'hôtel et demandai à la réception si ma femme avait reçu des communications de Vérone.

« Non, madame n'a eu personne au téléphone, mais elle est très agitée et nous rend tous fous », m'avoua le réceptionniste.

« Passez-la moi, je vous prie ».

Maria, en fait, était au comble de l'agitation.

« Comment, tu n'es pas encore parti ? m'accusat-elle. Tu ne dois pas me laisser seule. Battista, Battista : je t'en prie, viens tout de suite, je l'ai tué.

– Quoi ? » demandai-je.

« Viens, viens, dépêche-toi », reprit-elle et elle raccrocha.

Je me trouvai alors dans une situation tragicomique. Stupide, mais qui me fit passer un mauvais quart d'heure. La phrase de Maria : « Je l'ai tué », m'épouvanta et excita mon imagination. Maria était une impulsive. Dans un moment de colère, elle pouvait commettre l'irréparable.

Je me souvins d'un incident survenu alors que nous trouvions au Brésil. Un matin, j'étais descendu chercher les journaux et Maria, restée seule dans la chambre, se fit servir le petit déjeuner. Le serveur la trouvant en robe de chambre, peut-être un peu dénudée, voulut lui caresser la poitrine. Maria s'emporta. Elle avait alors une force effrayante. Elle empoigna le serveur, ouvrit la porte de la chambre et le jeta dehors avec tant de violence que le pauvre malheureux alla heurter la poignée de la porte d'en face et s'ouvrit le crâne. On dut l'hospitaliser, la police intervint, il y eut des interrogatoires et toutes sortes d'ennuis, tant et si bien que nous dûmes changer d'hôtel.

Le souvenir de cet incident, et la phrase de Maria au téléphone me portaient à craindre le pire. Le cœur battant, je quittai la Scala au grand galop, rentrai à l'hôtel et montai les escaliers quatre à quatre. Je m'arrêtai derrière la porte, l'oreille aux aguets. Aucun bruit. J'entrai. Maria sortit de la salle de bains. Elle portait une robe de chambre bleu ciel.

« Battista, je l'ai tué », dit-elle.

« Qui as-tu tué ? » demandai-je, me sentant défaillir.

Elle s'aperçut de mon trouble et éclata de rire. Il s'agissait d'une histoire plutôt banale. Tandis qu'elle se trouvait aux toilettes, Maria avait expulsé un long segment de ténia et l'avait tué. Elle était fort inquiète.

« Ne crains rien », lui expliquai-je « c'est un parasite très courant, surtout chez les gens habitués à manger de la viande crue comme toi. »

Nous appelâmes le médecin, le docteur Gerardo De Marco, son fervent admirateur, qui habitait au 56 corso Buenos-Aires. Celui-ci confirma mes dires, ajouta qu'il convenait d'éliminer le ténia, et prescrivit quelques médicaments. En deux jours, Maria en fut débarrassée.

Cet incident semblait clos et oublié, mais, les semaines suivantes, Maria découvrit que quelque chose en elle changeait à une vitesse impressionnante. Elle continuait à vivre comme à son habitude, mais se sentait transformée. Disparus les troubles qui la faisaient souffrir. Elle se sentait plus leste, plus souple, et, merveille des merveilles, en une semaine avait perdu trois kilos. Que s'était-il passé ? Avec l'aide du médecin, nous finîmes par conclure que tout s'expliquait par la disparition du ténia. Tandis que ce parasite, chez la plupart des gens, provoque un amaigrissement, chez Maria il avait créé l'effet contraire. Une fois l'animal éliminé, Maria commença à maigrir.

Elle continua à perdre du poids régulièrement. Son régime alimentaire n'avait pas changé ; ni pain ni pâtes, beaucoup de viande grillée et crue, beaucoup de légumes verts sans assaisonnement. Peu d'eau et juste quelques doigts de vin. En outre, elle se faisait longuement masser chaque jour. Mais alors que ce mode de vie n'avait jamais rien donné pendant des années, il réalisait désormais des miracles.

Maria était transformée jusque dans son caractère : elle était devenue plus douce, plus paisible. Sa résistance physique avait augmenté. Elle ne se sentait plus fatiguée, dormait peu. Elle se mit à travailler à un rythme plus soutenu qu'auparavant.

Il me semblait pourtant que cet amaigrissement était excessif. En près d'un an, elle était descendue de quatre-vingt-quinze kilos à soixante. « Tu n'es plus ma moitié », lui disais-je, « mais mon quart. » Elle riait. Un jour, pourtant, alors que je m'évertuais à la convaincre que cet amaigrissement continuel m'inquiétait, elle se mit en colère et éclata entre nous une querelle mémorable.

Devenue mince, Maria commença à porter de beaux vêtements, des bijoux, des fourrures. Désormais, elle pouvait se le permettre. Elle ne se faisait habiller que par les meilleurs couturiers et exigeait des modèles exclusifs.

J'avais coutume de marquer les premières de chacune des œuvres importantes qu'elle interprétait en lui offrant des bijoux auxquels je donnais le nom de l'opéra. A l'occasion de *Lucie de Lammermoor,* je lui avais offert une parure de diamants, collier, bracelet et bague. Pour *La Traviata,* une parure d'émeraudes : collier, bracelet, bague et boucles d'oreilles ; pour *Iphigénie en Tauride,* un anneau de brillants navette, ainsi nommé parce que la taille lui donnait l'allure d'une coque de bateau ; pour *Médée,* une parure de rubis : bracelet, boucles d'oreilles et collier. En d'autres occasions, je lui avait offert une paire de boucles d'oreilles en diamants que l'on pouvait aussi porter en clips, ensemble ou séparés et une bague montée avec une émeraude de toute beauté : on disait que seule la Reine d'Angleterre possédait la même. Pour ces bijoux, je dépensai des sommes astronomiques, qui, de nos jours, s'élèveraient à plusieurs milliards.

Quand Maria commença à chanter très souvent à la Scala nous nous installâmes à demeure dans un hôtel de Milan. Mais elle adorait sa maison, et souvent, après la représentation, même s'il était très tard elle me disait : « Battista, s'il te plaît, allons dormir dans notre lit, chez nous. » Je devais alors prendre la voiture et foncer à Vérone. Ces voyages étaient pénibles et dangereux, surtout l'hiver, à cause de la neige. Je décidai donc de prendre un appartement à Milan. Je vendis la maison de Vérone et achetai, via Buonarroti, une petite villa avec de grands arbres devant et un petit jardin derrière. Je la fis aménager par l'architecte Tamaglini qui, comme de bien entendu, ne put qu'obéir aux ordres de Maria. De Vérone nous fîmes venir le piano et les tableaux. Maria voulut accrocher dans la chambre à coucher la petite Madone du XVIᵉ, peinte par Caroto. Sur la table de nuit, elle posa le petit tableau de Cignaroli que je lui avais offert le jour de notre rencontre, son porte-bonheur. Elle ne chantait pas si, dans sa loge, elle n'avait pas ce petit tableau. Une fois, tandis qu'elle se trouvait à Vienne pour quelques représentations, elle se rendit compte qu'elle l'avait oublié à Milan, et refusa de chanter. Il fallut téléphoner à une amie, lui demander d'aller chez nous le chercher et de prendre l'avion pour nous l'apporter au plus vite à Vienne.

Dans notre maison de Milan, comme dans les précédentes, la vie se déroulait sereine entre Maria et moi. Je crois que jamais deux êtres n'ont été aussi unis. Maria ne permettait pas que je m'éloigne d'elle. Comme je me levais tôt le matin, j'avais le droit de sortir acheter les journaux, mais je devais être rentré pour neuf heures car, lorsqu'elle se réveillait, avant même d'appeler la femme de chambre pour son café, Maria voulait me voir. Après m'avoir donné le bonjour, elle me disait : « Comment me veux-tu aujourd'hui ? Comment dois-je m'habiller ? Tu as l'intention d'aller quelque part ? » Je lui donnais le programme de la journée et, selon nos obligations, elle choisissait les vêtements qui convenaient. C'était toujours moi qui l'aidais à s'habiller. Je la coiffais aussi, et lui servais même de pédicure.

Nous déjeunions à une heure. Maria ne s'est

jamais assise à table avant moi. Elle disait : « Battista est le patron et on lui doit le plus grand respect ». Elle avait une idée stricte et traditionaliste de la famille. Elle voulait vivre selon les lois d'autrefois qu'elle respectait avec intransigeance. Elle appliquait aux habitudes domestiques la même discipline et la même conscience morale qu'à l'étude de la musique.

Dans notre maison de Milan, nous avions engagé quelques domestiques : valet de pied, cuisinière, lingère, jardinier. Pour maintenir la « parfaite harmonie » et « l'ordre parfait » (comme elle disait), Maria avait rédigé un règlement que tous devaient observer scrupuleusement. Il comportait onze points. Il est intéressant d'en prendre connaissance, car il permet de mieux comprendre son caractère. Le voici, avec son titre original.

RÈGLEMENT DOMESTIQUE

1. Le plus grand respect mutuel.
2. La plus grande propreté corporelle *toujours* et sans dérogation.
3. Chacun, même le valet de pied, lavera et repassera ses vêtements, et surtout ses sous-vêtements.
4. Les livrées seront lavées, repassées et rangées par la lingère. Le personnel essaiera de les salir le moins possible et de toute façon ne devra jamais se présenter avec une livrée malpropre.
5. Avant d'entrer dans quelque pièce que ce soit, même vide, on est prié de frapper et de demander la permission d'entrer.
6. On parlera aux patrons avec le plus grand respect, jamais avec emportement, et surtout sans jamais élever la voix, sous aucun prétexte.
7. Dans la conversation avec les patrons, j'exige une extrême courtoisie et le plus grand respect au sujet des amis de la famille. On ne perdra patience sous aucun prétexte, et ne nommera jamais un ami ou une connaissance de la maison par son seul nom.
8. A l'appel des patrons on répondra toujours

immédiatement, et l'on se présentera dans une tenue impeccable.

9. On ne répondra jamais « non » à une demande, mais l'on s'abstiendra de toute obséquiosité.

10. Les travaux seront accomplis avec soin, à fond, toujours en silence, sans échange d'idées, de commérages, ou de commentaires.

11. Chacun accomplira les tâches qui lui incombent, et qui les négligera sera dénoncé par les autres aux patrons.

Comme on le voit, Maria imposait des lois draconiennes. Pourtant, le personnel s'est toujours bien entendu avec elle, tant et si bien que nous avons fort peu changé de domestiques. A côté de ce rigorisme, Maria possédait de grandes qualités humaines et savait se faire aimer.

CHAPITRE XVIII

« VOTRE SAINTETÉ, VOUS AVEZ TORT »

Voilà l'impertinente réponse que mon épouse fit à Pie XII alors qu'ils discutaient ensemble de la musique de Wagner – Le Pape avait entendu Maria à la radio dans Parsifal *et désirait la connaître – L'interminable procès contre la firme qui se servit du nom de ma femme pour vendre des pâtes*

Début 1954, quelques mois après avoir vaincu son « ver solitaire », Maria avait déjà perdu une vingtaine de kilos. Quelques-uns, parmi les amis et la famille, en parlaient avec inquiétude, pensant qu'elle couvait une étrange maladie. Mais, comme Maria continuait à bien se porter, et même qu'elle se sentait mieux qu'auparavant, on commença à trouver cet amaigrissement providentiel.

Les journalistes furent parmi les premiers à remarquer le changement, et la nouvelle commença à circuler suscitant toutes sortes de discussions, de curiosités, et de polémiques. Il y eut même quelqu'un pour penser à l'exploiter commercialement, et survint alors une aventure qui fit enrager Maria et marqua le début d'une affaire judiciaire qui, entre les procès, les recours et les tentatives de conciliation, dura cinq ans, impliquant des personnalités du monde politique et de l'Église.

L'idée de monter un coup publicitaire sur l'amaigrissement de Maria germa dans l'esprit de Gino Coen, président du conseil d'administration de la Société Mulini e Pastificio (Moulins et Pâtes Alimentaires) Pantanella de Rome. Ce monsieur était un ami de mon beau-frère, Giovanni Cazzarolli, médecin à l'hôpital de Vérone. Cazzarolli était le seul parent à qui je permettais de fréquenter ma maison. C'était un homme gentil, qui m'avait toujours porté de l'amitié. Quand j'étais tombé amoureux de la Callas, il ne s'était pas dressé contre moi comme tous les autres membres de ma famille. Je ne nourrissais donc aucun ressentiment contre lui et en 49, quand je m'étais marié, je l'avais pris comme témoin.

Quoiqu'il ne fût pas notre médecin de famille, Cazzarolli nous servait de conseiller. Maria et moi nous adressions toujours à lui pour les petits ennuis, les rhumes, les grippes ; il se montrait toujours très obligeant.

Ce fut mon beau-frère qui nous présenta son ami M. Coen et nous emmena visiter les Moulins Pantanella. Nous nous liâmes d'amitié avec la famille Coen et, une fois ou deux, quand Maria travaillait à Rome, nous allâmes déjeuner chez eux.

J'appris plus tard que la Société des Moulins Pantanella connaissait des difficultés économiques. Si je me souviens bien, lors de l'une de nos visites on demanda à Maria de se prêter à la publicité des produits Pantanella, mais ma femme, qui ne mangeait jamais de pâtes, se mit à rire. « Venir me demander ça à moi ! » s'exclama-t-elle.

Ce fut sans doute au moment où les journaux commencèrent à parler de l'amaigrissement considérable de Maria que M. Coen conçut son coup publicitaire. Je ne sais ce qu'il put dire ou promettre à mon beau-frère Cazzarolli ; le fait est qu'il parvint à le convaincre de lui prêter son concours.

En février 1954, précisément le 18 et le 21, parut,

dans les deux hebdomadaires les plus lus alors, une annonce publicitaire disant que Maria Callas avait maigri grâce à une cure à base de « pâtes des Moulins Pantanella ». Mais le plus incroyable, c'est que l'annonce faisait valoir un témoignage signé par le prétendu médecin traitant de la Callas, le docteur Cazzarolli, mon beau-frère.

L'annonce était assez voyante. Un titre signalait : « Pâtes physiologiques – Aliments diététiques des grandes industries alimentaires romaines – Soc. Mulini et Pastificio Pantanella ». Et, en haut, sous l'inscription « Certificat », s'étalait la copie photographique d'une lettre écrite sur papier à en-tête du Docteur Giovanni Cazzarolli et signée par celui-ci. La lettre disait : « En ma qualité de médecin traitant de la soprano Maria Meneghini Callas, je certifie que les merveilleux résultats obtenus par la cure d'amaigrissement (perte de vingt kilos environ) entreprise par madame Callas sont dus en partie à l'utilisation des pâtes physiologiques fabriquées par les Moulins Pantanella de Rome. Giovanni Cazzarolli. »

Maria regarda ces annonces sans en croire ses yeux. Puis elle commença à recevoir des dizaines de coups de téléphone : tout le monde lui demandait des informations sur les « pâtes miraculeuses ». Elle fut à deux doigts de devenir folle. Maria était généreuse, mais elle n'admettait pas que l'on se serve d'elle. Elle n'aurait accepté sous aucun prétexte de mentir, et se voyant roulée, elle était furieuse. Elle m'ordonna d'appeler nos avocats et de dénoncer les responsables ; de plus, elle exigeait un démenti clair et immédiat.

Le texte de l'annonce n'était que mensonge d'un bout à l'autre : Cazzarolli n'était pas le médecin traitant de Maria, Maria n'avait pas entrepris de cure d'amaigrissement et n'avait pas mangé de pâtes des Moulins Pantanella. Mais c'était une autre raison encore qui indignait Maria. Même si ce qu'avait écrit le docteur Cazzarolli avait été vrai, Maria n'aurait jamais permis que l'on « vende » son nom, sa personne, une expérience personnelle à des fins publicitaires. « Le public pourrait penser, maintenant, » disait Maria, « que je fais même commerce de mon corps. »

Je pris contact avec mon beau-frère et M. Coen, qui se montrèrent stupéfaits des réactions de ma femme. Je leur annonçai qu'ils devaient publier un démenti immédiat ; ils me répondirent qu'il leur était impossible de porter un tel préjudice à la société Pantanella. En entendant ces excuses, ma femme dit : « Alors ils devront suer sang et eau devant les tribunaux. J'irai jusqu'au bout. » Et le procès commença.

Au début, l'affaire ne paraissait pas bien compliquée. Nous pensions la résoudre en peu de temps. Nous avions, en fait, tous les droits de notre côté, mais comprîmes bien vite que nous étions engagés dans une histoire plutôt épineuse. La Société Pantanella jouissait de certains appuis au Vatican. Le président en était le prince avocat Marcantonio Pacelli, neveu de Pie XII. Beaucoup de journaux se dressèrent contre nous. Des députés, des sénateurs, des prélats s'en mêlèrent. Étouffer l'affaire, c'était le mot d'ordre. On alla jusqu'à nous proposer de l'argent pour que nous abandonnions le procès. Mais on nous demandait aussi de ne pas toucher à l'annonce et de renoncer au démenti. « Jamais, au grand jamais, » disait Maria. « J'exige la vérité », et elle refusait de parler au téléphone aux diverses personnalités qui cherchaient à l'apaiser.

En 1953, Maria et moi avions été invités à nous rendre à l'audience du Pape. D'habitude, ces audiences sont sollicitées par les personnes qui désirent voir le Pontife ; dans notre cas, ce fut le contraire qui advint. Nous n'avions pas déposé de demande, mais Pie XII en personne, par l'entremise de ses fonctionnaires, nous avait fait parvenir l'invitation.

Nous avions accepté volontiers. Maria était très croyante, et même un peu fanatique. Pas une phrase, parlée ou écrite, où elle ne mentionnât le Seigneur. Le succès, la santé, le beau temps et toutes les joies de sa vie, Maria les attribuait à la bonté de Dieu. Elle avait une idée très personnelle du Divin : « son » Dieu se rangeait toujours de son côté, la défendait devant ses ennemis, la vengeait. Quand elle apprenait qu'un collègue, qui s'était montré grossier avec elle, n'avait pas eu beaucoup de succès ; elle disait : « Dieu m'a vengée. » Et elle l'affirmait avec conviction, avec foi. Ses triomphes aussi, elle les attribuait à la justice de Dieu : « Il a vu mes sacrifices et mes souffrances », disait-elle, « et il m'a rendu justice. » A sa façon, elle priait beaucoup. Dans chaque ville, avant d'entrer en scène, elle se rendait dans une église et restait longtemps agenouillée, immobile comme une statue. Quand elle chantait à la Scala, avant les représentations je devait l'accompagner au Duomo : elle s'agenouillait devant une statue de la Vierge qui se dressait presque à l'entrée, et restait là, à prier, une bonne demi-heure parfois. Pour passer le temps, j'allais admirer les autels et les statues.

Bien qu'elle ait épousé un catholique, elle était restée de confession orthodoxe et se montrait très attachée à son Église. Elle se forçait à suivre notre liturgie, mais préférait celle de l'Église orthodoxe. Un jour, dans une lettre d'Argentine, elle me l'écrivit noir sur blanc : « Hier je suis allée à l'Église grecque mettre un cierge pour nous. Tu sais, notre Église me convient mieux que la vôtre. Peut-être parce que j'y suis habituée, ou peut-être parce que l'Eglise orthodoxe est vraiment plus chaude, plus joyeuse. Ce n'est pas que la tienne ne me plaise pas, d'ailleurs elle est désormais la mienne aussi, mais j'ai une faiblesse pour l'Église orthodoxe. Pardonne-moi, chéri. Tu me comprends, non ? »

Fidèle à son Église, Maria n'avait pas beaucoup de sympathie pour le Pape. Pour elle il n'était qu'un évêque comme un autre ; et même, un évêque « antipathique » car, selon l'enseignement orthodoxe, il s'était « nommé lui-même évêque des évêques ». Comme tous les orthodoxes, elle avait été élevée dans une certaine animosité à l'égard du

Pontife romain. Aussi, quand nous parvint l'invitation à l'audience de Pie XII, avait-elle accepté, mais sans grand enthousiasme.

Le matin du rendez-vous, je la réveillai en lui demandant de se préparer pour ne pas arriver en retard. Se retournant paresseusement dans son lit, elle dit :

« Je n'ai pas envie d'aller chez le Pape ce matin. Il pleut, il fait gris, m'habiller en noir m'ennuie et m'attriste. Nous irons une autre fois ».

J'essayai de lui faire comprendre qu'une audience avec le Pape n'a rien à voir avec un rendez-vous chez le dentiste ou l'avocat.

« Chez le Pape, on ne va qu'une fois dans sa vie, et tout le monde n'a pas cette chance », dis-je.

Il n'y eut pas moyen de la convaincre, et le rendez-vous tomba à l'eau.

Quelques mois plus tard, je reçus une lettre de monseigneur Callori di Vignale, camerier de Sa Sainteté Pie XII. Le prélat me faisait remarquer l'indélicatesse commise en ne nous rendant pas à ce rendez-vous. Il ajoutait que le Pape exprimait rarement le désir de connaître des gens, comme il l'avait fait pour nous. Il assurait enfin que l'invitation de Pie XII restait toujours valable et me demandait de lui indiquer la période où nous serions le plus libres. Nous choisîmes le printemps 1954.

Cette fois-ci, ma mère voulut nous accompagner. Très croyante, elle considérait le Pape comme « Dieu sur la terre » ; cette visite constituait donc l'événement le plus extraordinaire de sa vie. Elle s'y prépara avec un enthousiasme qui la rajeunit et arriva à Rome heureuse et bouleversée ; elle n'en dormait plus depuis plusieurs jours.

Je pensais que nous étions conviés à une audience comme celles que les journaux décrivaient : nous nous trouverions dans un grand salon, avec une foule de gens ; le Pape arriverait, nous bénirait, prononcerait un petit discours, passerait parmi nous et de temps à autre s'arrêterait pour échanger

243

quelques mots avec une personne que l'on viendrait de lui présenter.

Sur mon invitation, il était précisé qu'il fallait venir en cravate blanche, donc en frac. A Milan j'en avais deux, mais l'un me serrait un peu. Je recommandai donc à la femme de chambre de bien vérifier et de m'envoyer le plus grand. Mais elle se trompa et, le matin de l'audience, quand je commençai à m'habiller, je me rendis compte qu'elle m'avait envoyé le plus étroit des deux. Il était trop tard pour en chercher un autre. Il fallait se débrouiller. J'essayai de l'enfiler quand même : j'avais l'impression de vouloir entrer dans un corset de plâtre. Ma mère, aux cent coups, avait les larmes aux yeux ; Maria, elle, riait comme une folle.

Avec des efforts incroyables et l'aide de la femme de chambre, je réussis à m'habiller. J'étais ridicule, mais il n'y avait pas d'autre solution. Je devais prendre garde à ne pas faire de gestes brusques si je ne voulais pas me retrouver en caleçon.

Arrivés au Vatican, on nous mena dans un salon où d'autres gens attendaient. Au bout d'un moment une porte s'ouvrit, et nous vîmes entrer un prélat vêtu d'un mantelet violet. Il sortit un papier et nous appela dans cet ordre : monsieur le commendatore Giovanni Battista Meneghini, madame Giuseppina Meneghini, madame Maria Callas. Le protocole compte beaucoup au Vatican. L'ordre selon lequel on appelle un groupe de personnes est significatif. Après moi, on aurait dû appeler mon épouse, or elle fut précédée par ma mère. Je me demandai pourquoi et, ensuite, compris : Maria était orthodoxe. Même le Vatican, donc, faisait des distinctions en matière de religion.

Nous pénétrâmes dans un autre grand salon, où il n'y avait personne, excepté le prélat qui nous avait accompagnés. Au bout d'un moment, dans l'encadrement d'une porte latérale, apparut Pie XII. Ce fut une vision émouvante. Je l'ai encore dans les yeux. De cet homme, grand, tout blanc, austère, qui venait vers nous les mains levées en signe de bénédiction, émanait un magnétisme extraordinaire. Ma femme et ma mère allèrent à sa rencontre : je restai immobile, sous le charme.

Le Pape nous bénit. Il posa la main sur la tête de ma mère, qui des trois était certainement la plus digne. « Bénissons la mère, fit-il. « Et aussi le commendatore Meneghini et sa femme, que nous connaissons pour l'avoir écoutée avec admiration à la radio ». Il regarda Maria et lui sourit.

Le Pape s'adressa alors à elle. Il déclara l'avoir écoutée dans le *Parsifal* de Wagner.

« Vous m'avez fait ressentir une profonde émotion », dit-il, « c'est pourquoi j'ai voulu vous connaître. »

Ils se mirent à échanger leurs opinions à propos de l'œuvre wagnérienne.

« Je regrette », ajouta le Pontife, « que vous n'ayez pas chanté en allemand, dans la version originale. Wagner en italien perd beaucoup ».

« La retransmission était prévue pour l'Italie », répliqua Maria. « Si nous avions chanté en allemand, bien peu de gens nous auraient compris.

– C'est vrai », reconnut Pie XII. « Mais la musique de Wagner ne se conçoit pas sans les paroles que Wagner a écrites. C'est une musique née avec les paroles, donc inséparable de celles-ci.

– Je ne suis pas tout à fait d'accord », répondit Maria. « Dans la version originale, l'œuvre est bien sûr plus complète ; mais la traduction italienne n'a rien à lui envier. Pour comprendre à fond la musique, il faut comprendre le sens des paroles. »

La conversation devenait plus vive, car Maria n'était pas habituée à céder facilement. Ma mère, bouleversée, dévisageait cette pécheresse qui se permettait de contredire le Pape, tandis que celui-ci, au contraire, paraissait s'amuser. Maria s'enflammait, même un peu trop, et, craignant qu'elle ne lance quelque boutade peu respectueuse, j'intervins pour détourner la conversation. Je demandai au Pape s'il avait lu telle nouvelle parue dans les journaux, et ajoutai :

« Je ne sais si vous lisez les journaux ou parcourez seulement les articles les plus importants que vos collaborateurs vous sélectionnent ».

Le Pape me considéra un instant et dit :

« Les journaux, je les lis de la première à la dernière page. Rien ne m'échappe. Même pas le litige juridique qui vous oppose à la Société Pantanella. Notre neveu préside cette société et les journaux ne perdent pas une occasion de mettre en cause le nom des Pacelli. Nous vous serions reconnaissant d'arriver au plus vite à un accord, pour que le Pape soit laissé en paix.

– Votre Sainteté, nous ferons de notre mieux pour que tout se termine au plus vite », dis-je.

La visite était terminée. Le Pape offrit à ma mère et à Maria un rosaire et des images pieuses. Il nous bénit encore une fois et nous rentrâmes chez nous.

Arrivés à l'hôtel, Maria me dit :

« Souviens-toi que je n'ai rien promis au Pape. Et puis, surtout, le Pape n'a rien à voir dans cette histoire. Ni même son neveu qui, en tant que président de la société, n'était pas au courant de l'ignoble manœuvre de monsieur Coen et de ton beau-frère. Ce sont eux les responsables. Ils ont mal agi et devront payer. Je ne veux pas qu'ils restent impunis pour accorder une faveur au Pape. Je veux que le procès suive son cours jusqu'au bout, car j'exige qu'éclate la vérité sur cette affaire. »

Le procès contre la Société des Moulins Pantanella suivit son cours. Il y eut plusieurs audiences en 1954, puis en 55. Chaque fois que nous étions appelés devant les tribunaux, des articles paraissaient, mettant toujours en relief le nom des Pacelli. Fidèle à ma promesse au Pape, j'essayai de convaincre Maria d'arriver à une conciliation, mais toutes mes tentatives restèrent sans résultat.

Le premier jugement fut rendu début 1957. Il donnait toute satisfaction à Maria et condamnait la partie adverse. Outre le paiement des frais de procès et des dommages moraux à mon épouse, les coupables devaient publier un long démenti, ce qu'ils refusaient de faire pour ne pas porter préjudice à la Société. Ils firent appel et revinrent à la charge pour obtenir un règlement à l'amiable et ne pas avoir à publier le fameux démenti. « Cela fait trois ans que cette affaire dure », dis-je à Maria. « Le tribunal t'a donné raison : tu ne crois pas qu'il vaut mieux s'en tenir là ? » Elle-même en était arrivée à cette conclusion, et nos avocats reçurent la consigne de traiter pour une conciliation.

Une autre année passa. En octobre 1958, nous nous trouvions en Amérique pour une série de concerts. Un matin, tout juste sorti de l'hôtel, je vis un monsieur qui lisait le journal et fus attiré par un gros titre qui disait : « Le pape est mort ». J'achetai plusieurs journaux et rentrai à l'hôtel auprès de Maria. Toute la journée, nous suivîmes les communiqués de la radio et de la télévision. Ce Pape nous était particulièrement cher. Nous nous rappelions avec émotion l'audience qu'il nous avait accordée et la sympathie dont il avait fait preuve à notre égard. Soudain Maria déclara :

« Battista, maintenant que le Pape est mort il n'y a plus aucune raison de lui accorder la faveur que tu lui avais promise. Téléphone aux avocats et dis-leur d'arrêter la conciliation, nous devons de nouveau passer devant les tribunaux ».

Je restai déconcerté par cette décision prise le jour même de la mort du Pape. Au lieu de penser au disparu, Maria pensait au procès. Je lui en fis la remarque et elle répondit :

« Cette faveur, je la lui ai accordée à contre-cœur. Tu sais combien je hais le mensonge et l'embrouille. En pactisant, j'avais la sensation de m'imposer une souillure. Abandonnons les tractations de conciliation privées, et laissons la justice suivre son cours. »

Je téléphonai aux avocats et le procès se poursuivit. En juillet 1959, la Cour d'Appel de Rome rendait la sentence définitive qui confirmait la condamnation de la Société Pantanella et du docteur Cazzarolli. La lettre des avocats qui nous informait de la conclusion de l'affaire arriva chez nous alors que nous étions partis pour cette funeste croisière sur le *Christina* d'Aristote Onassis. Je n'appris la victoire qu'à mon retour. Mais l'affaire avait désormais perdu tout intérêt. Maria était bien trop occupée ailleurs.

CHAPITRE XIX

« JE NE SUIS PAS FOLLE, MARIA : JE T'AIME »

*Elsa Maxwell tomba folle amoureuse de ma femme
et espéra pendant un an que son amour serait payé
de retour – Elle envoyait des lettres enflammées, des
télégrammes, et téléphonait même en pleine nuit –
Comment Maria réussit à s'en libérer – Dans une
lettre, la pathétique confession de la Maxwell – La
conquête du Metropolitan*

Après avoir conquis la Scala, Maria se tourna vers
les États-Unis. En Argentine, au Brésil, au Mexique,
elle était déjà célèbre depuis 1949 ; mais les théâtres
importants étaient ceux des États-Unis, surtout le
Metropolitan de New York, qui depuis 1950 était
« gouverné » par Rudolf Bing, le célèbre imprésario
anglais d'origine autrichienne qui avait travaillé à
Vienne, Darmstadt, Berlin et Glyndebourne. En peu
de temps Bing était devenu un « dieu », une sorte de
Ghiringhelli, respecté, autoritaire, et convaincu que
tous les chanteurs devaient se sentir honorés d'avoir
attiré son attention.

Bing avait entendu parler de la Callas alors qu'il
se trouvait encore en Angleterre. A peine arrivé au

« Met », il amorça des négociations pour l'avoir à New York. A son habitude, il commença à traiter comme si Maria n'avait qu'un devoir, lui dire « oui » : il ne lui venait même pas à l'esprit que l'on pût lui opposer une quelconque résistance.

Les premiers contacts, il les prit avec notre imprésario de Milan, Liduino, à qui j'indiquai les conditions pour le déplacement à New York : six cents dollars par représentation, plus les frais de voyage pour deux personnes. Bing répondit que nos prétentions étaient absurdes. Il était prêt à accorder quatre cents dollars par représentation, et le défraiement du voyage pour Maria uniquement. « Cela ne nous convient pas », fis-je dire à Bing.

En 1950 Maria connut de grands succès, et en 51 sa gloire continua de grandir. On commença à parler d'elle jusqu'aux États-Unis. Toscanini, rentré à New York après l'avoir connue et appréciée, contribua à son renom. On avait appris qu'elle devait inaugurer les saisons de la Scala, et les mélomanes américains se demandaient pourquoi on ne l'avait pas encore appelée au Metropolitan.

Rudolf Bing comprit qu'il en allait de son prestige. Pour éviter qu'un autre théâtre des États-Unis ne s'assure avant lui la collaboration de la Callas, il passa à l'attaque. En mai 1951 il vint à Florence, où Maria chantait dans *Les Vêpres siciliennes*. Il l'écouta, puis vint négocier.

On discuta longuement un contrat pour la saison 1952-53. Puis on parvint à un accord de principe. La rémunération était convenable, mais finalement nous ne pûmes nous rendre aux États-Unis car l'ambassade américaine refusa de m'accorder le visa. A cette époque, j'avais quitté l'entreprise familiale pour me consacrer entièrement à mon épouse. Je me trouvais donc « sans emploi ». Les autorités américaines craignaient que je ne profite de ce voyage aux États-Unis pour m'y installer comme émigrant en quête de travail. Les risques, prétextèrent-ils, étaient d'autant plus grands que ma femme était citoyenne américaine. Maria ne voulut pas partir seule, et le contrat avec le « Met » tomba à l'eau.

Au cours de l'année 1953, Maria avait commencé à maigrir et, en 54, on aurait dit une gravure de mode. Les journaux américains se jetèrent sur ce « cas », et Maria devint en quelques mois un personnage aussi populaire en Amérique qu'en Europe. Bing revint à la charge, et nous reçûmes un flot de lettres, de coups de téléphone, de messages et de projets de contrats. Il voulait Maria à tout prix. Ses propositions avaient atteint les huit cents dollars par représentation. Il n'était plus le seul, pourtant, à réclamer Maria. D'autres théâtres s'étaient mis en avant et les offres s'avéraient plus alléchantes les unes que les autres. Au cours de l'été 54, nous signâmes un contrat pour deux saisons avec l'Opéra de Chicago fixant le cachet à deux mille dollars par représentation en 1954, et deux mille cinq cents en 55. Quand il l'apprit, Bing faillit faire un infarctus. Il prétendait que la somme payée par l'Opéra de Chicago était insensée, et que par cupidité, en peu de temps, je ruinerais la carrière de ma femme avec de telles exigences. Je lui fis répondre que s'il n'avait pas assez d'argent, il oublie la Callas, car la Callas n'avait aucun besoin du Metropolitan.

Bing, malgré la franche inimitié qu'il me vouait, dut bientôt oublier son orgueil et recommencer à négocier avec moi. Au printemps 55, nous finîmes par arriver à un accord. Maria devait inaugurer la saison 1956-57 du Metropolitan, avec *Norma,* suivie aussitôt de deux autres opéras, pour douze soirées en tout. Sur le cachet, je ne discutai pas : je voulais me montrer généreux et acceptai la somme de mille dollars par représentation, déjà convenue l'année précédente. Tout heureux, Bing fit préparer le contrat et le donna à Maria en lui demandant de le lui retourner au plus vite. Je dis à Maria : « Faisons-le attendre encore un peu. Il doit se rendre compte que le Metropolitan n'existe pas pour lui, mais pour les artistes qui y chantent. »

Bing, entre-temps, avait prévenu la presse. Les

journaux commencèrent à pondre des articles. Tous sentaient que les débuts de Maria au « Met » constitueraient un grand événement. Les anciennes polémiques renaissaient, les vieilles factions se regroupaient. Depuis quelques années, la Tebaldi s'était installée au « Met ». Les vieilles brouilles entre elle et la Callas, les anciennes rivalités nées à la Scala, refaisaient surface en Amérique.

Au fur et à mesure que le temps passait, Bing, qui n'avait toujours pas reçu le contrat signé par Maria, s'impatientait. Sans ce papier en main, il ne pouvait dormir tranquille. Il nous harcelait de coups de téléphone et de télégrammes. A la fin du mois d'octobre 1955, nous allâmes à Chicago pour la seconde saison. Bing, entouré de toute sa cour, arriva en avion de New York pour supplier Maria. Ce fut une scène plutôt pathétique. Le grand imprésario avoua qu'il n'en avait jamais fait autant pour quiconque. Maria, avec beaucoup de gentillesse, transforma cette scène embarrassante en une rencontre cordiale et rendit à Bing le contrat tant convoité, dûment signé.

Le début de la Callas au Metropolitan eut lieu le 29 octobre 1956, avec *Norma* dirigée par Fausto Cleva : aux côtés de Maria chantaient Mario Del Monaco, Fedora Barbieri, Cesare Siepi et J. Mac Cracken. Les jours qui précédèrent cet événement furent atroces. Autour de ma femme, l'atmosphère était à l'hostilité. Tous ses détracteurs s'étaient coalisés pour l'empêcher de triompher à New York, et les incidents se succédaient.

A cette époque, Maria était compromise aux États-Unis, même, dans une sale affaire judiciaire. Un soi-disant agent, qui n'avait pourtant jamais rien fait pour elle, réclamait trois cent mille dollars. Nous étions poursuivis par des huissiers qui voulaient nous remettre la citation en justice, et par des fonctionnaires qui prétendaient saisir le *cachet**.

Deux jours avant la première représentation, la

* En français dans le texte (*N. d. T.*)

revue *Time* consacra sa couverture à Maria et publia un très long article biographique où abondaient les inexactitudes et les méchancetés. Le journal avait dépêché ses envoyés en Grèce, en Italie, à Buenos Aires pour interviewer tous ceux qui avaient connu Maria avant sa célébrité. Il en était résulté un article d'un ton et d'un genre qui eût convenu à la presse à scandale. Ma femme bouillait de rage. Elle voulait rentrer en Italie sans même chanter. Bing s'affolait.

La presse s'était aussi précipitée sur les parents de Maria, et avait laissé entendre que la célèbre et riche chanteuse les laissait vivre dans la misère. Le père de Maria refusa de se prêter à cette mystification, mais sa mère coopéra : elle déclara aux journalistes, en pleurant, qu'elle aurait aimé voir sa fille au moins sur scène, mais qu'elle n'avait pas les moyens de s'offrir une place. Les Américains, toujours sensibles au thème de la famille, s'étaient fait une opinion très négative de la Callas.

Chanter devant un public ainsi « endoctriné » constituait une entreprise ardue. Maria, toutefois, avait un caractère étonnant. L'hostilité, au lieu de l'abattre, la stimulait. Quand elle sentait l'odeur de la poudre, elle se lançait en avant et luttait avec fougue. Ce fut ce qui advint pour son début au Metropolitan, et la soirée, qui s'annonçait tumultueuse, se transforma en un triomphe sans précédent.

Les polémiques, pourtant, ne s'apaisèrent pas. Comme je l'ai dit, une coalition était née, bien organisée, qui attaquait Maria surtout par le biais de la presse. L'une des plumes les plus fielleuses appartenait à Elsa Maxwell, la célèbre « commère d'Hollywood » qui, en Amérique, exerçait une influence considérable sur l'opinion publique. Ses articles paraissaient dans toute une chaîne de journaux, et elle assurait aussi plusieurs émissions à la radio et à la télévision.

Elsa Maxwell avait alors soixante-treize ans, et c'était la femme la plus laide que j'eusse jamais vue. Elle s'était rangée du côté de Renata Tebaldi et ne perdait pas une occasion d'attaquer Maria. Elle avait déjà écrit de mauvais articles quand ma femme avait chanté à Chicago. Après le début de New York, comme nous nous y attendions, la Maxwell se déchaîna contre Maria. « La grande Callas m'a laissée de glace », écrivit-elle dans un commentaire aussi perfide qu'ironique. Elle ne désarma pas lorsque Maria chanta, toujours au « Met », *La Tosca* et *Lucie de Lammermoor*. « Il faut la faire taire, » répétais-je à Maria, mais je ne savais comment. Un jour, Maria me répondit : « Laisse-moi m'en occuper. »

Pendant notre séjour à New York, un milliardaire grec organisa une grande fête au bénéfice du fonds de soutien hellénico-américain. De nombreuses personnalités y assistaient et, parmi elles, la Maxwell. Ce soir-là, Maria décida de passer à l'attaque. Elle se fit présenter la « commère d'Hollywood » et passa toute la soirée avec elle. J'ignore ce qu'elles se racontèrent. La Maxwell semblait folle de joie de s'être liée d'amitié avec la grande chanteuse, qui, malgré tout, lui témoignait de l'estime et de l'intérêt. Le lendemain, dans sa chronique, elle parla encore de la Callas, mais en termes tout à fait différents. Elle écrivit : « Quand j'ai regardé dans ses yeux extraordinaires, brillants, resplendissants et envoûtants, j'ai compris que c'était une femme exceptionnelle. »

A partir de ce moment, Elsa Maxwell devint une *fan* de la Callas. Ses articles, désormais, ne se donnaient qu'un but : défendre la Callas, divulguer et exalter son art.

L'amitié de la commère s'avéra précieuse. Les articles malveillants disparurent des journaux comme par enchantement, pour laisser place à d'autres, charmants et favorables. Maria était demandée à la télévision, invitée à des fêtes et des réceptions importantes.

En janvier 1957, la Maxwell fit inviter Maria au légendaire bal costumé qui se déroulait chaque année au Waldorf Astoria. Les dix femmes les plus célèbres et les plus belles d'Amérique y étaient invitées. Chacune revêtait le costume d'un illustre

254

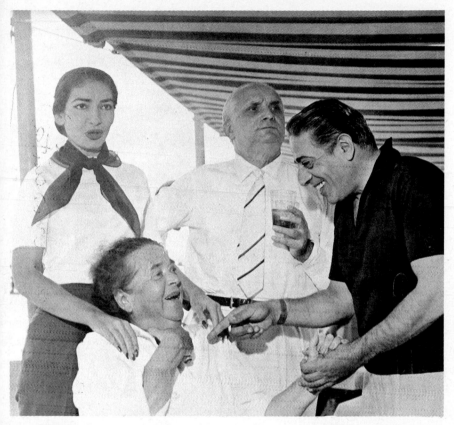

Maria Callas, G.B. Meneghini, Elsa Maxwell et A. Onassis à Venise en 1957.
Photo agence Giacomino, Milan.

Dallas, États-Unis, 1958. Maria Callas avec Franco Zeffirelli à l'issue d'un spectacl donné au Texas. « Franco fut le mettel en scène préféré de n femme », écrit Meneghini. « Nous fîmes sa connaissance à Rome, vers 1950, e Maria lui porta immédiatement une grande estime. Elle disait : « Ce jeune homme tout feu tout flamme ira très loin » Quand, par la suite, Zeffirelli se trouva ei difficulté avec le monde du spectacle, elle le défendit ouvertement. »

L'un des petits mots adressés par Maria à son mari. « Presqui chaque matin », écri Meneghini, « elle me faisait trouver un de petits billets sur la ta de nuit ou le secrétai ou même dans un bouquet de fleurs. C sa façon de me souha le « bonjour ». Elle conserva cette habit jusqu'à ce que nous partions avec Onass pour la funeste crois qui brisa nos deux vi personnage historique. L'organisateur de ce bal était Harry Winston, le grand bijoutier de New York, qui mettait à la disposition des dix femmes choisies des bijoux merveilleux. Pour cette fête, Maria s'habilla en Cléopâtre. Elle était la plus belle, et portait pour un million de dollars de bijoux. Son succès fut énorme, et sa photo parut dans les journaux du monde entier.

Une fois terminées les représentations au Metropolitan, nous retournâmes à Chicago, puis à Londres et enfin à Milan. Par lettres, télégrammes et coups de téléphone, la Maxwell nous suivait partout. Elle appelait même la nuit. Je me rendis compte qu'elle s'était toquée de Maria, et que celle-ci aussi l'avait compris. C'était un amour plutôt pesant.

L'amitié de ma femme avec Elsa Maxwell déchaîna un concert d'insinuations aussi graves que mensongères. On attribuait à la Maxwell des tendances particulières, et on laissa donc entendre que la Callas s'était compromise elle aussi dans ces amours interdites. Voilà un sujet dont j'ai toujours refusé de parler, car il m'assomme ; mais comme cette histoire revient régulièrement sur le tapis, je pense qu'il convient de dévoiler toute la vérité.

Que la Maxwell fût amoureuse de Maria, cela ne fait aucun doute. Pendant des mois elle la persécuta et l'inonda de lettres suffocantes, affligées, débordantes d'affection et souvent, aussi, pleines de grotesques inepties. Maria en avait la nausée. Elle en était arrivée au point de ne même plus lire ces lettres et de me les donner encore cachetées. Sa première réaction l'aurait poussée à se débarrasser de la commère avec perte et fracas, mais elle connaissait sa puissance et redoutait sa vengeance. Elle choisit donc la voie diplomatique. Avec patience et sans rupture brutale, elle réussit à faire comprendre à la Maxwell qu'elle n'avait aucune chance. En un an, tout s'était arrangé.

Il faut supposer qu'au début le silence de Maria et ses atermoiements permirent à la Maxwell de se faire des illusions et de se croire aimée en retour.

C'est pourquoi elle se permit d'écrire ces lettres intimes, pleines d'allusions, où se trouvaient mêlés les noms d'autres personnes très connues. On retrouvait à chaque page des phrases du genre de celles-ci : « Maria, la seule chose qui me donne l'extase, c'est ton visage et ton sourire » ; « Mon amour, quand je t'ai appelée l'autre nuit, j'osais à peine te déranger. Mais ta voix exprimait la joie de m'entendre » ; « Je veux contribuer de mon mieux à ta joie de vivre, pour que tu continues à créer de nouveaux rôles époustouflants » ; « Je n'ose t'écrire ce que je ressens. Tu risquerais de penser que je suis folle. Ce n'est pas tout à fait vrai : je suis simplement différente. »

En septembre 1957, la Maxwell vint à Venise et organisa une grande fête en l'honneur de Maria. Nous passâmes quelques jours ensemble au Lido. La vieille commère exultait. Elle suivait Maria comme son ombre. Je demandais à ma femme : « Mais comment fais-tu pour la supporter ? »

En novembre, Maria partit donner un concert à Dallas, et la vieille l'y rejoignit. Ma femme n'en pouvait plus. Elle était sûre, désormais, de tenir la commère en son pouvoir. Elle décida donc d'éclaircir la situation. Dans l'avion, pendant le voyage de retour à New York, survint entre elles deux une prise de bec qui causa la plus grande surprise. Les journaux en furent aussitôt informés, et la nouvelle que l'amitié entre la Callas et Elsa Maxwell était partie en fumée fut annoncée comme un événement de taille. Les journaux américains et européens se déchaînèrent. Il faut dire qu'au même moment la Maxwell publiait une série d'articles sur Maria, tout à fait partisans et inutilement malveillants à l'égard de la Tebaldi, qui en plus venait de perdre sa mère. Tout cela contribuait de façon évidente à aggraver la situation.

Elsa Maxwell, inquiète, me télégraphia de New York : « Dis à Maria que si l'hebdomadaire *Time* lui demande, comme il me l'a déjà demandé, si notre amitié s'est terminée à Dallas, de nier, comme moi, formellement. J'ai cherché à retrouver l'origine de ce commérage, repris par toutes les chaînes de télévision américaines, et j'ai découvert qu'il s'agit d'une indiscrétion du personnel de l'avion que nous avons pris pour rentrer de Dallas. Cette nouvelle doit cesser de se répandre.

« Des malentendus sont apparus, à cause de mon avant-dernier article, peu élogieux à l'égard de Renata Tebaldi. Sa mère est morte aujourd'hui, et j'ai vu Renata cet après-midi. Elle comprend et pardonne tout... J'ai publié un article très charmant sur Maria, avec une photo. Je pense que ça suffira pour mettre un terme aux ragots. »

A la mi-décembre, la Maxwell envoya à Maria une longue lettre, une sorte de pathétique « lettre d'adieu » : non pas pour rompre leur amitié, mais pour clore cette relation dont la Maxwell avait compris qu'elle n'existait que dans son imagination.

La lettre s'ouvrait avec les vœux de Noël : « Maria, tandis que Noël n'est pas loin, notre première pensée devrait aller à "la paix sur la terre et la bonne volonté". Je dois t'écrire pour te remercier d'avoir été l'innocente victime du plus grand amour qu'un être puisse ressentir pour un autre. Un jour, peut-être, ensemble nous comprendrons cet amour et l'évoquerons avec regret ou bonheur. Qui sait, peut-être a-t-il déjà disparu. C'est moi qui l'ai tué, ou plutôt tu m'as aidé à le tuer, à peine né, tout beau qu'il était. Il ne t'a apporté aucune joie. Et, après quelques moments délicieux, il ne m'a plus causé qu'une profonde amertume.

« Ton rôle dans la vie, pour moi, se trouve sur la scène. Peu importe si je ne te revois plus ailleurs que sur la scène, où, grâce à ton génie, tu sais interpréter des rôles que n'a jamais abordés le commun des mortels. Tu as tué mon amour, ce jour-là, dans l'avion de Dallas. En m'aidant à m'installer, le steward m'a dit : "Vous verrez que vous aurez Miss Callas à côté de vous". Mais toi, mon amie, Miss Callas, tu n'as pas daigné m'adresser la parole pendant des heures... Et pourtant, je pense t'avoir émue, une fois ou deux. Mais je suis guérie, maintenant. Je sors d'une parenthèse de folie et de perversité qui me remplit de dégoût. Je ne t'accuse de rien, sinon de ne pas avoir mis le holà avant qu'il ne fût trop tard. Mais tout est oublié, maintenant. C'est le passé. Si jamais nous nous rencontrons, nous devrons nous montrer aimables l'une envers l'autre, sinon les gens se demanderont ce qu'il est advenu de notre amitié. J'ai tenu la promesse que je t'avais faite : j'ai été ton plus éloquent avocat, et je le resterai. Je me suis battue contre tes ennemis. Dieu sait que tu en as, Maria ! »

Après cette confession, la Maxwell raconte longuement combien elle s'est intéressée à Maria. Elle rappelle une histoire liée au concert de Dallas, dont je ne me souviens pas, du moins pas dans cette version-là.

« Quand je suis arrivée à Dallas, écrit Elsa Maxwell, Miss Miller m'a téléphoné pour m'avertir de ce dont je me doutais déjà, à savoir que les places pour ton concert n'étaient encore vendues qu'à cinquante pour cent. Il semblait qu'il te faudrait chanter devant une salle à moitié vide. Miss Miller m'a demandé, presque au désespoir, comment *moi* je pourrais l'aider. Alors, toute la journée, j'ai parlé de la Callas, à la radio, à la télévision, au cours de chaque interview. Cela ne m'a pas coûté d'efforts, car *je t'aimais*. Il n'est jamais difficile de parler de ceux que l'on aime. Il est difficile de *ne* pas en parler. Mais, comme le soir la situation restait inchangée, j'ai proposé d'acheter pour deux mille dollars de billets à distribuer aux étudiants, aux professeurs de conservatoire, aux véritables passionnés de musique, rebutés par le prix des places.

« Je ne cherche pas à me faire valoir. Je suis une personne libre, et si je décide d'acheter des billets pour un artiste quel qu'il soit, j'agis selon ma propre initiative. Mais, manifestement, tout finit par se savoir, bien que j'aie recommandé la plus grande discrétion. Il paraît désormais que cette histoire court sur toutes les lèvres. Aussi, quand divers amis m'ont accusée *avec rage,* je me suis contentée de rire. *Tu* étais la seule personne qui, selon mes plans, ne devait jamais rien savoir de cette affaire. Avec cette immense sensibilité dramatique tout hellénique qui domine ton être, tu aurais pu te vexer. »

Il semble pourtant que la Maxwell ne puisse se résigner à ce que tout soit fini entre elle et Maria. Elle lui annonce qu'elle sera à Rome pour *Norma* à l'Opéra, en janvier. Elle précise qu'elle restera dans l'ombre pour ne pas déranger, mais quand même, qu'elle viendra dans l'espoir que Maria l'appelle. Elle ajoute que si Maria chante *Anne Boleyn* à Milan, elle viendra aussi l'écouter.

« Je serai à Rome pour ton début dans *Norma.* Ne crois pas que je vienne te voir. Tu n'es pas la cause de mon voyage. La duchesse de Windsor m'a proposé de me joindre à elle du 27 décembre au 1er janvier. Comme je dispose de huit jours de vacances, je pense accepter cette invitation. Je viendrai à Rome le 2 pour voir *Norma.* Oh, j'espère que tu chanteras bien, car je me sens désormais tellement détachée qu'aucune amitié passée ou présente ne pourrait plus me pousser à oublier mon intégrité de critique. Je pense que je ne te verrai pas pendant mon séjour à Rome. Tu travailleras, et je serai très occupée. En avril, si tu chantes *Anne Boleyn,* je viendrai à Milan ; sinon, j'y renoncerai. »

La Maxwell s'attaque même à Wally Toscanini : « Avec Wally, j'ai refusé la discussion après qu'elle m'eut déclaré que Bastianini avait été meilleur que toi dans le *Bal masqué* à la Scala. Je l'ai forcée à admettre que tu comptes parmi les plus grands artistes. Elle était fâchée à cause d'une lettre de Battista qui contenait un avis défavorable sur son père. Je lui ai répliqué que peu m'importait ce qu'avait pu écrire Battista, qu'il fallait admettre que tu étais l'artiste la plus grande et la plus exaltante que j'aie jamais connue. »

Cette longue lettre se termine par quelques considérations sur *La Traviata* que Maria devait chanter à New York en février 58. « *La Traviata* est déjà presque "complète". Les places les moins chères sont parties comme des petits pains. J'ai accordé plusieurs interviews à ton sujet, surtout une à *Cosmopolitan*. Je me suis d'abord fait promettre par le directeur qu'il publierait à la lettre ce que j'avais écrit. Où que j'aille, je dis et répète que nous ne nous connaissons que depuis quelques semaines et que tu n'es pas une femme qui donne son amitié ou son affection, sinon à son mari. Cela me semble assez clair maintenant, et rend la situation plus facile pour nous deux. »

Voilà la véritable histoire de l'amitié entre ma femme et Elsa Maxwell. Maria, j'en suis sûr, n'a jamais été effleurée par les sentiments ambigus de la commère d'Hollywood, du moins tant qu'elle vécut avec moi. Je suis persuadé, toutefois, que la rencontre avec cette femme ne s'est pas passée sans dommages. Ce fut elle qui introduisit mon épouse dans un certain milieu de personnes riches mais équivoques, désœuvrées et intrigantes (dont Onassis), qu'elle ne connaissait pas auparavant. Il est probable que le changement qui poussa Maria à me quitter en 59 se soit amorcé après la rencontre avec cette sorcière, qui n'en était pas moins une femme très intelligente et, donc, sinistrement envoûtante.

CHAPITRE XX

LES SCANDALES COMMENCENT : LE PROCÈS BAGAROZY

La gloire que mon épouse avait conquise seule,
beaucoup tentèrent de l'exploiter – L'absurde requête
d'un agent américain pour un contrat d'esclave que
Maria avait signé en 47 – L'accrochage avec les
shérifs de Chicago – Lettres compromettantes

Avec les grands succès internationaux, commencèrent aussi pour Maria les pires tribulations. Sa carrière lui valut des régiments d'admirateurs très fidèles, mais aussi des ennemis impitoyables qui profitaient de chaque occasion pour essayer de ruiner, ou au moins de ternir son prestige. Ceci arriva en Italie, mais surtout en Amérique, sa véritable patrie.

Ma femme fit ses débuts aux États-Unis en 1954, alors qu'en Italie elle régnait désormais en reine sur la Scala. Le théâtre qui, plus que tout autre désirait s'assurer son concours était le Metropolitan de New York, mais le premier contrat américain nous le signâmes avec l'Opéra de Chicago, où Maria débuta en novembre 1954 avec trois œuvres : *Norma, La*

Traviata et *Lucie,* toutes dirigées par Nicola Rescigno. Le succès fut retentissant. Le lendemain de la première, les journaux publiaient des photos, des comptes rendus et des interviews comme ils ne l'avaient jamais fait pour aucun autre artiste.

Notre séjour à Chicago devait se terminer avec la dernière représentation de *Lucie,* le soir du 15 novembre. J'avais réservé pour le lendemain, le 16, nos places d'avion pour rentrer à Milan, où le 7 décembre Maria devait inaugurer la saison de la Scala avec *La Vestale* de Spontini, une œuvre nouvelle pour elle. La mise en scène était assurée par le très exigeant Luchino Visconti, qui faisait ses débuts à la Scala. Pour ces raisons, on demandait à Maria d'arriver le plus tôt possible à Milan pour les répétitions, mais les dirigeants du théâtre de Chicago ne voulaient plus la laisser partir. L'enthousiasme soulevé par Maria atteignait de tels sommets que chaque jour leur parvenaient des demandes de représentations exceptionnelles. A la fin, ma femme accepta de donner une représentation supplémentaire : elle chanterait le soir du 17, et nous partirions le 18 au matin.

Au cours de ce spectacle hors programme, tandis que l'immense théâtre de Chicago était comble, les applaudissements ne cessèrent pas. Tout se passait à merveille, et il était impossible d'imaginer que la soirée se terminerait mal.

A la fin du dernier acte, tandis que Maria revenait sur scène pour répondre aux ovations du public, apparut dans les coulisses le shérif du comté accompagné de dix policiers. Il voulait remettre à ma femme une citation en justice. Selon une coutume américaine, pour qu'une citation soit valide, elle doit être « touchée » par l'inculpé.

Le shérif se planta devant Maria, le document à la main, tandis que les policiers se postaient autour d'elle. Alors surgit comme par enchantement toute une foule de photographes et de journalistes. Maria était hébétée. Épuisée de fatigue, bouleversée par les applaudissements, choquée par la présence inexplicable de ces inconnus, elle se mit à crier. Suivit une bousculade générale. Les autres chanteurs et le personnel du théâtre tentèrent de venir à son secours et de la raccompagner dans sa loge, tandis que les policiers essayaient de la retenir. Dans la confusion, elle fut malmenée et égratignée. C'est ainsi que débuta l'une des affaires les plus mystérieuses de la vie de mon épouse, une affaire dont je n'ai jamais pu comprendre le mot de la fin, et qui, en quatre ans de querelles judiciaires, révéla d'étranges aspects du caractère de Maria et faillit nous coûter une fortune.

Qu'était-il arrivé ? Un avocat d'origine italienne, vraisemblablement, Richard Bagarozy, affirmait être l'unique agent de la Callas. Il assurait détenir un contrat, signé par celle-ci en 1947, avant qu'elle partît pour l'Italie, et aux termes duquel il avait droit à 10 % sur tous ses gains. Il accusait ma femme de ne pas avoir respecté ce contrat et réclamait les arriérés de ses honoraires, soit trois cent mille dollars.

C'était là une requête absurde. La mise en scène préparée pour remettre la citation à Maria montrait à l'évidence que l'affaire avait été fort bien montée, avec la collaboration des autorités et la connivence de quelque dirigeant de l'Opéra de Chicago. On avait fomenté un véritable complot contre elle. Nous nous trouvions à Chicago depuis trois semaines. Nous savions que le shérif voulait nous remettre cette citation et cherchions à l'éviter par tous les moyens. Maria n'avait pas de temps à perdre devant les tribunaux. Jusque-là, nous avions réussi à éviter toute rencontre avec cette engeance, probablement parce que celle-ci avait justement choisi le lieu et le moment les plus indiqués pour jouir du maximum de publicité : le théâtre et la dernière soirée de notre séjour.

Mais plus qu'un différend judiciaire, on recherchait le scandale pour ternir le prestige de ma femme en Amérique. Le lendemain, d'ailleurs, tandis que nous partions pour l'Italie, les journaux faisaient beaucoup de place à l'affaire, publiaient des photos et des commentaires sur l'incident, négligeant le triomphe artistique. Ils annonçaient que Maria avait fui en Italie.

Arrivé en Italie, je mis tout entre les mains de nos avocats.

Je connaissais l'histoire de ce contrat. Il appartenait à cette sombre période de la vie de Maria alors que, jeune et seule, elle avait essayé de faire carrière en Amérique. Après avoir chanté six ans au Royal Opéra de Grèce comme première soprano, en septembre 1945 elle avait voulu tenter la grande aventure artistique aux États-Unis. Arrivée à New York, elle avait pris contact avec le célèbre imprésario Scotto, qui avait passé tant d'années au Colon de Buenos Aires. Scotto avait monté une troupe de chanteurs. On y trouvait des noms connus : Galliano Masini, Mafalda Favero, Cleo Elmo, Danilo Checchi, Nicola Rossi Lemeni, les chefs d'orchestre Georges Sebastian et Failoni, d'autres encore. L'administrateur était justement Richard Bagarozy, qui passait pour un honnête homme, marié à Louise Caselotti, elle aussi chanteuse.

La tournée, pourtant, était tombée à l'eau avant même de commencer. On ne sait pas trop pourquoi l'administrateur avait « perdu » tout l'argent. Les artistes avaient été licenciés et devaient se débrouiller tout seuls. Beaucoup s'étaient retrouvés sans un sou et, pour rentrer chez eux, avaient dû improviser des spectacles de rues afin de payer leur billet de retour.

Richard Bagarozy devait être un individu plein d'astuce. Malgré cette malencontreuse histoire, il avait réussi à garder un certain ascendant sur quelques artistes, dont Maria Callas et Nicola Rossi Lemeni qui, restés à New York, continuèrent à entretenir avec lui des rapports d'amitié et à croire à ses promesses d'aide professionnelle.

A un certain moment, Nicola Rossi Lemeni fut engagé par Zenatello qui cherchait en Amérique des chanteurs pour la saison lyrique de l'Arena de

264

Vérone. Rossi Lemeni, se souvenant de son amie Callas restée sans travail, la recommanda à celui-ci qui demanda à l'entendre puis l'engagea pour chanter *La Gioconda*. C'est alors qu'advint un fait aussi absurde qu'inexplicable.

Avec une innocence incroyable, Maria se précipita pour informer Bagarozy de cet engagement obtenu pour l'Italie. Celui-ci, connaissant l'importance de l'Italie et de la saison à l'Arena, devina que cet engagement pouvait constituer le début d'une grande carrière, et réussit à convaincre Maria de lui signer un contrat où il apparaissait comme son seul agent pour une période de dix ans.

L'absurdité de la chose est que ce contrat fut signé par Maria le 13 juin 1947, trois jours avant de signer son engagement avec Zenatello. Il est donc évident qu'elle le fit pour « offrir » à Bagarozy de l'argent auquel celui-ci n'avait aucun droit.

Pourquoi Maria avait-elle agi ainsi ? Quand je la connus, je le lui demandai bien souvent mais elle ne me donna jamais d'explications précises. Elle assurait qu'elle avait signé sans y penser, parce qu'elle ignorait tout des questions légales et des contrats. Je n'apprendrai la vérité qu'au procès Bagarozy.

Au cours de l'été 47, Maria débarqua en Italie pour la première fois. Elle était accompagnée par la femme de Bagarozy, une chanteuse, qui espérait faire carrière elle aussi. Je me souviens de l'avoir recommandée partout, mais sans résultat car elle avait une voix médiocre. Bagarozy, on l'avait oublié. Bien qu'il eût toujours été expert en contrats et tracasseries juridiques, il n'avait pas accordé d'importance au contrat signé par Maria. Sa formulation atteignait de tels sommets dans l'absurdité qu'il risquait de passer pour nul.

Le contrat nommait Bagarozy « représentant personnel et unique agent de Maria Callas ». Laquelle « ne pouvait accepter aucun engagement sans qu'il l'approuvât auparavant ». Non seulement pour les théâtres, mais « pour d'éventuels enregistrements discographiques, concerts radio, spectacles télévisés, tournages cinématographiques, etc. » Maria s'engageait à « verser 10 % de tous les gains bruts qu'elle percevrait ».

Le contrat était précédé d'un préliminaire où Bagarozy s'attribuait aussi le mérite d'avoir procuré à Maria l'engagement à l'Arena. « Attendu que le représentant personnel s'est arrangé pour que l'artiste signe un contrat selon lequel l'intéressée doit tenir le premier rôle au Festival d'été 1947 qui se tiendra à Vérone, en Italie, et, en outre, et à ses frais, s'est arrangé pour que l'artiste jouisse de la publicité adéquate et puisse prendre les contacts nécessaires à la carrière par elle choisie. » Tout ceci était complètement faux, Maria le savait bien, et pourtant elle avait signé.

Voilà pour le contrat. Comme le fameux Bagarozy n'avait jamais donné signe de vie, je considérais l'engagement de Maria comme nul et non avenu. Et quand, en 1954, ce monsieur fit intervenir les shérifs, à Chicago, je m'inquiétai surtout du préjudice publicitaire qu'il pouvait porter à Maria, sans penser un instant à l'éventuelle validité du contrat. Ce furent mes avocats qui m'ouvrirent les yeux. Après avoir examiné la question, ils conclurent que l'affaire était grave. Selon la loi américaine, le contrat était régulier.

Le procès débuta. Nous dûmes chercher de bons avocats en Amérique aussi. Les audiences, les ajournements, les interrogatoires se succédèrent selon la procédure habituelle. Puis les journaux s'en mêlèrent et l'affaire fit de plus en plus de bruit.

Quand, en novembre 1955, nous revînmes à Chicago pour la seconde saison lyrique de Maria, la curiosité était grande. Plus en raison du procès que des œuvres présentées. Maria était outrée. Elle voyait dans cette affaire une grave injustice et enrageait contre les autorités qui l'avaient malmenée l'année précédente. Elle tint à écrire à la Cour un texte pour sa défense. Elle y accablait de son mépris l'homme qui l'avait traînée en justice : « Le tribunal a ajouté foi aux arguments de ce monsieur concernant le contrat en question, » écrivit-elle, « mais personne ne pense même à se demander si ce contrat est valide ou non. Je sais qu'il ne l'est pas, car je fus contrainte de le signer... Ce monsieur doit prouver qu'il est un homme apprécié et estimé, comme il le soutient. Il fut pourtant le responsable de cette désastreuse tournée prévue à Chicago en 1946 ; son casier judiciaire n'est même pas vierge, car par trois fois il a été accusé de fraude. »

Plus loin, dans ce long texte de défense, ma femme dévoila un détail que j'ignorais sur son départ des États-Unis. Au dernier moment, Bagarozy l'avait laissée sans un sou. « Je l'accuse, » écrivait Maria, « de m'avoir abandonnée complètement, et d'être allé jusqu'à me soutirer les mille dollars prêtés par mon parrain pour effectuer le voyage en Italie. Bagarozy me prit le chèque pour le changer à la banque et réserver le billet de bateau, disant qu'il connaissait des gens qui pourraient me concéder une grosse réduction. Je n'ai jamais plus revu cet argent. Je ne sais combien coûta le billet mais certainement fort peu. Avec mon argent, il prit non seulement mon billet, mais celui de sa femme et d'une troisième voyageuse. Il nous parqua à trois dans une cabine d'un horrible cargo russe. Je mourais de faim, ou presque. On ne mangeait que des pommes de terre et du beurre. Il promit de m'envoyer mon argent plus tard, mais je n'en ai plus entendu parler. En Italie, j'ai été obligée de vivre avec cinquante dollars... Je sais que je fus stupide de me fier à Bagarozy, mais j'étais jeune et je suppose qu'il me faisait de la peine après la malheureuse saison de Chicago. »

La défense de Maria avait éveillé un certain intérêt chez les juges. Le procès se poursuivit et sembla tourner en notre faveur. Mais pendant l'été 56, alors que nous préparions le grand début à New York, survint un nouveau coup de théâtre. Maria et moi passions des vacances à Ischia. Nos avocats américains nous écrivirent de venir au plus vite à New

York. La situation avait basculé et nous étions à la veille d'un énorme scandale. Il convenait d'intervenir sans attendre.

Pour démentir les propos de Maria sur son compte, Bagarozy avait remis au juge des lettres que celle-ci lui avait envoyées alors qu'elle se trouvait déjà en Italie. Il y avait trois lettres : une du 20 août, une du 2 septembre, et une du 25 octobre 1947. La dernière, Maria l'avait écrite quatre mois après son arrivée en Italie, alors qu'elle me connaissait déjà bien. Dans ces lettres (y compris la dernière), elle s'adressait à Bagarozy en toute confiance et avec une certaine familiarité, comme on écrit à un ami intime. Elle lui demandait conseil au sujet de sa carrière, mais aussi de sa vie privée. « Si ce que soutient aujourd'hui la Callas à mon propos était vrai », dit Bagarozy aux juges américains, « et s'il était vrai que je lui avais fait signer ce fameux contrat sous la contrainte, une fois en Italie, loin de moi, ayant trouvé un autre homme qui s'intéressât à sa carrière, elle m'aurait ignoré. Mais non, elle continua à m'écrire des lettres affectueuses, où elle m'appelait son manager et son administrateur et me demandait conseil sur chaque initiative à prendre. »

A la lumière de ces lettres, on comprenait qu'il y avait eu quelque chose entre Maria et Bagarozy. A une certaine époque, elle avait été amoureuse de cet homme et ce fut sans doute par amour qu'elle signa ce contrat absurde. Il l'avait mal traitée, peut-être jamais aimée, mais il en avait profité pour lui faire signer ce contrat. Malgré cela, Maria ne l'avait pas oublié.

Et même après m'avoir connu et être tombée amoureuse de moi, elle continua à penser à Bagarozy. Le 20 août 1947, elle lui écrivait : « Cher Eddie », c'est ainsi qu'elle l'appelait, « ce matin, après deux mois, nous avons enfin reçu une lettre de toi. Je dis *nous*, bien sûr, car Louisa et moi ne formons plus désormais qu'une seule et même personne. J'ai été vraiment heureuse d'apprendre que tu te sors de tes ennuis, Eddie, et je te souhaite de tout cœur la vie la plus belle, comme je l'ai toujours fait et continuerai à le faire, quoique tu n'aies *jamais* compris.

« Chéri, je sais que tu te plains de ce que je ne t'écris pas et tu as raison, mais tu ne veux pas comprendre que ce n'est pas pour rien. D'ailleurs j'avais commencé à t'écrire une très longue lettre, pleine de nouvelles, mais pour certaines raisons que je t'apprendrai plus tard, j'ai résolu de ne pas le faire.

« Ceci ne veut pourtant pas dire « loin des yeux, loin du cœur ! » Je refuse d'ajouter foi à ce proverbe et te supplie de ne pas y croire, même si quelqu'un te l'a rappelé ; voici qui doit te suffire. Je pense que tu es assez intelligent pour lire entre les lignes... »

Maria poursuit sa lettre en parlant de moi. Elle le fait en termes très charmants, mais elle demande conseil à son ami sur l'attitude à adopter :

« Je remercie le Seigneur, Il m'a envoyé cet homme angélique et pour la première fois de ma vie je n'ai besoin de personne. Quant à mon éventuel mariage avec lui, j'y réfléchirai sérieusement, je te le promets. Mais il faut dire qu'il est très rare de trouver l'âme sœur. Toi qui me connais bien, mon caractère et tout, tu dois savoir que si je suis heureuse avec lui, je me sentirai comblée. Il est un peu plus vieux que moi, beaucoup plus, à dire vrai : il a cinquante-deux ans, mais il est bien conservé, à tous points de vue. Il est *moi*. Il est moi et je suis lui. Il me comprend tout à fait et moi je le comprends. Après tout, c'est ce qui compte le plus dans la vie : bonheur et amour. Un amour profond vaut plus qu'une sale carrière qui ne te laisse rien d'autre qu'un nom.

« Pour la première fois j'ai trouvé *mon* genre, et je devrais le quitter et mener une vie malheureuse ? Il a tout ce que je peux désirer et il m'adore, voilà tout. Ce n'est pas l'amour, c'est plus encore, je t'en prie, écris-moi et *dis-moi que décider*. Tu es intelligent et altruiste, réponds-moi.

« Je suis heureuse d'avoir écrit cette lettre, car il me semble que j'ai discuté avec toi, comme si tu avais été tout près de moi, beaucoup plus près. Ne te fâche pas, je t'en prie, si je ne t'écris pas souvent. Je suis méchante comme toi, et ne fais pas l'égoïste, ne te méprends pas : *je ressens pour toi ce que je ressentais quand je t'ai quitté.*

« Je voudrais que tu m'écrives tout de suite, clairement et intelligemment, mais pas en tant que manager, en tant qu'Eddie, mon ami.

« Mon trésor, je suis très fatiguée après cette longue lettre. Essaie de la lire sans te fâcher, jusqu'au bout, et force-toi à te rappeler les bons moments que nous avons passés ensemble et pas les mauvais, comme c'est mon habitude. Je suis toujours heureuse d'avoir pour ami intime une personne telle que toi. Crois-moi, je vous aime tous les deux sans me lasser. Embrasse ta famille de ma part et aussi les amis, et merde à tous nos ennemis.

« Dans l'attente impatiente de ta lettre et dans l'espoir de demeurer toujours ta Maria. »

Le 2 septembre, avant même de recevoir la réponse de Bagarozy, Maria lui écrivit de nouveau, pour lui reparler de notre amour : « Très cher Eddie, depuis que je t'ai écrit j'ai changé d'idée. Après y avoir pensé et repensé, j'ai résolu de ne pas me marier.

« En ce moment, ce serait une bêtise de ma part, même si je l'aime. De toute façon, je l'ai à mes côtés : j'ai un homme riche et puissant avec moi et peux choisir de chanter où je veux, quand je veux.

« On m'a proposé, à Barcelone, en Espagne, *Norma* et *La Force* en novembre : je crois que je devrais accepter, non ?

« Mon trésor, que fais-tu ? Je suis heureuse pour toi, continue à travailler et ne pense pas que je t'ai oublié ou risque de t'oublier. Ce sont simplement les circonstances qui changent le cours de nos actions. Quand je te verrai, un jour, je te dirai tout !

« Mais sache bien ceci, la Maria ne change pas comme les autres. Même si tu m'as bien maltraitée pendant les mois qui ont précédé mon départ, je n'ai rien dit et continue à te vouer toute ma fidélité.

« Chéri, je te quitte et te fais tous mes vœux. Je t'en prie, écris-moi vite et réponds à mes questions à propos de ma carrière, dis-moi si j'ai raison. Excuse mon changement de caractère, mais Battista n'aime pas que je raconte des blagues. Comme elles me manquent, tes plaisanteries ! Moi aussi, je joue l'ange aux enfers, et pourquoi pas ?

« Une autre faveur, s'il te plaît : ne te mêle pas de raconter mes histoires professionnelles et privées aux uns et aux autres, cela me déplairait beaucoup. »

La troisième lettre, celle du 25 octobre, commence ainsi : « Salut ! Mon chéri, je reçois tant de lettres de toi que je ne sais vraiment pas par laquelle commencer, salaud ! Et tu oses encore me demander de t'écrire... »

Puis Maria ajoute, en parlant de nouveau de moi : « N'est-il pas adorable ? Oh ! Et tellement fin, quel amour. Voici ce que je cherchais, et tu ne pouvais le comprendre. Chéri, c'est dit, il n'y a rien de plus naturel : nous deux sommes faits l'un pour l'autre, voilà tout. Le drame, dans toute cette affaire, c'est qu'il est avancé en âge et que je suis bêtement jeune, *bêtement* car tu sais comme je suis plus mûre d'esprit et de caractère... »

La lettre se termine sur un ton badin : « Bien, je finis cette longue lettre par un gros baiser sur chacune de tes joues, et... peut-être par un troisième sur ta bouche douce et tentatrice, mais je crains d'être infidèle à Battista, car le danger est grand ! Non, je le récupère : pas de baiser sur la bouche, mais sur le front. Au revoir et je t'en prie, Eddie, ne m'oublie pas. »

Ces lettres ne me firent ni chaud ni froid. Il est vrai que Maria ne m'avait jamais parlé de cette histoire, mais je ne lui en tins pas rigueur. Je savais combien elle avait souffert à New York, au cours de cette terrible année 1946, et pouvais comprendre que son besoin de trouver quelqu'un qui la protège l'ait menée à cette liaison.

Il était clair, pourtant, que si ces lettres paraissaient dans les journaux à la veille du début au

Metropolitan, un scandale épouvantable aurait éclaté. Maria était alors l'une des personnalités les plus en vue du monde entier. Chacune de ses paroles, tout ce qui la concernait était repris et gonflé par la presse internationale. Après les terribles déclarations qu'elle avait faites aux journaux au sujet de Bagarozy, ces lettres auraient constitué un démenti retentissant. En outre, qui sait ce que les journalistes auraient « brodé » sur ce que Maria avait écrit à son vieil ami, à propos de moi et de notre mariage. Il fallait prendre des mesures urgentes. Nous dûmes pactiser avec Bagarozy et arrivâmes à un compromis.

CHAPITRE XXI

L'ANNÉE DE LA MALCHANCE

1957 : Maria se disputa avec Karajan et Böhm, quitta le Festival d'Edimbourg avant la fin, refusa de chanter en Grèce, annula ses concerts à San Francisco : elle était malade, ne pouvait travailler, mais personne ne la croyait et elle fut poursuivie devant les tribunaux.

1957 fut l'année des scandales. Ma femme avait atteint une telle popularité que tous se sentaient autorisés à juger sa vie. Elle ne pouvait plus rien décider sans penser d'abord aux réactions des journaux et du public. Le moindre geste, la moindre déclaration étaient rapportés et commentés par la presse. Si elle ne chantait pas à cause d'une indisposition, personne ne la croyait : s'ouvrait alors un procès public sur les « véritables et mystérieuses » raisons de sa défaillance, on interrogeait des médecins, des sociologues, et même l'homme de la rue.

Maria, l'indomptable, se sentait en cage. Elle frémissait, indignée. Son système nerveux, soumis depuis des années à une tension incessante, finit par craquer. Les médecins prescrivirent le repos absolu, mais il lui était impossible de se sortir de l'engrenage dans lequel elle était prise. Personne ne croyait à sa maladie. On attribuait tout à des caprices, des manies, des manœuvres publicitaires. Cette année-là, il s'en fallut de peu que ma femme perde la raison.

Cette mauvaise passe commença fin 1956, avec son succès au Metropolitan. C'était le seul théâtre qui manquait encore à l'extraordinaire carrière de mon épouse, et Maria voulut le conquérir à tout prix. Elle se prépara avec obstination et connut un véritable triomphe. Mais c'est alors que surgirent les âpres polémiques internationales. On commença par rallumer les vieilles rivalités qui existaient avec Renata Tebaldi. Que des divergences professionnelles aient séparé les deux chanteuses, rien de plus compréhensible ; mais Maria ne prononça jamais sur Renata les jugements outrageants qui furent publiés par la presse et provoquèrent de justes ressentiments.

Après que ma femme eut conquis la Scala, Renata Tebaldi, se sentant négligée par les dirigeants du théâtre milanais, était partie en Amérique. Elle-même, au cours de diverses interviews, a déclaré : « Je partis quand je me rendis compte que pour moi, à la Scala, il n'y avait plus de place. » Aux États-Unis, elle était devenue une idole. Les grands théâtres se la disputaient, et ses disques, bien lancés avaient rendu sa voix célèbre. Il existait plusieurs clubs qui portaient son nom. L'un, à New York, comptait plus de cinq mille adhérents. A Philadelphie, on avait baptisé une place « Renata Tebaldi Square ». Elle était, en somme, la cantatrice la plus réputée.

A l'arrivée de Maria au Metropolitan, l'hebdomadaire *Time* pensa à exploiter la rivalité entre les deux prime donne en les opposant l'une à l'autre. Il envoya deux journalistes interviewer ma femme, et publia un article venimeux, plein d'inexactitudes, dans lequel, entre autres choses, il attribuait à Maria un jugement sévère sur sa collègue : « Renata Tebaldi est une artiste qui n'a pas d'épine dorsale. » Ma femme n'a jamais prononcé cette phrase. J'ai toujours assisté à ses rencontres avec les journalistes. Il est vrai qu'elle parlait en anglais, une langue que je ne maîtrise pas, mais que je connais suffisamment pour suivre la conversation. Je compris que les journalistes posaient à ma femme des questions sur Renata Tebaldi, mais celle-ci y répondit en termes corrects. Cette phrase, donc, fut inventée de toutes pièces.

Le scandale éclata aussitôt, toutes les vieilles rivalités remontèrent à la surface et entre les fans des deux chanteuses, la guerre reprit.

Après avoir lu l'article du *Time*, Renata Tebaldi écrivit au rédacteur une lettre qui fut publiée dans le numéro suivant et reprise par d'autres journaux, jusqu'en Europe. « Je suis vraiment stupéfaite, » écrivait la chanteuse, « des jugements portés sur mon compte par ma collègue madame Maria Meneghini Callas. Cette dame affirme avoir du tempérament et assure que je n'ai pas d'épine dorsale. C'est possible. Mais, à mon tour, je possède une qualité dont madame Callas est privée : le cœur. » La lettre fit grand effet. Le public américain se divisa en deux camps. Un journal écrivait : « La Callas possède une technique et une présence plus grandes que la Tebaldi. » Un autre répliquait : « Pour qui se prend-elle cette Callas ? Pour un Elvis Presley aux cheveux plus longs ? »

Pendant les représentations au Metropolitan, Maria se disputa avec le baryton Enzo Sordello. Ils devaient donner ensemble cinq représentations de *Lucie de Lammermoor*. L'incident survint à la deuxième représentation. Sordello, pendant un duo avec Maria, tint une note finale plus longtemps que ne l'indiquait la partition, et reçut de longs applaudissements du public. Maria, qui détestait ce genre d'exhibitions vulgaires, lui dit indignée : « Tu ne chanteras plus avec moi.

– Et moi je te tuerai », répondit Sordello.

C'était un baryton plein de suffisance. Il possédait une belle voix et les critiques l'appréciaient. Peut-être ces mots ne visaient-il qu'à lancer une sorte de défi à Maria, mais celle-ci n'acceptait rien de la sorte. Elle se fâcha vraiment. Elle déclara à Rudolf Bing, directeur du Metropolitan : « C'est lui ou moi. »

Bing ne la prit pas au sérieux. Mais quatre jours plus tard, à la reprise de *Lucie*, il dut se rendre à l'évidence. Maria ne vint pas. Devant le théâtre, des émeutes éclatèrent. Les gens exigeaient qu'on les rembourse. Sans Maria, l'opéra ne les intéressait pas. La police intervint. Rudolf Bing dut céder et faire remplacer Sordello. Le baryton protesta, insulta Bing, et se trouva licencié sur-le-champ.

Il en résulta un scandale aux répercussions internationales. Toute la faute retomba sur Maria. Les journalistes écrivirent qu'elle avait « exigé » le licenciement du baryton qui s'était permis de l'offenser. Toute la presse prit la défense de Sordello et celui-ci en profita pour se faire de la publicité. Il se fit photographier devant le Metropolitan en train de déchirer avec rage une photo de la Callas.

Le 22 décembre, quand nous nous rendîmes à l'aéroport pour rejoindre Milan et passer Noël dans notre maison, nous trouvâmes Sordello qui nous y attendait. Il était accompagné d'une foule de photographes. Il dit à Maria qu'il était venu faire la paix, et désirait lui serrer la main.

« D'accord », dit ma femme. « Mais d'abord, toutefois, je veux que tu me fasses des excuses publiques et retires tout ce que tu as dit sur mon compte ces derniers jours.

– Impossible », répondit Sordello.

Maria lui tourna le dos. Les photographes, venus pour immortaliser la paix entre les deux artistes, durent se contenter d'une photo qui représentait Sordello tendant la main à une Maria qui lui jetait un regard indigné. Mais cette photo eut bien plus de succès encore : elle fut publiée dans le monde entier.

A notre arrivée en Italie, une foule de journalistes nous attendait. Leurs questions ne concernaient que les polémiques avec la Tebaldi et la querelle avec Sordello. Nous dûmes passer les fêtes de Noël barricadés chez nous.

Tout de suite après, nous fûmes reçus par l'archevêque de Milan, monseigneur Montini. Ce rendez-vous était fixé de longue date. A la fin de la rencontre, Maria proposa d'offrir un million pour les pauvres de la ville. La nouvelle fut divulguée par l'agence de presse de la Curie de Milan et les journalistes la publièrent et l'exploitèrent de façon polémique. Au même moment, en fait, la Tebaldi devait donner un concert de bienfaisance au Manzoni, et l'on en conclut aussitôt que Maria avait fait cette offre à l'archevêque pour ne pas se trouver en reste vis-à-vis de sa rivale.

Le 12 janvier, nous partîmes pour Chicago où ma femme devait donner un concert sous la direction du très célèbre chef autrichien, Karl Böhm. La presse américaine avait souligné le caractère exceptionnel de cette « union », et l'attente était grande. Dès la première répétition, toutefois, des différends surgirent. Maria exprima son opinion sur l'interprétation d'un morceau. Böhm soutenait la sienne. Aucun des deux n'était disposé à céder. L'atmosphère s'envenima et soudain Böhm dit : « Je suis chef d'orchestre, pas accompagnateur ». Il planta là l'orchestre et refusa de diriger.

La nouvelle fut publiée, on en fit un scandale qui trouva beaucoup d'écho, même en Europe où les deux artistes étaient très connus ; la faute, bien sûr, ne fut imputée qu'aux « caprices » de Maria.

Pour ce concert ma femme demanda, en remplacement de Böhm, Fausto Cleva, qui l'avait déjà dirigée dans *Norma* et *Lucie* au Metropolitan. A Chicago, cependant, Cleva n'était pas bien vu car il avait été autrefois le directeur fort peu apprécié du théâtre de la ville. Maria insista, provoquant de nouvelles tensions. Les choses tournaient très mal. Mais c'était l'atmosphère idéale pour déclencher chez Maria la réaction des grands jours. Le concert fut un triomphe. Le prix des places était très cher, car le bénéfice de la soirée était destiné aux réfugiés hongrois et aux écoles françaises d'Amérique, mais cela n'empêcha pas le théâtre d'être comble. Adlai

Stevenson, l'ex-candidat du parti démocrate aux élections présidentielles assistait au concert.

Fin janvier, nous nous rendîmes à Londres pour *Norma*. Là aussi, le succès fut retentissant. Le critique du *Time* écrivit : « Personne au monde ne peut chanter avec autant de puissance et d'intensité. » Les journaux surnommaient Maria « La tigresse de l'opéra. »

Après Londres, nous rentrâmes à Milan, où trois rendez-vous importants attendaient Maria : *La Somnambule, Anne Boleyn* (reprise après cent vingt-sept ans d'oubli) et *Iphigénie en Tauride*, toutes trois mises en scène par Luchino Visconti. Ces œuvres nous retinrent à Milan pendant trois mois. Ce fut pour Maria une période de travail intense, mais qui lui procura d'énormes satisfactions.

Début mai, éclata un nouveau scandale ; cette fois-ci avec l'Opéra de Vienne et Herbert von Karajan. Les journaux autrichiens, et aussitôt les journaux italiens se jetèrent tête baissée sur cette nouvelle affaire et proclamèrent que Maria, par un caprice subit, avait rompu le contrat pour sept représentations de *La Traviata* à Vienne, prévues pourtant de longue date. Au dernier moment, la chanteuse avait prétendument demandé une augmentation de son cachet. Karajan la lui aurait refusée, et Maria aurait répondu : « *La Traviata*, chantez-la vous-même. »

Les choses, pourtant, ne se passèrent pas ainsi. La faute ne revenait pas à Maria, mais à la direction du théâtre de Vienne. Maria tenait Karajan en grande estime. De temps en temps, pourtant, ce dernier se comportait en dictateur, et ma femme ne le supportait pas. En 1954, Maria avait interprété à la Scala une extraordinaire *Lucie* sous sa direction. En septembre 55, ce spectacle avait été présenté à Berlin, et en juin 56 à Vienne : toujours avec grand succès. Ce fut à l'occasion de la *Lucie* de Vienne que Karajan proposa à Maria les représentations de *La Traviata*. Mon épouse accepta. Et quand Karajan aborda la question du cachet, elle lui dit qu'elle désirait une somme supérieure à celle qu'elle touchait pour *Lucie*. Karajan lui donna son accord. Puis il ne fut plus question de cette *Traviata*. En mai 1957, le contrat nous parvint. Maria constata alors avec stupéfaction que sa rémunération était la même que pour la *Lucie* de 56. Elle protesta, et Karajan déclara qu'il n'était pas disposé à verser un schilling de plus. Maria refusa de signer.

C'était la première fois que cela lui arrivait. Ce fut le drame. Les journaux écrivirent que Maria était avare, qu'elle ne pensait qu'à l'argent, qu'elle avait le cœur sec. Ils lancèrent une campagne de presse contre les cachets scandaleux que, selon eux, elle exigeait. Ils écrivirent que bien peu de théâtres italiens pouvaient se permettre le luxe de l'engager sans risquer la faillite.

Maria avare, c'est faux. Elle était consciencieuse, n'admettait pas que l'on ne tienne pas ses engagements, n'acceptait pas les compromis : ça oui. Mais elle ne connaissait rien aux questions d'argent, et il lui arrivait d'annoncer des chiffres énormes sans même s'en rendre compte.

Un jour, la photographe Luisa Dalwolfe vint à Milan exécuter des portraits de Maria pour *Harper's Bazaar*. La séance de photo devait se dérouler dans la chambre que Verdi avait habitée à l'Hôtel Milan. Le bijoutier Faraoni avait prêté un collier ancien en émeraudes. Comme c'était un bijou de grande valeur, il avait engagé un détective pour le surveiller. Maria trouva désagréable la présence de cet intrus et demanda qu'on l'éloigne.

« Il doit protéger le collier », expliqua Faraoni à ma femme.

« Eh bien, je l'achète ; maintenant il m'appartient, dehors tout le monde », répliqua Maria furieuse.

Et sur-le-champ, debout, je dus signer un chèque de presque vingt millions de lires.

A cette époque, nous avions toujours à nos trousses Elsa Maxwell, la commère d'Hollywood. Elle était venue voir les opéras à la Scala, avait été invitée chez nous et voulait organiser des fêtes en l'honneur de

Maria. Ma femme ne trouvait jamais le temps de s'y rendre. Fin juin, la Maxwell donna à Paris une « Elsa Party ». Elle nous y convia, mais nous n'y allâmes pas. La supercommère se vexa. Maria lui promit alors d'assister à la fête qu'elle prévoyait pour septembre, à Venise.

Depuis longtemps, la Grèce, la patrie d'origine de Maria, la réclamait avec insistance. Nous avions eu des contacts avec les autorités grecques jusqu'en Amérique, et Maria avait promis de se rendre dans ce pays. Début 57, les Grecs lui demandèrent de participer au Festival d'Athènes. Maria ne disposait que d'une semaine de liberté, début août : elle avait déjà prévu de prendre quelques jours de vacances à la mer, mais renonça volontiers à son repos par amour pour ses compatriotes.

Quand vint le moment de signer le contrat, Maria exprima le désir de renoncer à son cachet. Les organisateurs refusèrent, vexés, et déclarèrent que leur Festival n'avait besoin ni de subsides ni d'aumônes. Maria le prit mal. Son geste de générosité, sincère et spontané, était mal interprété. Du coup, elle lança un chiffre élevé, qu'elle ne touchait qu'en Amérique. Les organisateurs furent ahuris, mais n'eurent pas le courage de protester.

Au moment de partir pour la Grèce, Maria était anéantie. Je l'accompagnai chez son médecin, le docteur Semeraro, qui, après l'avoir examinée, déclara qu'elle était épuisée et devait prendre un repos absolu. Mais comment annuler le voyage à Athènes ?

Nous partîmes le 28 juillet. Dans la capitale grecque, nous trouvâmes une chaleur atroce, aggravée par une atmosphère sèche et un vent violent : climat nocif s'il en est pour une chanteuse. A l'hôtel, nous avions pris un appartement au dernier étage pour être tranquilles ; mais le vent, là-haut, était insupportable. De plus, à côté de l'hôtel, un chantier faisait du bruit et de la poussière. Maria était très nerveuse et ne se sentait pas bien. Je la fis examiner par le docteur Kotzaridas qui déclara que sa gorge allait bien, quoiqu'une corde vocale semblât un peu rouge.

A la répétition générale, ma femme se plaignit que sa voix ne lui obéissait pas. Nous avertîmes la direction pour que l'on pensât à prévoir une remplaçante. Ils ne voulurent même pas en entendre parler. « C'est elle ou rien », déclarèrent-ils. A l'heure du concert, Maria ne se sentait toujours pas bien. « Ne vous inquiétez pas », dirent les organisateurs du Festival. « Nous informerons le public qui se montrera compréhensif. » Maria n'était pas dans un état critique. Elle aurait pu chanter, même si elle était convaincue de ne pouvoir obtenir des résultats parfaits. Elle aurait ainsi contenté le public et touché son énorme cachet. Mais le raisonnement des organisateurs lui déplut. « Je n'accepterai jamais », dit-elle, « d'apparaître en public dans de mauvaises conditions physiques, quoi qu'il en coûte. » Et elle ne chanta pas.

Ce fut un tollé général. Les journaux l'attaquèrent et l'insultèrent. Les organisateurs du Festival se plaignirent publiquement du cachet exorbitant qu'elle avait réclamé. On alla chercher sa mère, sa sœur, sa famille, et tous les bienfaiteurs qui l'avaient aidée dans sa jeunesse ; tous se lamentèrent d'avoir été trahis, oubliés par l'ingrate. Maria voulait s'en aller. Je me donnai un mal fou pour la retenir et la convaincre de chanter pour la seconde représentation. Le concert eut lieu le 5 août et remporta un triomphe. Les autorités et les dirigeants du Festival vinrent s'excuser et lui proposèrent de revenir. « Jamais plus », décréta Maria.

Le 7 août, nous nous trouvions à Milan. Maria se portait plus mal encore qu'au moment de notre départ. Nous retournâmes chez le docteur Semeraro, qui l'examina une nouvelle fois.

« Il faut vous reposer », dit-il.

« Je dois partir avec la Scala pour le Festival d'Edimbourg », répliqua ma femme.

« C'est stupide », reprit le professeur.

Et il rédigea le certificat suivant : « Maria Meneghini Callas présente des symptômes d'épuisement nerveux grave, causé par un travail trop intensif et une grande fatigue. Je prescris une période de repos absolu de trente jours au moins. »

Je portai ce certificat à Oldani, le secrétaire général de la Scala.

« Il faut remplacer ma femme », lui déclarai-je.

« Impossible », répondit-il « Plutôt renoncer à la tournée que de partir sans Maria. La garantie de son nom a servi de base au contrat. »

Puis il ajouta : « Maria est capable de faire des miracles ; elle s'en sortira cette fois-ci encore. »

Contre l'avis du médecin, et le mien, Maria décida de partir pour Edimbourg.

« La Scala te vouera une reconnaissance éternelle », lui dit Oldani.

Le contrat d'Edimbourg couvrait la période du 17 au 30 août. Il devait y avoir quatre représentations de *La Somnambule*. La Scala en aurait voulu cinq, mais Maria avait refusé la dernière car elle s'était engagée à aller à Venise début septembre pour la fête organisée en son honneur par Elsa Maxwell.

Arrivée à Edimbourg, Maria apprit que la Scala avait assuré sa présence au Festival pour les cinq représentations de *La Somnambule*. Les affiches, les programmes publiés par la presse annonçaient cinq représentations. Personne, parmi les directeurs, ne savait que Maria n'assurerait pas la cinquième représentation. Peut-être la Scala avait-elle essayé de mettre ma femme devant le fait accompli, en espérant qu'elle n'aurait pas le courage de se décommander au dernier moment. Ils auraient dû savoir pourtant, qu'elle ne se serait jamais prêtée à une telle manœuvre. Advint alors l'irréparable.

Maria ne souffla mot et chanta de façon éblouissante. L'enthousiasme était général. La BBC l'élut « diva du Festival ». Une fois terminées les quatre représentations, Maria boucla sa valise. La nouvelle de son départ éclata comme un coup de tonnerre. Le directeur artistique du Festival, Robert Ponsonby, se précipita à l'hôtel. « Que se passe-t-il ? »

demanda-t-il. Maria lui montra le contrat, et Ponsonby demeura ahuri car les dirigeants de la Scala ne lui avaient rien dit. Indigné, il alla voir Oldani et exigea des explications. Oldani accourut chez Maria et la supplia de « sauver la Scala ». Ghiringhelli se trouvait à Milan. Il y eut des coups de téléphone, les insultes et les gros mots fusèrent. Maria ne céda pas. « Je ne sauve rien du tout », dit-elle à Oldani. « Vous n'aviez qu'à y réfléchir avant. »

Le directeur du Festival se rendit compte que ma femme avait raison. Il convenait d'informer la presse et le public. Mais que dire ? Raconter la vérité ? Les dirigeants de la Scala auraient fait alors bien mauvaise figure. On demanda à Maria la permission d'invoquer des raisons de santé. Vocalement, Maria était en pleine forme, mais sa fatigue et son épuisement nerveux n'en étaient pas moins réels. Elle accepta. Un médecin rédigea un certificat attestant que la « Callas abandonnait le Festival en raison de mauvaises conditions de santé ».

Le stratagème ne prit pas. La presse ne crut pas à cette justification officielle. Les journaux écrivirent : « La Callas a prouvé encore une fois qu'elle était une prima donna de roman ; sans aucune raison, elle a planté là le Festival d'Edimbourg. » Et une nouvelle campagne de presse se déchaîna contre elle.

De Londres, nous prîmes l'avion pour Milan puis nous rendîmes aussitôt à Venise, où la Maxwell nous attendait pour sa fameuse fête. Dès que l'on apprit que Maria, au lieu de se soigner à Milan, s'amusait à Venise, le drame éclata. Le scandale d'Edimbourg prit des proportions gigantesques. Même les fans de Maria s'indignèrent et la désapprouvèrent. A raison d'ailleurs. L'erreur, cette fois-ci, c'était Maria qui l'avait commise en acceptant, pour sauver la Scala, que l'on cachât la vérité.

A Venise, la Maxwell avait organisé une fête magnifique. La fameuse party se déroula la nuit du 3 septembre dans les salons du « Danielino ». Cent soixante invités y assistaient ; parmi eux, les princes Ruspoli, la comtesse Natalia Volpi di Misurata et son fils Giovanni, Henry Fonda et sa femme, Afdera Franchetti, Arthur Rubinstein et son épouse, le multimilliardaire Arturo Lopez, la baronne Lomonaco, Consuelo Crespi, etc.

Nous restâmes à Venise quatre jours de plus. Maria avait besoin de distractions. On déjeunait à la plage, on dansait le soir. Parmi les personnes que nous connûmes et fréquentâmes alors, se trouvait Aristote Onassis.

De retour à Milan ma femme devint de plus en plus dépressive et irritable. J'étais inquiet, car nous devions partir pour San Francisco où Maria devait chanter du 27 septembre au 10 novembre.

Je la conduisis une nouvelle fois chez son médecin. Le professeur lui fit subir des analyses qui confirmèrent son état d'épuisement et de délabrement physiques. Je l'emmenai aussi chez le neurologue Carlo Trabattoni qui constata son mauvais état de santé et déclara que si elle ne se soignait pas aussitôt, un séjour en clinique pourrait devenir indispensable.

J'avertis les directeurs du théâtre de San Francisco, leur demandant au moins le changement de la date d'arrivée. Ceux-ci, qui avaient suivi dans les journaux le scandale d'Edimbourg et l'histoire de la fête de Venise, répondirent avec humeur « que l'indisponibilité de Maria les laissait sceptiques » et que, par conséquent, ils n'acceptaient aucun changement de date. J'envoyai les certificats médicaux, en vain : on ne crut pas Maria. Et comme elle ne se présenta pas à la date prévue, elle fut dénoncée à l'Agma, l'impitoyable « Conseil de l'Ordre des artistes lyriques ».

Cette organisation, très puissante en Amérique, peut ruiner la carrière du plus célèbre des artistes. Elle se donne pour but de défendre les intérêts du spectacle et de ceux qui en vivent. Elle est en mesure d'infliger des amendes et des périodes de suspension professionnelle. Elle peut mettre en place un plan de boycottage de l'artiste coupable, et lui fermer tous les théâtres américains.

La situation était très grave. Condamnée, Maria n'aurait plus pu travailler en Amérique. Le Metropolitan, informé de la dénonciation, nous écrivit, nous recommandant de résoudre l'affaire au mieux pour éviter que Maria se trouve exclue de leurs programmes.

Le 26 janvier 1958, la Callas comparut devant les juges du « Conseil » qui, entre-temps, avaient mené leur enquête. Heureusement, tout se passa bien. Et même s'ils ne jugèrent pas son absence à San Francisco « pleinement justifiée », ils ajoutèrent foi aux certificats médicaux et ne prononcèrent pas de condamnation pour rupture de contrat.

CHAPITRE XXII

CONTRAINTE A NE PLUS CHANTER EN ITALIE

Licenciée de l'Opéra de Rome pour la Norma interrompue en présence du président de la République – Les dispositions du gouvernement italien et la volte-face de Ghiringhelli – De jour comme de nuit la cible de basses méchancetés – La soirée d'adieu à la Scala

Parmi tous les incidents désagréables survenus pendant l'année 1957, celui du Festival d'Edimbourg avait le plus irrité Maria. En fait, la presse avait tiré sur elle à boulets rouges, car, tandis qu'officiellement elle abandonnait le Festival pour des raisons de santé, au lieu de se mettre au lit elle s'était rendue à Venise à la fête des milliardaires organisée par Elsa Maxwell. C'était la première fois qu'un artiste laissait en plan un théâtre pour aller danser. L'indignation de tous, par conséquent, s'était déchaînée et les critiques pleuvaient de toutes parts.

Forte de son droit, car le scandale avait éclaté par la faute de Ghiringhelli, ma femme, cette fois-ci, s'obstina et exigea une mise au point officielle. « Je ne chanterai plus à la Scala, » me dit-elle, « tant que

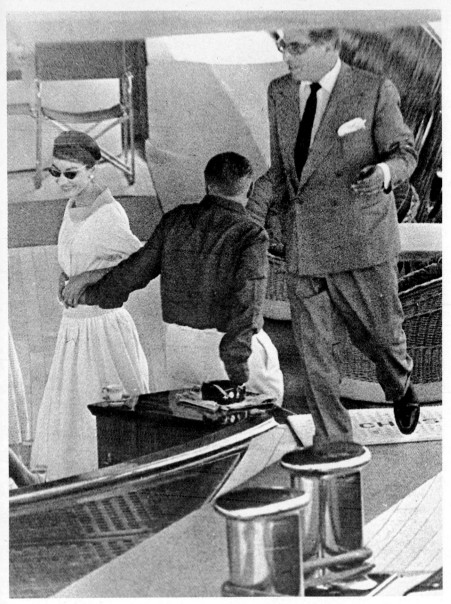

Maria Callas, G.B. Meneghini et A. Onassis à bord du Christina en 1959. Photo X.

Paris, 1975. Maria Callas avec son chauffeur qui la protège de la pluie tandis qu'elle rentre chez elle. La chanteuse vécut les dernières années de sa vie dans une solitude presque totale. Elle passait ses journées à la maison avec ses domestiques, et seuls quelques rares amis venaient la voir de temps à autre.

Ghiringhelli ne sera pas intervenu et n'aura pas dévoilé toute la vérité. »

Alors que nous nous trouvions encore à Edimbourg, Maria téléphona à Ghiringhelli, demeuré à Milan, et lui demanda d'intervenir. Ghiringhelli promit, mais ne fit rien. A son retour de Venise, Maria repartit à l'attaque. Elle harcelait de coups de téléphone la direction de la Scala, mais Ghiringhelli restait introuvable. Oldani, le secrétaire général, ne savait que répondre. Maria se fâchait même contre moi. Elle voulait que j'aille à la Scala, que j'y cherche Ghiringhelli et le lui ramène à la maison. Nous vécûmes des journées très tendues. A chaque coup de téléphone, chaque lettre, chaque coupure de presse critiquant son comportement au Festival d'Edimbourg, Maria piquait une crise de nerfs.

Tout le mois de septembre et une partie d'octobre se passèrent ainsi. Finalement, le 15 octobre, je réussis à parler à Ghiringhelli et lui exposai la situation. Il nous fixa un rendez-vous pour le 17. Nous nous rendîmes dans son bureau à la Scala, et le drame éclata aussitôt. Maria l'incendia et, Ghiringhelli dut lui donner raison.

« J'exige que tu me défendes publiquement », dit Maria.

« Ta requête me paraît des plus justes », répondit Ghiringhelli avec soumission, « je te défendrai ».

Il fut convenu qu'avant le 25 octobre, Ghiringhelli diffuserait un communiqué officiel expliquant, ce qui s'était vraiment passé à Edimbourg et disculperait ainsi Maria de toutes les accusations portées contre elle. Ma femme paraissait satisfaite. Mais Ghiringhelli ne tint pas sa promesse.

Vint le 25 octobre, puis le 30, sans qu'aucun communiqué n'émane de la Scala. Maria recommença à divaguer. « Maintenant ils se payent ma tête, en plus », disait-elle, plus furieuse que jamais.

Je dus repartir à la poursuite de Ghiringhelli. Il avait peur et se cachait. Je réussis à lui parler vers le 5 novembre, et fixai un nouveau rendez-vous.

Encore une fois, Ghiringhelli s'avoua coupable et promit de réparer.

« Immédiatement, alors », dit Maria. « Téléphone au "docteur" Radius (le directeur de l'hebdomadaire italien le plus populaire à l'époque), et demande-lui de nous envoyer un journaliste sur-le-champ. »

Ghiringhelli rechigna, mais Maria resta inébranlable. Pour la calmer, Ghiringhelli appela Radius au téléphone et lui demanda un journaliste, mais pour le lendemain. Il expliqua à Maria que l'affaire étant très délicate, puisqu'elle mettait en cause le prestige de la Scala, il devait réfléchir à son texte. Mais c'était une nouvelle excuse pour gagner du temps.

Deux semaines passèrent sans qu'aucun démenti parût. Maria téléphona à Radius, qui lui confirma avoir envoyé un journaliste, comme Ghiringhelli le lui avait demandé, mais lui apprit qu'au dernier moment le directeur avait changé d'idée. Après avoir fait attendre le malheureux journaliste pendant deux heures, Ghiringhelli lui avait déclaré qu'il n'avait plus besoin de lui.

Maria ne s'avoua pas vaincue. Elle poursuivit la lutte. Elle chercha l'appui d'autres personnalités, dont le maire de Milan. A la fin, on décida qu'elle devrait écrire elle-même un article relatant la véritable histoire du scandale d'Edimbourg. Ghiringhelli, avec l'aide du maire et de quelques autres, réussit à convaincre ma femme que c'était la solution la plus honorable pour tous. Maria, qui tempêtait beaucoup mais était finalement très naïve, accepta, sans se rendre compte qu'elle faisait encore une fois un marché de dupes. La défense de Maria n'aurait eu de valeur que publiée par Ghiringhelli, et non par l'accusée.

L'article parut. La paix revint, du moins en apparence, entre Maria et Ghiringhelli. Il s'agissait aussi de penser à la nouvelle saison, dont l'ouverture approchait. Le choix du programme s'avérait épineux. Trois ténors avaient refusé de chanter avec Maria. A la fin, on décida d'ouvrir la saison avec *Un bal masqué,* dirigé par Gavazzeni, suivi de deux autres œuvres, avec Maria dans le premier rôle, *Anne Boleyn* et *Le Pirate* de Bellini.

L'ouverture de la saison, le 7 décembre, se passa fort bien et acheva dans la sérénité cette année orageuse. Mais l'accalmie fut de courte durée. Le 2 janvier 1958, ma femme connut une nouvelle épreuve, la pire de sa carrière, que l'on présente encore comme le scandale le plus retentissant de l'histoire lyrique du xxe siècle.

Ce soir-là, Maria devait inaugurer la saison de l'Opéra de Rome, avec la *Norma*. Il s'agissait d'une soirée d'une importance particulière, en raison de la présence du président de la République, M. Giovanni Gronchi, de son épouse et de diverses personnalités. L'attente était à son comble.

Les journées qui précédèrent cette soirée se passèrent dans l'inquiétude ; ma femme ne se sentait pas bien. Grâce à des soins appropriés, les médecins réussirent, toutefois, à lui redonner la force d'affronter l'épreuve. Mais la voix humaine n'est pas un simple instrument et réserve toujours des surprises. A la fin du premier acte de *Norma,* mon épouse déclara qu'elle ne se sentait pas bien et ne pouvait plus chanter.

La situation était ennuyeuse, sans aucun doute, mais pas désespérée. Ces imprévus surviennent dans tous les théâtres du monde. Il aurait suffi que les directeurs de l'Opéra de Rome soient intervenus aussitôt, aient annoncé le malaise soudain de mon épouse, l'aient remplacée par une autre chanteuse et le spectacle se serait poursuivi tranquillement. Mais, malheureusement, il s'agissait de Maria Callas et non pas d'une chanteuse quelconque. Les directeurs avaient tout misé sur son nom et n'avaient même pas pensé à engager une remplaçante.

Que faire ? Comment avertir le président de la République, les autres personnalités, le public présent dans la salle que l'œuvre était interrompue parce que la protagoniste n'avait plus de voix ? Tout le monde aurait répondu : « Remplacez-la. » Oui, mais les directeurs du théâtre avaient omis d'engager une soprano pour parer à cette éventualité, et du coup personne n'avait le courage de prendre l'initiative. Le temps passait et l'attente commençait à devenir embarrassante. Le président se montrait nerveux, le public sifflait.

Dans la loge, pendant ce temps-là, le directeur et les autres responsables du théâtre s'étaient réunis pour tenter de convaincre Maria de continuer. « Tu es une grande comédienne, » disaient-ils. « Tu peux poursuivre même sans voix. Il suffit que tu entres en scène et déclames ton texte ».

Maria se rendait compte de la gravité de la situation, mais il n'y avait rien à faire. Elle ne parvenait plus à émettre les notes aiguës, et éprouvait des difficultés à chanter dans le registre mezzo. Dans « Casta diva », elle avait frôlé le couac et un spectateur avait hurlé : « Retourne à Milan, tu nous coûtes un million ». Si Maria avait continué en déclamant au lieu de chanter, tout pouvait arriver. Or, avec le président de la République dans la salle, il n'était pas prudent de courir ce risque. Elle resta donc inébranlable.

Après presque une heure d'une attente pénible, quelqu'un se rendit auprès du président Gronchi et l'avertit que l'opéra ne se poursuivrait pas. Le président, suivi de sa femme, s'en alla sans bruit. Tout de suite après un *speaker* informa le public, et je ne saurais décrire ce qui se passa alors dans le théâtre. Pendant des heures, des centaines de personnes assiégèrent la sortie des artistes, attendant ma femme pour la lyncher. Nous quittâmes la loge après minuit, et empruntâmes un passage souterrain pour rentrer à l'hôtel. Pendant toute la nuit, des groupes de fanatiques restèrent sous nos fenêtres à hurler des insultes et des injures grossières.

Le lynchage de Maria se poursuivit le lendemain dans les journaux. Tous relataient l'événement avec des titres indignés. La faute était attribuée à la seule Maria. Personne ne croyait à sa maladie. On

290

insinuait qu'elle avait interrompu la représentation parce que les applaudissements reçus après le premier acte ne lui avaient pas paru suffisamment chaleureux. Quelqu'un raconta que Maria avait perdu sa voix parce qu'elle avait passé les nuits précédant la première à festoyer dans les palais des patriciens romains. En bref, on procéda à un lynchage moral, tel qu'aucun artiste peut-être n'en avait jamais subi. Et tout cela sans que Maria fût coupable.

Rien de tout cela n'était vrai. Nous étions arrivés à Rome le 27 décembre et Maria avait aussitôt commencé les répétitions au théâtre, qui n'était pas chauffé. Tous les chanteurs avaient protesté, en vain. Fedora Barbieri avait attrapé un rhume et l'on avait dû la remplacer avant la répétition générale. Maria aussi avait pris froid et avait dû garder la chambre. Les directeurs du théâtre étaient venus à l'hôtel la supplier : « Maria, tu dois te remettre, tu dois chanter absolument. » Ma femme s'était soignée énergiquement. Elle avait avalé des médicaments, s'était appliqué des cataplasmes sur la poitrine, avait fait des fumigations. Elle avait été suivie par le médecin du théâtre, mais s'était aussi tenue en contact téléphonique avec son médecin de confiance, le docteur Semeraro de Milan. Elle avait réussi à se rétablir. Quoiqu'elle ne se sentît pas dans les meilleures conditions physiques, elle était convaincue d'y arriver.

Le médecin l'avait vue quelques heures avant la représentation, et tout semblait aller. Malheureusement, comme je l'ai dit, le corps humain n'est pas une machine. A la fin du premier acte la voix avait cédé subitement, et Maria n'avait pu continuer. Si l'on avait prévu une remplaçante, rien de très grave ne serait arrivé.

Voilà la véritable histoire de ce scandale. Aucun journal n'a jamais voulu y croire, et depuis toujours on l'attribue aux caprices outranciers de la Callas. Mais il existe des preuves de ce que j'affirme. Le lendemain de cette triste soirée, Maria fut examinée par deux spécialistes envoyés par le théâtre, qui constatèrent une inflammation de la gorge avec 38° de fièvre.

Quatre jours plus tard, ma femme était rétablie. Elle en informa aussitôt la direction du théâtre et se déclara à sa disposition pour les autres représentations ; mais on lui répondit que l'on n'avait plus besoin d'elle : elle était remplacée par Anita Cerquetti. Maria protesta. On lui déclara alors que cette mesure avait été prise au cours d'une délibération de la préfecture de Rome qui craignait de graves troubles si la Callas revenait sur la scène. Nous dûmes rentrer à Milan, où nous engageâmes une poursuite contre l'Opéra pour rupture de contrat. Le procès fut très long, et ne se termina qu'en 1971. Le verdict de la Cour de Cassation ne se contenta pas de dégager Maria de toute responsabilité pour ce qui était advenu le soir du 2 janvier 1958, mais condamna l'Opéra de Rome à nous dédommager. En 1971, toutefois, Maria Callas n'était déjà plus un mythe, et aucun journal ne publia ce texte en bonne place. C'est ainsi que l'on continua et que l'on continue toujours de parler de ce scandale en termes qui ne correspondent pas à la réalité.

Les conséquences de l'affaire romaine furent des plus néfastes à la carrière de Maria. On peut dire que cet incident mit fin à son activité en Italie. A partir de ce moment-là, Maria ne chanta plus dans aucun théâtre italien, à l'exception de deux œuvres programmées de longue date à la Scala.

Elle fut la victime d'interventions politiques. Ghiringhelli reçut l'ordre de ne plus la faire chanter. Je l'appris du directeur du Théâtre de Bruxelles, où nous devions nous rendre en tournée avec la Scala pendant l'été 1958. En mars, le directeur du Théâtre de Bruxelles téléphona à Ghiringhelli pour demander la conclusion de l'accord, et Ghiringhelli lui répondit : « Nous ne pouvons plus venir. Le gouvernement italien a interdit que la Callas continue à voyager avec la Scala ».

Ghiringhelli ne nous donnait plus signe de vie. Tous les programmes déjà mis en train, même pour la saison 1958-59, furent suspendus. Toutefois Maria devait être en mesure de prendre des décisions, des propositions lui parvenait de l'étranger, et elle écrivit à Ghiringhelli ; elle ne reçut jamais que des réponses évasives. L'atmosphère était froide et tendue, il était clair que Ghiringhelli avait reçu des ordres venus d'en haut.

Le 11 mars, dans l'après-midi, nous croisâmes Ghiringhelli devant l'entrée de la Direction. Il détourna le regard, sans nous saluer. Le soir même, nous le rencontrâmes de nouveau au Biffi Scala. Devant tout le monde, il ignora complètement la présence de Maria.

Pourtant la date du retour de ma femme à la Scala pour *Anne Boleyn* approchait. La première était fixée au 9 avril. Maria n'avait pas chanté en Italie depuis l'incident de Rome, et, quoiqu'elle tentât de le cacher, elle était extrêmement émue. Elle aimait le public milanais et craignait de l'avoir perdu après cette triste affaire.

Le soir de la première, l'entrée des artistes était gardée par des policiers. D'autres, en civil, s'étaient dispersés dans la galerie supérieure. Au début, l'accueil du public fut plutôt froid. Mais la glace était rompue, et Maria réchauffa l'atmosphère, entraînant tout le monde, amis et ennemis, dans un délire d'applaudissements. Ce fut un triomphe.

Le programme prévoyait que Maria reprendrait *Anne Boleyn* le 12 avril. Ce jour-là, le président Gronchi se trouverait à Milan pour l'ouverture de la Foire, et assisterait, le soir, au spectacle de la Scala. Maria se réjouissait de cette coïncidence qui allait lui donner l'occasion de réparer ce qui s'était passé, malgré elle, à Rome. Elle y tenait beaucoup, mais on lui refusa le droit de chanter. Sans aucune explication, le programme fut changé. La Scala annonça que le 12 au soir, *Anne Boleyn* serait remplacée par *Meurtre dans la cathédrale* de Pizetti.

Les relations avec Ghiringhelli empirèrent. Pendant les cinq représentations d'*Anne Boleyn,* le directeur ne se présenta pas une fois dans la loge de Maria. Pour communiquer, il lui écrivait des lettres où il avait repris le vouvoiement, comme à l'époque où nous nous connaissions à peine. Maria répondait sans plus s'adresser à Ghiringhelli, mais à la « Direction de la Scala ». C'étaient des lettres méprisantes, dures, sèches, où l'on n'épargnait pas les coups.

Si, chaque soir, sur scène, Maria remportait des triomphes exceptionnels, elle n'en était pas moins harcelée par d'implacables ennemis. Au début de chaque représentation, il se trouvait toujours quelqu'un pour essayer de semer le désordre et de distraire le public avec des saillies et des plaisanteries vulgaires. Parmi les masses de fleurs que le public lançait sur la scène, il y avait toujours des radis, des tomates, d'autres légumes et même un soir une pantoufle.

Les vexations se poursuivaient hors du théâtre. Chaque nuit, des bandes de voyous venaient hurler des insultes sous nos fenêtres et écrire des obscénités sur les murs de notre maison. Un soir, comme nous sortions en voiture pour aller dîner, nous trouvâmes sur le siège de Maria la charogne d'un chien. Une autre fois, alors que nous rentrions tard après une représentation d'*Anne Boleyn,* au moment d'ouvrir la grille du jardin Maria poussa un cri d'horreur. Je courus la rejoindre. La grille avait été barbouillée d'excréments. Je réussis à l'ouvrir et découvris qu'il en était de même du sentier du jardin, de la porte d'entrée et des murs. A toute heure de la nuit arrivaient des coups de téléphone d'injures, et chaque jour des lettres anonymes d'une extrême grossièreté. Nous informâmes le commissaire de police, le préfet, sans jamais recevoir de réponse.

Fin 57, nous avions acheté une villa à Sirmione. Comme à Milan la vie était devenue intenable, nous y élûmes domicile.

En mai, Maria affronta *Le Pirate* de Bellini, que l'on ne représentait plus depuis des décennies. C'est une œuvre dramatique, tout à fait adaptée à son tempérament. Dans la scène finale de la folie, son jeu atteignait des sommets vertigineux et je crois qu'aucune autre artiste ne parviendra jamais à l'égaler. Maria savait qu'elle chantait là sa dernière œuvre à la Scala, du moins pour un certain temps. Elle avait en effet décidé d'arrêter de travailler dans une atmosphère aussi hostile, aussi s'engagea-t-elle à fond et obtint-elle les plus beaux succès de sa carrière.

A cette époque, elle souffrait d'hémorroïdes, avec des crises tellement violentes qu'elles en auraient justifié l'annulation d'une représentation ; mais Maria ne voulut même pas penser à cette éventualité. Après les deux premières représentations, son mal prit de telles proportions qu'une intervention chirurgicale s'avéra nécessaire. Elle fut opérée le samedi 24 mai. Ces opérations étaient alors fort douloureuses. Le médecin lui ordonna un repos absolu d'au moins cinq jours, mais Maria refusa. Le lendemain de l'intervention, le 25 au soir, elle chanta *Le Pirate* à la Scala avec une telle véhémence que le public l'applaudit interminablement. Puis elle chanta encore le mercredi 28, et enfin le samedi 31. C'était sa dernière représentation. Le lendemain elle devait déclarer à la presse : « Je ne chanterai plus à la Scala, du moins tant que Ghiringhelli en assurera la direction. » Les admirateurs les plus fidèles avaient deviné la situation et étaient accouru avec d'énormes bouquets de fleurs pour lui faire fête. Mais la police interdit l'introduction de fleurs, dans l'enceinte du théâtre.

La soirée commença dans une ambiance de corrida. Maria était tendue à l'extrême. Elle voulait dire adieu à son public, mais aussi déclarer à Ghiringhelli son ressentiment et sa rancœur. Ce soir-là, le directeur se trouvait dans sa loge, presque caché dans un coin. A la scène finale, Maria se tourna vers lui. La scène de la folie constitue l'apogée de la tragédie. La protagoniste, Imogène, duchesse de Caldora, apprend que son amant,

Gualtiero, est condamné à mort pour homicide, et de douleur elle perd la raison. Elle imagine qu'elle voit apparaître son amant sur l'échafaud et attaque l'air « Oh sole ti vela di tenebra fonda ». D'habitude Maria interprétait cette scène tournée vers le public, les yeux hagards, avec une voix à vous donner le frisson. Ce soir là, elle se tourna vers la loge de Ghiringhelli et le désignant de son bras tendu, elle attaqua : « Là..., vedete... il palco funesto * » et continua à chanter, le bras toujours tendu dans un geste menaçant. Le public comprit l'allusion, et regarda cette loge avec curiosité. Ghiringhelli se leva et disparut.

A la fin de l'opéra, Maria fut accueillie par une ovation historique : presque une demi-heure d'applaudissements. Le public ne voulait plus s'en aller. Tous criaient : « Reviens, reviens, Maria », et beaucoup pleuraient. Ghiringhelli, irrité par ce triomphe, alors que Maria répondait sur la scène aux ovations du public, fit descendre le rideau de fer, ce qui signifiait que le spectacle était terminé et que tout le monde devait quitter la salle. Il alla jusqu'à envoyer un pompier dire à Maria : « Par ordre de la direction, la scène doit être libérée ».

Maria, mélancolique, rentra dans sa loge. Elle se changea en silence, puis nous sortîmes du théâtre. Un groupe de jeunes l'attendait et l'entoura affectueusement dès qu'elle apparut. Quelques policiers intervinrent pour les disperser. Maria dit : « Laissez-les, ce sont mes amis, ils ne me veulent pas de mal ». Elle marcha au milieu d'eux jusqu'à notre voiture. Quand elle y monta, elle avait les larmes aux yeux.

* Le mot « palco » désigne à la fois la loge de théâtre et l'échafaud. (N.D.T.)

CHAPITRE XXIII

ELLE A ÉTÉ LA CHANTEUSE LA MIEUX PAYÉE

C'est moi qui imposai ses cachets vertigineux – Tous les directeurs de théâtre me détestaient parce que je jouais sans cesse à la hausse – Comment je réussis à la faire « licencier » du Metropolitan, déchaînant ainsi une guerre entre Dallas et New York

La rupture de Maria avec la Scala et Ghiringhelli fit beaucoup de bruit. Les journaux en parlèrent pendant plusieurs jours. Début juin 1958, nous partîmes pour Londres et y restâmes tout le mois car Maria devait donner *La Traviata* à Covent Garden, et quelques concerts et émissions télévisés pour la BBC.

Juillet et août, nous les passâmes sur le lac de Garde et à Venise, en vacances. En septembre, nous retournâmes à Londres pour des enregistrements de disques. Chez « La Voix de son Maître », et en octobre nous partîmes pour l'Amérique. Maria devait donner des concerts à Atlanta, Montréal, Toronto, et ensuite interpréter *La Traviata* et *Médée* à Dallas. Ce fut pendant notre séjour dans cette ville du Texas qu'éclata un nouveau scandale retentissant : la rupture définitive avec le Metropolitan de New York.

Maria était arrivée à un tournant de sa carrière. Elle se sentait lasse de travailler à ce rythme infernal et d'interpréter surtout des œuvres du répertoire qui l'épuisaient, sans plus lui procurer de grandes satisfactions artistiques. Elle désirait organiser sa future activité avec des programmes moins ardus, qui lui permettraient de prendre meilleur soin de sa santé. Moins d'opéras et plus de concerts, donc. Elle voulait que les opéras se limitent à la redécouverte de chefs-d'œuvre oubliés, pour mettre en lumière son talent d'interprète.

Cette nouvelle tendance s'était imposée d'elle-même car plusieurs villes des États-Unis lui proposaient sans cesse des cachets énormes pour qu'elle vienne y donner des concerts. Il était donc absurde qu'elle continue à s'éreinter à chanter des opéras pour un résultat financier très inférieur.

Évidemment, pour jouir du statut de vedette dans le reste des États-Unis, il fallait d'abord passer par le Metropolitan de New York. Maria le savait et avait accepté cette condition même si ce théâtre payait beaucoup moins que les autres. En fait, quand Maria avait chanté pour la première fois au « Met », en octobre 56, on lui avait versé un cachet de mille dollars par représentation, tandis que la même année, à Chicago, elle en gagnait deux mille cinq cents.

En l'espace d'un an, pourtant, Maria était devenue la chanteuse numéro un, même en Amérique, et la prestigieuse protection du « Met » ne lui était plus nécessaire. Pourquoi, alors, continuer à s'épuiser sur cette scène sans contrepartie financière satisfaisante ? Il valait mieux se libérer du « Met ».

Ce genre de raisonnement, c'était surtout moi qui le tenais, Maria, elle, ne pensant jamais à l'argent. Depuis le début de sa carrière, nous étions convenus que je m'occuperais de l'aspect financier de son travail, pour qu'elle puisse se consacrer entièrement au chant. Notre association fonctionnait à la perfection. J'exposais mes intentions à Maria dans les moindres détails, elle me faisait parfois des suggestions, mais me laissait toujours décider. « Je n'ai pleine confiance qu'en toi, » me disait-elle. Il n'est jamais, vraiment jamais arrivé qu'elle me mette en difficulté en s'opposant après coup aux décisions que j'avais prises.

On taxait souvent Maria d'avarice, de cupidité. Ce sont des accusations injustes. Tant qu'elle a vécu avec moi, elle ne s'est intéressée ni à l'argent ni à ses cachets. Elle aurait accepté de chanter pour un salaire de misère. J'étais le seul à fixer et imposer ses rétributions, et le faisais en parfait calculateur. Ma femme a été la chanteuse la mieux payée de l'histoire du lyrique. Ni Caruso, ni Tamagno, ni Gigli, ni aucun autre n'a autant gagné qu'elle.

Dès que je connus Maria, je compris que je tenais entre les mains un produit artistique exceptionnel. J'étais un homme d'affaires et, une fois devenu son manager, je décidai d'appliquer à cette activité toutes les règles du monde des affaires. Maria chanteuse était pour moi un produit. Plutôt que de vendre des briques, comme je l'avais fait avec succès pendant des années, je me mis à vendre une voix. L'essentiel était que le produit fût de première qualité. Or la voix de Maria était superbe, et même unique au monde. Je n'hésitais donc pas à imposer le prix fort. J'étais convaincu que les cachets de Maria devaient augmenter sans cesse pour accroître son prestige et créer le mythe de la grandeur absolue, de l'inaccessible. Si, financièrement, Maria avait été à la portée de n'importe quel théâtre, elle ne serait jamais devenue « la divine ». C'était ma théorie, et les faits me donnèrent raison.

Évidemment, une telle attitude me valait les foudres de tous les directeurs de théâtre. Dans les milieux lyriques, on me détestait, et je le savais bien. Maria ne l'ignorait pas non plus, mais n'y attachait pas d'importance. Mes exigences financières étaient, en outre, justifiées. Quand ma femme chantait, le théâtre qui la recevait en tirait des avantages autant sur le plan du prestige que des recettes : il était donc juste qu'il les paie. Quand Maria chanta pour la première fois au Metropolitan, le théâtre fit une recette de soixante-quinze mille dollars, chiffre record jamais atteint auparavant par aucun artiste.

Maria avait débuté en chantant *La Gioconda* à Vérone, en juillet 47, pour quarante mille lires par représentation. Après *La Gioconda,* pendant cinq mois nous n'avions trouvé aucun autre engagement. On lui avait bien proposé deux représentations à Pavie pour vingt mille lires chacune, mais j'avais refusé, indigné. En décembre 47, vint enfin son second engagement, dans *Tristan et Isolde* à la Fenice de Venise. J'en profitai aussitôt pour augmenter un peu le cachet et passer de quarante à cinquante mille lires par représentation. En avril 48, elle chanta à Trieste, et je portai le cachet à soixante mille lires. Le mois suivant, à Gênes, je montai à soixante-quinze mille ; en juillet, à quatre-vingt-dix mille ; en septembre à cent mille. En neuf mois, j'avais réussi à doubler les cachets de Maria.

En janvier 49, à Venise, quand on l'engagea pour chanter *Les Puritains* alors qu'elle interprétait déjà *La Walkyrie,* je demandai cent trente mille lires par représentation, mais en septembre de la même année, je montai à deux cent mille. A la fin de l'année 1950, le cachet de Maria s'élevait à trois cent mille lires ; en 51, à quatre cent mille ; en 52, à cinq cent mille, chiffre que je maintins en 53, une année de travail très intense. En 54, je réclamai sept cent mille lires en Italie et deux mille dollars à Chicago. En 55, j'atteignis les neuf cent mille lires et en 56 le million ; en 57, le million et demi en Italie et cinq à six mille dollars en Amérique. Seules les personnes de la profession peuvent peut-être comprendre la véritable signification de cette hausse vertigineuse, en la comparant aux cachets des autres grands artistes de l'époque. Il ne faut pas oublier que les chiffres cités s'entendent « nets ». A ceux-ci venaient s'ajouter les frais de voyage pour deux personnes, les rémunérations pour l'étude d'œuvres nouvelles ou toute autre difficulté que Maria risquait de rencontrer. Il arrivait que les théâtres, pour parvenir à payer les cachets de Maria, usent de quelque stratagème. Une fois, à Naples, on alla jusqu'à m'engager comme assistant-metteur en scène pour introduire un nouveau poste au bilan et faire passer ainsi le cachet de la Callas.

La technique que j'employais pour traiter avec les directeurs de théâtre qui désiraient engager Maria ne changeait jamais. Quels que fussent la proposition et le chiffre avancé, je répondais : « Non, c'est impossible ». Comme Maria était irremplaçable, la partie intéressée se mettait dans les conditions psychologiques de tout tenter pour s'assurer sa participation.

Un jour, en Amérique, alors que le cachet de Maria s'élevait déjà à cinq mille dollars, les responsables de l'Alliance Française, une institution riche et respectable, vinrent me trouver. Ils désiraient que Maria vienne chanter à l'une de leurs fêtes, et insistaient beaucoup. A cette époque elle était débordée, et je répondis : « C'est impossible, ma femme n'a que trop d'engagements. Pendant les quelques jours qui restent, elle doit se reposer. Elle ne viendrait pas, même pour dix mille dollars. » J'avais lancé cette phrase sans y penser, et mentionné ce chiffre parce qu'il était inabordable. Mais ces messieurs me rétorquèrent : « C'est d'accord, nous sommes prêts à payer dix mille dollars pour avoir la Callas ». Je tergiversai encore un peu, puis acceptai. C'était un chiffre fabuleux mais il devint vite le cachet habituel de Maria en Amérique.

Un jour, à Milan, le représentant d'une maison de disques vint me voir pour que Maria enregistre chez eux. « Impossible », répondis-je. Il insista tant que je finis par lancer un chiffre que je pensais inabordable. Il pâlit : « Je ne peux vous donner une réponse immédiate », dit-il, « je dois voir le conseil d'administration. Je reviendrai dans cinq jours ». Ghiringhelli, quand il l'apprit, me demanda si j'étais fou de demander un chiffre pareil. « Justement, c'était pour mieux m'en débarrasser », rétorquai-je. « Maria n'a pas le temps d'enregistrer un disque en ce moment ». Cinq jours plus tard, ce monsieur revint et m'annonça : « Ma société est d'accord, nous acceptons vos conditions. Nous voulons Maria pour ce disque ».

Je pouvais me comporter de la sorte parce que j'étais le mari de Maria Callas, et donc un homme qui ne s'intéressait qu'à elle, à sa carrière, à son prestige, et non à son argent. Je ne prenais aucun pourcentage sur ses gains, je ne craignais donc pas de rater des contrats. Un manager, de peur de ne pas conclure une affaire, n'aurait jamais pris tant de risques : il aurait accepté des cachets peu élevés, des contrats sans clauses spéciales, et la chanteuse se serait toujours trouvée « au service » des théâtres. Or Maria, eut toujours avec les théâtres des rapports libres, sans contrainte. S'il ne lui convenait pas de chanter dans un théâtre elle pouvait s'en aller à sa guise, car mes contrats comportaient toujours des clauses qui sauvegardaient son entière liberté. Avec moi, aucun théâtre n'a jamais réussi à lui faire signer un contrat d'esclave.

En octobre 1958, nous nous trouvions à Dallas pour les représentations de *La Traviata* et de *Médée*. Le public de cette ville adorait Maria. Le directeur du théâtre, Nicola Rescigno, était son ami. La mise en scène de *La Traviata* était de Franco Zeffirelli, autre ami de Maria. L'accueil fut merveilleux, très chaleureux. Ma femme était heureuse et sereine. Des organisateurs de spectacles, par l'entremise d'amis, nous proposèrent une grande tournée de concerts à travers les États-Unis, retransmis à la télévision et très grassement payés. Maria sortait de deux années très fatigantes : les polémiques et les scandales incessants l'avaient épuisée et ses nerfs menaçaient de lâcher. Ces concerts, tels qu'ils étaient organisés, apparaissaient à la fois reposants et fort rentables. Une occasion en or, donc, à ne pas laisser passer. Mais nous traînions au pied un terrible boulet, un contrat avec le Metropolitan qui prévoyait une saison d'hiver avec douze représentations et ensuite une tournée d'été. Malheureusement, nous avions déjà signé l'accord de principe ; refuser signifiait rompre le contrat et se trouver de nouveau en procès avec l'Agma, le terrible « Conseil de l'Ordre des artistes lyriques ».

« Nous devons absolument nous libérer du Metropolitan », disais-je.

« Si tu y arrives, chapeau », répondait Maria et elle riait, amusée, à l'idée des diableries que j'imaginerais pour atteindre mon but.

Mon adversaire était Rudolf Bing, le très rigide directeur du Metropolitan. Du sang allemand courait dans ses veines, et à New York on l'appelait « le caporal prussien » à cause de son intransigeance. Il remplissait sa charge religieusement et n'aurait jamais permis la moindre faute de fonctionnement. Dans ce théâtre, par exemple, il n'aurait jamais pu arriver un scandale aussi impensable que celui survenu à Rome pour *Norma*. Pour chaque opéra, le « Met » engageait un ou même deux remplaçants pour chaque rôle. Un soir, Maria eut un malaise pendant une représentation de *Lucie*. Cet ennui n'eut aucune conséquence. Ma femme fut aussitôt remplacée par une autre chanteuse de talent, qui se tenait prête, et la soirée se poursuivit tranquillement.

Bing m'en voulait à mort. Il disait que j'étais avare, cupide, que je ne pensais qu'à l'argent. Il racontait que j'accompagnais ma femme au théâtre et que je la gardais enfermée dans sa loge jusqu'à ce qu'il m'ait payé comptant. Il soutenait aussi que je voulais toujours compter l'argent avant de laisser ma femme entrer en scène. « Un jour ou l'autre, » railla-t-il une fois, « je jouerai un mauvais tour à cet avare. Je lui apporterai le cachet de sa femme en billets d'un dollar : nous verrons bien comment il réagira ». Je lui fis répondre que je m'assiérais confortablement pour compter l'argent tout à mon aise, et même deux fois, pour éviter de me tromper, tandis que Maria attendrait pour de vrai que j'aie terminé avant d'entrer en scène.

Voilà les rapports que j'entretenais avec Bing. Imaginez donc si le « caporal prussien » était prêt à se laisser duper. Mais je ne m'inquiétai pas et commençai à manœuvrer pour faire annuler le contrat avec le Metropolitan. Bing était un entêté, il fallait donc l'exaspérer, le faire sortir de ses gonds pour qu'il en vienne à rompre le contrat.

Début novembre, Bing nous téléphona à Dallas pour nous avertir qu'il avait envoyé le contrat et nous prier de le lui renvoyer signé. « Je dois d'abord l'examiner, » lui répondis-je, « puis Maria le signera ». Cette phrase le contraria aussitôt.

« Il n'y a rien à examiner », dit-il. « Le contrat respecte les accords de principe déjà signés.

– Nous verrons », répondis-je, et je raccrochai.

Deux jours plus tard, nous reçûmes le contrat. Les douze représentations de la saison d'hiver n'offraient aucune possibilité de controverse. Sur la tournée d'été, par contre, on pouvait discuter. Le programme se basait sur *La Traviata* et *Macbecth*, prévus en alternance, à quelques jours l'un de l'autre. Comme ce sont des œuvres techniquement opposées, qui requièrent des méthodes de chant tout à fait différentes, il est impossible d'en interpréter une un soir et l'autre deux jours plus tard. Maria était la seule chanteuse au monde capable d'affronter une telle entreprise, mais elle ne le désirait pas. Elle l'avait fait au début de sa carrière, mais recommencer pendant l'été, avec la chaleur et son mauvais état physique, c'était absurde.

Deux jours plus tard, Bing retéléphona.

« Vous avez reçu le contrat ?

– Oui », répondis-je.

« Renvoyez-le moi signé au plus vite.

– Il y a quelques réserves », objectai-je. « Maria ne peut interpréter le programme que vous avez prévu pour la tournée d'été. Il faut changer les opéras.

– Pas question », répliqua Bing. « Notre accord prévoyait ces deux œuvres. Vous l'avez signé, nous donnerons ces deux œuvres.

– C'est vrai, ces deux opéras étaient mentionnés

dans notre accord », répondis-je avec un calme olympien, « mais pas le calendrier que vous avez fixé. Pour donner *Macbeth,* il faut à Maria au moins une semaine d'exercices. Après *Macbeth,* il lui faut encore dix jours pour préparer ses cordes vocales et passer à *La Traviata.* Vous êtes un technicien, vous devriez savoir ces choses-là. Comment Maria pourrait-elle chanter *Macbeth,* et quarante huit heures après *La Traviata* comme vous l'avez prévu dans votre programme ? Personne n'y arriverait.

– Maria l'a déjà fait », dit Bing.

« C'est arrivé il y a quelques années », répondis-je. « Mais la situation a changé, la voix de ma femme n'est plus ce qu'elle était. Il faut absolument revoir le programme.

– Jamais de la vie » tonna Bing. « Je vous donne deux heures pour m'expédier un télégramme acceptant sans condition les termes du contrat », et il raccrocha.

Maria, qui tenait l'écouteur, riait comme une folle.

« Nous avons réussi », dis-je. « S'il attend mon télégramme, il peut toujours courir ».

Je savais que j'avais gagné. Cet entêté s'était engagé sur le terrain de l'intransigeance, et faisait ainsi mon jeu.

Je me gardai bien d'envoyer un télégramme et sortis dîner avec ma femme. De retour à l'hôtel, le portier nous avertit que mister Bing avait appelé quatre fois. « S'il rappelle encore, dites que nous ne sommes toujours pas rentrés, » ordonnai-je.

Le lendemain, nous reçûmes un télégramme de Bing. Le directeur du « Met » répétait officiellement que si dans les deux heures suivant la réception de son télégramme, il n'avait pas une réponse télégraphique acceptant ses dispositions, il annulerait le contrat et tout autre engagement de Maria avec le Metropolitan. Je ne répondis pas, bien sûr.

L'après-midi du même jour, Bing organisa une conférence de presse à New York pour annoncer aux journalistes qu'il avait « licencié » Maria Callas du

Metropolitan, « parce que, » dit-il, « la chanteuse avait essayé d'apporter des transformations au programme du théâtre ». Il ajouta qu'il était heureux de cette opération car « il était désormais devenu impossible de travailler avec la Callas ». Il expliqua : « son prétendu droit à modifier ou annuler les contrats suivant son gré ou ses caprices a conduit à la situation actuelle, qui n'est qu'une répétition de l'expérience que presque tous les théâtres lyriques ont connu avec cette chanteuse ». Bing rappela l'incident de l'Opéra de Rome, la rupture avec la Scala, avec l'Opéra de Vienne et les autres scandales.

Les journaux se déchaînèrent. « La fougueuse diva défie le boss du Metropolitan », titrait un quotidien new-yorkais de l'après-midi. Tous les autres usaient d'expressions pittoresques : « Cyclone Callas » ; « Ouragan Callas » ; « La prima donna au tempérament tumultueux ».

Ce même soir, à Dallas, Maria remportait un triomphe exceptionnel avec *Médée*. Les journaux du Texas prirent sa défense contre ceux de New York. « N'en déplaise à Rudolf Bing, » écrivit le critique du *Dallas Morning News,* « Maria Callas n'a pas été bannie de toutes les compagnies lyriques occidentales. » Tout le Texas partit en guerre pour Maria Callas. Une atmosphère de western régnait partout. Au cri d'« A bas Bing », les Texans envisagèrent une « marche sur New York ».

Quelques milliardaires se déclarèrent prêts à financer, à New York, un spectacle d'opéra exceptionnel pour la Callas, avec *Médée,* pour « montrer aux New-Yorkais comment s'organise un véritable spectacle lyrique ». « La Callas n'a qu'un mot à dire », répétaient-ils.

Cette atmosphère surchauffée, folle et plutôt amusante régna plusieurs jours. Maria reçut d'innombrables preuves d'affection. Presque tous les américains avaient pris son parti contre Bing. De ce match elle était sortie victorieuse.

Une fois consommée la rupture avec le Metropolitan, nous pûmes penser à cette tournée de concerts tranquilles et si bien payés qui auraient dû donner des résultats extraordinaires. Mais malheureusement, il n'en fut pas ainsi. Six mois après ce tournant dans la carrière de Maria arriva Onassis, et ce fut la ruine.

CHAPITRE XXIV

COMMENT ONASSIS ME VOLA MARIA

La cour assidue de l'armateur grec pour nous convaincre à partir en croisière sur son yacht – Au début, nous vivions une lune de miel – La rencontre avec Atenagora – Tina Onassis me dit : « Ta femme est dans les bras d'Ari ».

La première fois que ma femme rencontra Onassis, ce fut en septembre 1957, à Venise, à l'occasion de la fameuse fête organisée par Elsa Maxwell. Ce soir-là, l'armateur grec se montra courtois mais assez distant.

La seconde fois, nous le rencontrâmes à Paris, lors du très célèbre concert donné par Maria à l'Opéra, le soir du 19 décembre 1958, au bénéfice des œuvres de bienfaisance de la Légion d'honneur.

On parle encore de ce concert comme de l'un des plus fastueux et des plus réussis de l'après-guerre. Aux côtés de la Callas chantaient Albert Lance, Tito Gobbi, Jacques Mars. Georges Sebastian dirigeait l'orchestre. La retransmission télévisée permit à toute l'Europe de l'admirer, et la presse du monde entier le célébra. J'y voyais une vengeance personnelle, mais ne me doutais pas que c'était aussi, malheureusement, le dernier grand hommage de ma dévotion totale à Maria, avant qu'elle me trahisse. Quand on évoque ce concert, il est de coutume de louer beaucoup de gens : les dirigeants de l'Opéra de Paris, ceux de la Légion d'honneur, du gouvernement français, M. Georges Cravenne, mari de l'actrice Françoise Arnoul (alors connue comme la « Vénus de poche » du cinéma français), qui en avait assuré toute l'organisation. Mais le véritable responsable de cette soirée, ce fut moi.

Quand on commença à en parler concrètement, fin avril, les polémiques les plus féroces avaient lieu au sujet de Maria. Le scandale de la *Norma* de Rome, qu'elle avait interrompue après le premier acte malgré la présence de Gronchi, alors président de la République, lui avait valu l'hostilité de tous, et ses ennemis en avaient profité pour lancer une campagne de dénigrement. A la Scala, l'atmosphère était devenue irrespirable. Tout le monde était monté contre elle, même si sur scène elle continuait à remporter des triomphes. Il ne lui était plus possible de travailler en Italie, voilà pourquoi nous avions décidé de partir.

Ce concert, donné dans un pays voisin de l'Italie, dans la capitale la plus chic d'Europe, devait être un succès sans égal pour faire comprendre aux Italiens qu'ils avaient mal agi avec Maria. C'est avec cette intention que je me mis au travail. Je dis aux Français que ma femme acceptait de donner ce récital à condition qu'il fût grandiose et constituât l'événement de l'année. Les Français collaborèrent avec empressement à mon projet.

La soirée fut divisée en deux parties : le récital à l'Opéra, et tout de suite après un dîner de gala. Comme il s'agissait d'un concert de bienfaisance il fallait recueillir le plus d'argent possible. Maria fut engagée pour cinq millions de francs, un chiffre jamais atteint pour une seule représentation dans toute l'histoire de l'opéra. Bien sûr, à l'issue du concert, elle remit la somme à un fonctionnaire de la Légion d'honneur pour les œuvres de cette institution.

Les deux mille cent trente places de l'Opéra de Paris furent mises en vente au prix de trente-cinq mille francs chacune et partirent comme des petits pains en quelques jours. Pour une loge, certains payèrent jusqu'à trois cent mille francs ; le programme de la soirée coûtait deux mille francs ; c'était un pavé d'un kilo qui comprenait la biographie de la Callas, un disque et un billet de participation à la loterie de bienfaisance du grand gala. Au récital succéderait le repas, servi au foyer du théâtre, auquel pouvaient participer quatre cent cinquante personnes. Chaque couvert coûtait quinze mille francs *.

Cet événement fut précédé d'une longue campagne publicitaire qui créa une attente tendue. Reprenant le titre d'un film célèbre, les journaux français avaient baptisé le concert : *le plus grand spectacle du monde, édition 1958.*

Fin juin, quand je pris les premiers contacts avec les organisateurs français, je tins à être informé des moindres détails. Et l'on peut dire que pas un seul ne nous échappa, à Maria et à moi.

Maria chanta divinement bien. L'orchestre, dirigé par Georges Sebastian, que Maria avait connu en Amérique en 1946 quand tous deux se retrouvèrent sans travail à cause d'une escroquerie, la soutint avec un dévouement absolu. Le lendemain, les journaux ne tarissaient plus d'éloges : « La Callas triomphe » ; « Une soirée mémorable » ; « Merveilleuse chanteuse » : voici quelques-uns des titres.

D'un point de vue mondain, on ne pouvait espérer mieux. Des personnalités du monde politique, militaire, financier, et les plus célèbres artistes étaient venus écouter Maria et lui rendre hommage. La loge d'honneur était occupée par le président de la République française, M. Coty, l'ambassadeur italien,

---

* Il s'agit d'anciens francs. *N.d.T.*

Leonardo Vitetti, et le sous-secrétaire au Spectacle, M. Ariosto. Dans la salle il y avait le président de l'Assemblée nationale, M. Chaban-Delmas, les ambassadeurs de Grande-Bretagne, des États-Unis, d'Union soviétique, le ministre français des Affaires Etrangères, le commandant en chef des Forces Atlantiques, le général Norstad, le secrétaire général de l'OTAN, Spaak, le duc et la duchesse de Windsor, Ali Khan, la Bégum, le milliardaire Arthur Lopez, les Rothschild, etc. Parmi les personnes du monde des livres et du spectacle, Juliette Gréco, Martine Carol, Brigitte Bardot, Sacha Distel, Charlie Chaplin, Françoise Sagan, etc.

Jamais on ne vit pareil succès. Même si en Italie on essaya de ne pas en parler, il eut un énorme retentissement qui compensa, au moins en partie, la campagne de dénigrement déchaînée contre Maria.

Parmi les milliardaires présents à ce concert, il y avait aussi Aristote Onassis et toute sa cour. Je crois que l'armateur grec resta très impressionné par ce qu'il vit ce soir-là. Lui, malgré tous ses milliards, n'aurait jamais réussi à éveiller tant d'intérêt et à attirer tant d'attention sur sa personne, y compris celle d'importants hommes politiques. Je crois que cette considération fut la première qui lui vint à l'esprit et fit naître l'idée d'un projet diabolique : « Si je conquiers cette femme, j'étonnerai le monde ».

Je ne sais pas si dans la confusion de cette soirée Onassis réussit à s'approcher de Maria pour la saluer. Mais il se manifesta par téléphone quelques jours plus tard, et fut d'une courtoisie et d'une gentillesse qu'à Venise, l'année précédente, je n'avais pas remarquée.

Après Paris, nous retournâmes en Amérique pour une tournée et rentrâmes en Italie à la fin du printemps. Nous fûmes alors invités à Venise à une nouvelle fête donnée en l'honneur de ma femme, organisée cette fois par la comtesse Castelbarco. Ce fut à cette occasion qu'Onassis nous invita pour une croisière sur le *Christina,* son luxueux yacht. Il parla longuement à Maria de son bateau, des personnalités qu'il y invitait, et insista pour que nous acceptions de les accompagner. Maria répondit qu'elle était très prise mais que nous réfléchirions. De Venise, Maria poursuivit sa tournée de concerts : Madrid, Barcelone, Hambourg, Stockholm, Monaco, Wiesbaden. Fin mai, alors que nous nous trouvions à Milan, Onassis téléphona de Monte-Carlo. Cette fois-ci, c'était Tina, sa femme, qui nous réitérait l'invitation à cette croisière. Puis Onassis prit l'appareil et n'en finit pas d'insister. Maria répondit qu'elle devait partir pour Londres où l'attendait un important rendez-vous à Covent Garden avec *Médée* de Cherubini, et qu'elle n'avait pas la tête à penser à la croisière. « Je viendrai à Londres pour avoir votre réponse », dit Onassis.

Ponctuel, le Grec arriva à Londres pour la première de *Médée*. Pour impressionner Maria, il essaya de singer ce que j'avais organisé à Paris. Même s'il n'y pensa qu'au dernier moment, ce diable réussit à réserver une trentaine de places qu'il distribua à ses amis. Il fit imprimer des invitations qui annonçaient : « Monsieur et Madame Onassis ont le plaisir de vous inviter à la *party* donnée en l'honneur de Maria Callas qui se tiendra au Dorchester à partir de 23 h 15, le jeudi 17 juin. »

Le soir de la première, Onassis arriva très tôt au théâtre. Il s'installa au bar du foyer pour attendre ses amis auxquels il offrait, à leur arrivée, des billets pour le spectacle et des coupes de champagne. Il avait réussi à réunir des noms célèbres, parmi lesquels les Churchill, sauf Sir Winston, la duchesse de Kent et sa fille, la princesse Alexandra, le cousin musicien de la reine, Lord Harewood, les acteurs Douglas Fairbanks et Gary Cooper.

La *party* qui suivit l'opéra fit beaucoup de bruit. Les journaux en parlèrent comme de l'événement londonien de l'année. Quoiqu'elle fût organisée en son honneur, Maria, au début, ne voulut pas se rendre à cette fête. Mais j'insistai, en lui promettant que nous n'y ferions qu'une courte apparition. Dès que nous entrâmes au Dorchester, Onassis se précipita pour nous embrasser. Au bout d'un petit moment, Maria me dit qu'elle voulait partir. Elle prétexta une grande fatigue, et nous rentrâmes à l'hôtel.

Les représentations de *Médée* se poursuivirent jusqu'à la fin juin. Puis Maria donna des concerts à Amsterdam et à Bruxelles. Le 15 juillet, nous revînmes dans notre villa de Sirmione. Nous avions devant nous un mois et demi de tranquillité. Maria voulait se reposer. Le médecin lui avait prescrit l'air de la mer, et nous pensions nous rendre assez vite à Venise pour trois semaines environ.

Le 16 juillet, vers onze heures du matin, alors que Maria et moi étions au jardin, le téléphone sonna. Notre gouvernante, Emma, vint nous avertir que M. Onassis désirait parler à Maria. « Je n'y suis pour personne », répondit ma femme.

« Dites que nous sommes à Milan », ajoutai-je.

Au bout d'une demi-heure, à peu près, le téléphone sonna à nouveau et Emma revint nous dire :

« C'est encore Onassis. Il dit qu'à Milan on lui a assuré que vous étiez ici, et il insiste pour parler à Madame.

– Nous ne sommes pas là », hurla Maria.

Vers une heure, nouveau coup de téléphone d'Onassis.

« Il va nous casser les pieds toute la journée », dis-je, et j'allai répondre.

Il était euphorique, il m'appelait Titta, comme Maria, et me tutoyait.

« Je veux que tu viennes sur le *Christina,* nous allons nous amuser » disait-il. « Décide ta femme. »

Puis il me passa Tina. Ensuite ils insistèrent tous deux pour parler à Maria. Ils en firent tant et tant que celle-ci finit par dire :

« D'accord, nous viendrons ».

Ma femme ne se félicitait pas de cette décision. Comme si elle avait senti une menace dans l'air. Je cherchai à la tranquilliser. « Cette invitation arrive à point », lui dis-je. « Le médecin t'a prescrit l'air de

313

la mer. Acheter un bateau pour nous deux serait une dépense absurde. Où le laisserions-nous à l'ancre ? Qui le ferait naviguer ? Il paraît que le yacht du Grec est très confortable. Essayons. Si ça ne te plaît pas, au premier port nous débarquons et rentrons à la maison ».

Le départ de Monte-Carlo était fixé le 22 au soir. Deux jours avant j'accompagnai Maria à Milan pour préparer les valises. Sur le seuil de la villa de Sirmione, alors que nous allions monter en voiture, elle dit à notre gouvernante, Emma : « Tiens toujours la maison prête. Je peux partir pour une semaine comme pour une journée. Ça dépend des gens qui seront à bord ».

A Milan, elle alla faire des courses et acheta des choses ridicules. Je crois qu'elle craignait de faire mauvaise figure face aux autres invités. Entre les maillots de bain, les vêtements et la lingerie, elle dépensa plusieurs millions. Je trouvai cela exagéré, mais ne soufflai mot. Je ne l'avais jamais vue aussi soucieuse.

Le 21 juillet nous quittâmes Milan et, en avion, rejoignîmes Nice. Puis, en taxi, nous allâmes à Monte-Carlo où nous nous installâmes à l'hôtel. Le lendemain matin nous parvint une lettre d'Elsa Maxwell qui était descendue à l'Hôtel de Paris de Monte-Carlo. Cette commère savait déjà tout et nous dispensait ses conseils baveux d'oiseau de mauvais augure.

Entre autres choses, dans cette lettre mielleuse et malveillante, la Maxwell disait : « Chère Maria, je t'écris pour te souhaiter à toi et à Battista un splendide voyage à bord du merveilleux yacht, avec ce merveilleux et si intelligent "maître de maison" qu'est Ari, et cet ex-homme d'État, aujourd'hui hélas un peu sur le déclin, qui a sauvé le monde en 1940. En fait tu remplaceras la Garbo, désormais trop vieille, à bord du *Christina*. Bonne chance. La Garbo ne m'a jamais plu, et je t'ai aimée. Dès aujourd'hui jouis de chaque moment de ta vie. *Prends* (c'est un art difficile) tout. *Donne* (ce n'est pas un art difficile, mais essentiel) tout ce que tu peux te permettre de donner : voici la voie qui mène au vrai bonheur et que tu dois découvrir dans le désert du doute. Je ne suis plus jalouse. Finie l'amertume. Je n'ai même plus envie de te voir. Les gens diront, et ils le disent déjà, que tu as simplement cherché à m'utiliser. Je le nie farouchement. Le peu que j'ai fait, je l'ai fait avec les yeux bien ouverts et puis mon cœur et mon âme. Tu es grande, et deviendras encore plus grande...

« P.S. Hier Ari et Tina m'ont invitée à déjeuner avec toi. Je n'ai pas pu refuser ».

Le lendemain, le 22 juillet, nous déjeunâmes avec la sœur d'Onassis, et le soir nous dînâmes à l'Hôtel de Paris avec les Onassis et la Maxwell. Puis nous allâmes tous danser et on leva l'ancre à deux heures du matin. Commença alors la tragique aventure.

A bord du *Christina,* il y avait des personnes importantes : Winston Churchill et sa femme, leur fille Diana, Lord Moran et les Montague Brown. Churchill avait emmené son inséparable canari, Toby. Il y avait aussi Gianni Agnelli avec sa femme Marella, et beaucoup d'autres personnalités grecques, américaines, anglaises.

La première escale fut Portofino, puis Capri. De la Méditerranée nous passâmes en mer Egée, et nous arrêtâmes dans le golfe de Corinthe. La vie à bord était joyeuse et insouciante. Le comportement de tous ces gens était très différent de ce dont nous avions l'habitude Maria et moi. Nous avions l'impression de vivre parmi des fous. La plupart des couples s'étaient séparés, chacun trouvant un nouveau *partner.*

Les femmes, et même les hommes, prenaient des bains de soleil tout à fait nus et flirtaient ouvertement devant tout le monde. En bref, nous avions l'impression de vivre dans une grande porcherie.

Ce qui m'impressionna le plus, ce fut de voir Onassis nu. Ce n'était pas un homme, mais un gorille. Il était très poilu. Maria le regardait en riant. C'était toutefois un compagnon de voyage sympathi-

315

que et un joyeux drille. Il se disait, sur ce bateau, « aussi esclave qu'une femme de chambre » et soutenait qu'« il jouait au bouffon pour oublier ses peines ». Je pensais qu'il faisait allusion à ses affaires. Je le voyais souvent pendu aux nombreux radiotéléphones qui lui permettaient de rester en contact avec ses entreprises du monde entier, qu'il continuait à diriger depuis son bateau.

Onassis s'amusait à jouer aux cartes avec Churchill. Il vouait une véritable vénération à ce vieillard. Ce dernier était mal en point. Il ne pouvait rester debout, ni marcher, et faisait sous lui. Outre sa femme et sa fille, Churchill était assité d'une secrétaire-infirmière, mais c'était Onassis qui lui était le plus proche, toujours prêt à l'aider, même pour les besoins les plus humbles.

Pour emmener son ami Churchill en promenade dans les îles où nous faisions escale, Onassis avait fait construire une voiture spéciale où le vieil infirme pouvait être assis confortablement. Il la gardait sur le yacht et la descendait à terre dans les ports, avec Churchill installé à l'intérieur, à l'aide d'un treuil prévu à cet effet.

Beaucoup de personnalités venaient à bord du *Christina* pour rendre hommage au vieil homme d'État. Le 29 juillet, alors que nous avions jeté l'ancre dans une baie déserte du Bosphore, nous vîmes arriver le ministre Karamanlis et sa femme, qui restèrent déjeuner.

Partout où nous nous arrêtions, nous partions pour des excursions, à pied ou à dos de mulet. Il faisait très chaud et ces chevauchées m'épuisaient.

Le 4 août, nous nous arrêtâmes à Smyrne, la patrie d'Onassis. Ce soir-là le Grec voulut m'emmener dîner avec lui pour me présenter ses amis d'enfance. Nous nous rendîmes dans les lieux mal famés, près du port, qu'Onassis connaissait bien, et fîmes la bringue jusqu'à l'aube, avec des contrebandiers, des prostituées, des individus louches. A cinq heures, je réussis à le convaincre de rentrer au yacht. Il était tellement ivre qu'il n'arrivait plus à se mettre debout.

De Smyrne nous fîmes route pour Istamboul. Là, Onassis avait invité à déjeuner le premier ministre turc, Adnan Menderes. Comme il savait qu'il ne pourrait se réveiller tôt, il me chargea de recevoir le ministre et de lui tenir compagnie jusqu'à l'heure du déjeuner. Tandis que nous accostions dans le port d'Istamboul, je me rendis compte que l'eau y était noire et fétide. « Nous sommes dans la merde », dis-je au capitaine, qui parlait bien l'italien. Et il me répondit : « La vraie merde, cher monsieur, c'est celle qui vit à bord ».

Le 6 août, nous nous arrêtâmes au pied du Mont Athos où nous fûmes reçus par le patriarche Atenagora. Ce jour-là, subitement, le destin changea le cours de ma vie. Le patriache connaissait Onassis et Maria. Ils étaient tous deux des Grecs célèbres. Je ne sais pourquoi il se mit à leur parler en grec, puis les bénit ensemble, comme s'il accomplissait un rite matrimonial.

Maria en demeura très troublée. Je m'en rendis compte à son regard brillant et égaré. Le soir, quand nous rentrâmes à bord, je la trouvai changée du tout au tout. Elle refusa de venir se coucher tôt comme à son habitude. Quand je lui dis que j'étais fatigué et désirais me retirer, elle répondit : « Fais comme tu veux, moi je reste ici ». Et ce soir-là commença leur liaison. Pour ma part, je ne l'appris que quelques jours plus tard.

Sur le coup, je ne me rendis pas compte de la situation. Maria m'accusa ensuite de ne rien avoir tenté pour la sauver. « Quand tu as compris que j'allais me laisser entraîner, pourquoi n'as-tu rien fait ? » me dit-elle. Mais j'étais bien loin de penser qu'elle connaissait alors des difficultés de ce genre.

A propos de mon mariage avec Maria, on a tenu les commentaires les plus injustes et les plus faux. Quand je l'épousai, j'avais cinquante-quatre ans et elle vingt-six. J'ai toujours vu l'avenir avec lucidité. Lors du mariage, j'avais fait de rapides calculs et savais fort bien que, lorsque j'aurai soixante-dix ans, Maria n'en aurait que quarante-deux. Je lui en avais fait la remarque plus d'une fois, mais elle n'y attachait pas d'importance et avait tenu à m'épouser à tout prix.

Nos dix années de mariage avaient été merveilleuses. Je crois que peu de gens se sont aimés avec autant de constance et de sérénité que nous deux. Nous étions si unis que nous ne pouvions nous séparer, ne fût-ce que pour quelques heures. Maria, par exemple, n'allait jamais se coucher avant moi. Si, pour mes affaires, je devais sortir le soir, elle m'attendait jusqu'à une heure du matin pour ne pas aller au lit toute seule.

La preuve de cet amour si fort et si tendre, on la trouve dans les innombrables lettres qu'elle m'écrivit les premières années, quand son activité artistique l'obligeait à partir au loin. Fin 1950, selon sa volonté, nous commençâmes à voyager ensemble. sinon elle aurait refusé de continuer à chanter. Il n'était plus nécessaire alors qu'elle m'écrive des lettres, mais son cœur débordait d'une telle affection pour moi qu'elle m'écrivait chaque jour des petits mots d'amour qu'elle glissait dans les bouquets de fleurs, posait sur la table de nuit ou sur le secrétaire. Les derniers billets, elle les écrivit justement avant notre départ pour la croisière.

Même sur le bateau d'Onassis, tous s'étaient rendu compte du profond amour que nous nous portions l'un l'autre. On riait de notre réserve et de nos attitudes romantiques. Tous disaient que, grâce à notre présence, c'était là la croisière de l'amour. Maria me voulait élégant à toutes les heures du jour et de la nuit. Chacun indiquait à l'autre la robe ou le costume qu'il devait porter. Sans cesse elle exaltait notre couple. Elle faisait des comparaisons entre notre vie et celle des milliardaires et disait : « Ils ont ce qu'ils ont, mais toi tu as tout, toujours, toujours. » Maria ne pensait qu'à moi, ne voyait que moi, et se comportait comme une toute jeune femme en lune de miel.

Mon bonheur amoureux, pendant ces premiers jours de croisière, fut total. Si, à l'horizon, j'apercevais une église, un clocher, j'avais tout de suite une pensée pour remercier Dieu : « Fais, O Seigneur, » priais-je, « que Maria soit toujours bien et toujours ainsi ». Le soir, dans notre cabine, nous nous agenouillions tous deux devant le tableau de la Madone dont Maria ne se séparait jamais, et nous priions.

Il en fut ainsi jusqu'au 7 août. Jusque là, je n'avais rien remarqué qui pût annoncer la tragédie. Ce soir là, pourtant, tout bascula. Maria était déchaînée ; je ne l'avais jamais vue ainsi. Elle continuait à danser, toujours avec Onassis. J'en étais presque heureux. « Maria est encore une petite fille », pensai-je en l'observant. « Elle s'amuse comme une folle. Cela lui fera du bien ». J'avais accepté cette croisière pour sa santé, et cette vitalité retrouvée me donnait la preuve que l'air marin lui convenait.

Tout continua ainsi, avec une Maria toujours déchaînée et folle de danse, les 8 et 9 août. Le 9 était un dimanche. Nous nous trouvions à Athènes. Le soir, nous nous rendîmes à une réception dont nous rentrâmes à quatre heures du matin. Onassis et Maria voulurent poursuivre la fête sur le yacht. « Moi, je vais au lit », déclarai-je.

J'étais plus mort que vif et m'endormis aussitôt. Je m'éveillai à neuf heures et demie et constatai que Maria n'était pas là. Je m'inquiétai. Je partis à sa recherche sur le bateau. Je rencontrai alors Onassis, joyeux et tout sourire. Il me dit qu'il avait été se coucher et s'était déjà rasé. Un doute atroce me traversa l'esprit. Si Onassis avait été se coucher, où donc était passée Maria ? Je me sentis défaillir. Je retournai à la cabine et la trouvai, qui était rentrée depuis quelques minutes. « Tu m'as fait une peur terrible », lui dis-je. Elle ne m'entendit même pas. Elle était distraite, rêveuse. Elle se mit à me vanter la beauté de la nuit, le charme de l'aube sur la mer. Puis, changeant de ton, soudain méprisante, agressive, méchante, elle m'attaqua et me pria de cesser de la suivre comme son ombre.

« On croirait mon geôlier », disait-elle. « Tu ne me

laisses jamais seule. Tu observes mes moindres faits et gestes. Tu es une sorte de gardien odieux et tu m'as tenue enchaînée pendant toutes ces années. J'en ai assez. » Puis elle entreprit de critiquer ma personne, ma façon de vivre : « Tu n'es pas sportif, tu ne connais pas les langues étrangères, tes cheveux sont toujours hirsutes, tu ne sais pas t'habiller avec élégance ».

Ce fut un coup terrible. Je compris qu'elle avait changé. Alors je pensai aussitôt à Onassis, à leur attitude, à leur façon de danser, à cette nuit... Il me semblait comprendre, mais je ne pouvais croire qu'une chose pareille arrive à Maria.

Je réfléchis qu'elle et moi avions justement compté demander conseil à Onassis à propos d'une question délicate concernant sa carrière. On lui avait proposé le premier rôle d'un grand film. J'essayai de me persuader qu'elle avait dû profiter de ces longs moments avec lui pour en discuter. « Onassis », me disais-je, « est un homme de grande expérience, rusé en affaires, il pourrait lui donner de très bons conseils ». Voilà ce que je pensais, sans doute pour tenter de ne pas voir l'horrible réalité qui à chaque instant m'apparaissait plus distinctement.

Ce jour-là, j'appris aussi que ma mère venait de faire une nouvelle attaque. Je vécus des heures terribles. Maria, d'habitude si attentive à mes états d'âme, ne se rendit compte de rien.

Le soir, j'étais mort de fatigue. Vers minuit j'annonçai à Maria que j'allais me mettre au lit. « Va, va, moi je reste ici », dit-elle simplement. Je m'étendis sur le lit, sans toutefois arriver à m'endormir. Vers deux heures, j'entendis la porte s'ouvrir. Je pensai tout de suite à Maria. Dans la pénombre, je discernai la silhouette d'une femme presque nue. Elle entra et se jeta sur le lit. « Maria », fis-je en la serrant dans mes bras. Je me rendis compte aussitôt que ce n'était pas mon épouse. La femme sanglotait.

« Que se passe-t-il ? » dis-je en me levant d'un bond.

C'était Tina Onassis.

« Battista, fit-elle, nous sommes deux malheureux.

320

Ta Maria est en bas, au salon, dans les bras de mon mari. Maintenant c'est trop tard, il te l'a enlevée ».

Je m'étais lié d'amitié avec Tina Onassis. C'était une femme très belle, douce et charmante. Nous parlions souvent ensemble. Elle m'avait avoué que sa vie conjugale n'avait jamais été heureuse. Onassis était un ivrogne et une brute.

Au début, je ne comprenais pas pourquoi Tina me faisait toutes ces confidences. J'y réfléchis plus tard. Sans doute espérait-elle que je les rapporte à Maria, et lui ouvre ainsi les yeux. Maintenant Tina était là, sur mon lit, et pleurait toutes les larmes de son corps.

« Je suis désolée, surtout pour toi », répétait-elle. « Moi j'étais déjà décidée à le quitter et ceci me donne l'occasion d'intenter une procédure en divorce. Mais vous deux, vous vous aimiez. Quand je vous ai connus, j'enviais votre amour et votre entente. Cet ivrogne a tout détruit. Pauvre Battista, mais aussi pauvre Maria : elle comprendra bien vite qui il est. »

Tina s'en fut, me laissant en piteux état. Je me tournai et me retournai dans mon lit, en proie à une immense tristesse. Maria rentra à 6 h 10 du matin. Je lui demandai ce qu'elle avait bien pu faire pour revenir si tard, mais elle ne daigna même pas me répondre.

De toute la journée du 12 août, je ne la vis pas. Le soir j'allai me coucher tôt et ne fermai pas l'œil de la nuit. Maria rentra à cinq heures et quart.

Je feignis de m'éveiller à ce moment précis. Elle me dit que la mer, quoique démontée, était magnifique. C'est tout. En mon for intérieur, je priais Dieu que cette maudite croisière se termine au plus vite. J'avais au cœur la certitude qu'une fois rentrés à la maison tout recommencerait comme avant. Je voulais croire que Maria ne vivait qu'un flirt, une passade, à cause de la mer et des vacances.

A quatorze heures, ce jour-là, nous arrivâmes à Monte-Carlo. A seize heures nous étions à l'aéroport de Nice. A dix-sept heures à Milan. Entre nous, pendant tout le voyage, un silence glacial.

CHAPITRE XXV

LE JOURNAL DE SA TRAHISON ET DE MA SOUFFRANCE

Le retour à Milan – Pour la première fois, Maria me ment – Ses rendez-vous secrets avec Onassis dans ma maison – Le Grec vient à Sirmione et me demande : « Combien de milliards veux-tu pour ta femme ? »

J'étais convaincu qu'une fois rentrée à Milan Maria oublierait ce qui s'était passé sur le *Christina*. Onassis aurait repris ses vagabondages de par le monde, ma femme son activité artistique : tout aurait recommencé comme avant.

Si, pendant les derniers jours de cette maudite croisière, Maria s'était mal comportée, m'avait trompé, peut-être, avec Onassis, s'était montrée intolérante à mon égard, elle n'avait pourtant pris aucune décision. Le moment était venu de réfléchir avec calme, de regarder la réalité en face. Quand je repensais au comportement, aux raisonnements, aux jugements adoptés par Maria pendant les douze ans de notre union, j'étais persuadé qu'elle ne renierait jamais les principes pour lesquels, il y avait quelques semaines encore, elle était prête à tous les sacrifices. Mais je m'étais trompé. Maria avait changé du tout au tout. Elle semblait sous l'emprise d'un esprit diabolique.

Le mois qui suivit notre retour fut dramatique. Pendant ces trente jours se dessina notre destin. Je les passai dans un état d'angoisse terrible, subissant les pires humiliations, et connaissant les plus cruelles déceptions. Par-dessus le marché, ma mère était très malade. Je passais mon temps entre la maison de Milan, celle de Sirmione, Zevio, où se trouvait ma mère, et Turin, où j'allais chez l'avocat pour la séparation. Je ne dormais presque plus, mangeais quand l'occasion s'en présentait, j'étais fébrile, ne tenais plus à la vie.

Cette séparation fit couler beaucoup d'encre, mais personne ne sut jamais la vérité. Car, malgré la tragédie qui secouait notre couple, la presse tout d'abord ne se rendit compte de rien. Le premier écho parut dans les journaux le 7 septembre seulement (déchaînant un immense scandale), alors que tout était déjà terminé entre nous.

Pendant ces jours difficiles, je tins un journal pour soulager la douleur et le désespoir que je ne pouvais confier à personne. Je crois que ce journal constitue le plus fidèle document sur ce qui advint alors.

Jeudi 13 août 1959. A dix-sept heures nous arrivons à Milan, à la Malpensa, en provenance de Nice. Contrairement à ce que nous avions décidé plus tôt, Maria m'annonce qu'elle préfère ne pas venir à Sirmione. Elle veut passer le 15 août dans notre maison de Milan. Seule. Elle dit : « Il vaut mieux que tu ailles à Sirmione, ainsi tu seras plus près de ta mère qui a tant besoin de son Battista. » J'objecte que toutes sortes de tâches m'attendent à Milan. « Tu peux expédier ces affaires cette nuit », me répond-elle. C'est la première fois qu'elle m'autorise à travailler la nuit. Jusqu'ici elle a toujours dit que sans moi elle ne peut pas dormir.

Vendredi 14 août. Je me suis mis au lit à deux

heures du matin. Maria dormait profondément. Son sommeil m'a paru tranquille et réparateur.

Je me suis levé à cinq heures et suis retourné dans mon bureau pour finir mon travail. A neuf heures, j'étais prêt à partir pour Sirmione et suis retourné dans la chambre pour dire bonjour à Maria. Elle paraissait affectueuse, mais je la sentais lointaine. Puis elle m'a demandé à brûle-pourpoint : « Que ferais-tu si je ne voulais plus vivre avec toi ? » J'ai senti le sang me monter à la tête et la pièce s'est mise à tourner. Avec un sourire j'ai répondu : « Je me retirerais dans l'une de ces anfractuosités rocheuses où vivent les moines du Mont Athos. » Je voulais faire croire à Maria que je prenais sa question pour une plaisanterie. Mais je connais trop bien ma femme pour ne pas comprendre que ses paroles n'ont pas été prononcées à la légère. Je sens dans toute sa portée et son immensité la tempête qui me saisit. Désormais tout est fini pour moi.

Je suis arrivé à Zevio en début d'après-midi. Ma mère m'a demandé des nouvelles de Maria. « Elle va bien et t'embrasse », ai-je répondu. Une heure plus tard, Maria a appelé de Milan. Elle était calme. Elle a dit qu'elle me retéléphonerait à Sirmione, mais il est minuit passé et elle n'a pas encore appelé. Je voudrais le faire moi, mais je crains que ce ne soit imprudent.

Samedi 15 août. A huit heures, Maria téléphone. Elle s'avoue surprise et chagrinée que je ne l'ai pas appelée au téléphone. « Je pensais que tu devais m'appeler toi », lui dis-je. « Peut-être ai-je mal compris, je te prie de m'excuser. » Elle insiste de nouveau sur son désir de rester seule à Milan. « Je me repose mieux », dit-elle. « S'il y a du nouveau, appelons-nous au téléphone. »

A midi et quart, Maria rappelle et me prie de la rejoindre au plus vite à Milan. « Tout de suite, sans attendre une minute », dit-elle. « J'ai décidé de te parler et de tout te raconter. Je ne peux plus attendre. Viens, ta Maria t'attend. »

Son ton me déconcerte. Elle a dit : « ta Maria t'attend » et je n'ai pas compris si ce « ta » avait le même sens qu'autrefois, ou n'était prononcé que par habitude. Je me prépare. Comme il est tard, Emma me force à avaler une assiette de soupe que je mange debout, pour ne pas perdre un instant. Je fonce à Milan le cœur serré. J'arrive à quinze heures, avec une demi-heure de retard sur l'horaire prévu à cause des embouteillages du 15 août.

Maria m'a préparé à déjeuner. Je lui dis que j'ai déjà pris une assiette de soupe et elle se met en colère. Je me force à manger pour la satisfaire. Elle semble rassérénée, mais dès que j'ai fini, elle me dit d'un ton venimeux : « Tu n'as pas changé ; rien ne pourrait te faire perdre le sommeil ni l'appétit. »

Après cet amer déjeuner, Maria me propose un entretien. « Tu veux que nous parlions ici ou nous allons ailleurs ? » me demande-t-elle.

« Où tu voudras. » Un poids énorme me pèse sur le cœur et m'empêche de respirer. Maria ferme les portes pour que les domestiques ne nous entendent pas. Puis elle vide son sac. D'un ton froid, elle dit : « Tout est fini entre nous. J'ai décidé de vivre avec Onassis. » Elle fait une pause, peut-être pour attendre ma réaction, mais je ne souffle mot. Alors elle poursuit, mais d'une voix presque douce : « Cette fatalité a fondu sur Ari et moi, et nous sommes incapables d'y résister. Nous n'avons rien fait de mal. Nous n'avons pas enfreint les règles ; nous n'avons pas franchi les limites de la convenance. Mais il ne supporte plus de vivre loin de moi et je ne supporte plus de vivre loin de lui. Il est ici, à Milan. Il t'aime bien et t'estime beaucoup. Nous comptons sur toi pour nous aider à sortir de cette situation. Il veut te voir et te parler. »

J'écoute, pétrifié. Et je ne sais que répondre : « Qu'il vienne. Je le verrai volontiers. Je serai fort, j'affronterai tout. »

A vingt-deux heures arrive Onassis. Il est habillé de façon étrange, pour ne pas être reconnu. Aucun de nous n'arrive à entamer la conversation. Alors

325

je parle le premier : « Avant tout, il faut penser à la santé de Maria », dis-je. « Ensuite il s'agit de limiter le scandale. Je vois qu'il n'y a pas d'autre solution ni d'autre issue. Je tâcherai de faciliter vos décisions. Mais réfléchissez à ce que vous allez faire, au crime que vous allez commettre, aux personnes dont vous signez l'arrêt de mort. »

J'ai l'impression de parler à deux amoureux de vingt ans. Onassis essaie de me consoler en me disant qu'il a déjà vécu cette situation. « Ce sont des choses qui arrivent », dit-il. Je le tuerais volontiers.

Dimanche 16 août. La conversation a duré jusqu'à trois heures du matin. Je suis monté me coucher épuisé. Maria est restée en bas encore une heure avec Onassis. Quand elle est entrée dans notre chambre, j'ai feint de dormir. Elle s'est glissée au lit tout doucement, a pris sa place et s'est assoupie. Je tremblais comme une feuille. J'avais peut-être la fièvre.

A six heures je me suis levé, et sans déranger personne j'ai quitté ma maison. En passant la porte, je pleurais.

Je suis allé à Zevio, voir ma mère, qui n'a cessé de me demander : « Comment va Maria ? Où est Maria ? Pourquoi Maria ne vient-elle pas ? »

A dix-huit heures je suis arrivé à Sirmione. J'ai mis trois heures pour parcourir trente-cinq kilomètres en voiture. J'ai l'impression de perdre la raison. Je ne sais plus si j'ai mangé ou pas de toute la journée. Mes jambes flageolent, je suis fébrile. Je m'assoupis sur un fauteuil. Je pense à Maria qui dîne avec Onassis dans ma maison de Milan. Maria m'a demandé si je leur permettais de dîner chez nous pour éviter qu'on ne les voie ensemble en ville. J'ai répondu que cela m'était égal.

Lundi 17 août. Maria me téléphone très tôt le matin. Elle m'annonce qu'elle viendra me rejoindre à Sirmione, mais elle ne sait pas par quel moyen. Je lui dis de transmettre à Onassis que je désire le rencontrer, dans un lieu approprié, à l'aéroport de la Malpensa, peut-être, mercredi ou jeudi.

En début d'après-midi Maria rappelle. Elle me demande si elle peut venir avec Onassis, car ce dernier, qui doit repartir pour ses affaires, ne sera libre ni mercredi ni jeudi. « Fais comme tu veux », lui dis-je.

A vingt heures, une énorme automobile passe la grille de ma villa de Sirmione. Maria, Onassis, Bruna (notre bonne de Milan) et deux caniches, Toy et Tea, en descendent. Le chauffeur reste au volant. Onassis est euphorique. Il salue tout le monde chaleureusement, parle fort. Son haleine pue l'alcool. Le chauffeur me confie qu'entre Milan et Sirmione il a bu presque une bouteille de whisky. Il me la montre. « Je l'ai achetée juste avant de partir », dit-il. Au fond, il ne reste plus que deux doigts de liquide.

Maria aussi doit avoir bu. Elle est bizarre. Je ne l'ai jamais vue dans un tel état. Onassis annonce que son avion l'attend à Boscomantico, près de Vérone, car il risque de recevoir un coup de téléphone et d'avoir à partir aussitôt.

Nous dînons à vingt et une heures. Maria se comporte comme une enfant capricieuse et stupide. Elle veut que l'on allume du feu dans la cheminée de la salle à manger. Nous sommes le 17 août et il fait une chaleur tropicale. Les troncs d'olivier dans l'âtre rendent la pièce brûlante. Je transpire comme un bœuf et ne parviens pas à avaler une bouchée.

Après le dîner nous passons au jardin. Maria veut montrer la maison à Onassis. Elle l'emmène même dans la tourelle pour qu'il admire le lac. Onassis ne s'enthousiasme pas. Il me dit : « Il faut un sacré culot pour reléguer une femme comme Maria sur les rives d'une mare comme ce lac de Ciprione. » Je ne sais s'il le fait exprès ou par ignorance : il n'a pas prononcé une seule fois « Sirmione », mais toujours « Ciprione ».

Vers vingt-trois heures nous rentrons au salon et commençons à discuter. Tant et tant de choses viennent sur le tapis, les plus extravagantes, les plus obscènes, les plus irritantes et contrariantes. Je ne suis plus passif ni abattu comme il y a deux jours à Milan. Je les tarabuste, je les aiguillonne avec une certaine férocité.

Tout à coup Onassis s'échauffe parce que, dit-il, mon attitude et mes promesses ne correspondent plus à celles du 15 août, à Milan. Il m'accuse de vouloir leur malheur, de me montrer cruel.

Alors je perds patience et passe à l'attaque. Je les injurie et leur jette à la figure les épithètes qu'ils méritent. Maria est prise de tremblements et de sanglots convulsifs. Diabolique, Onassis fond en larmes lui aussi. Il répète : « Je suis un malheureux, un assassin, un voleur, un impie, je suis l'être le plus répugnant que porte cette terre. Mais je suis aussi milliardaire et puissant. Je ne renoncerai jamais à Maria et l'enlèverai à n'importe qui, par n'importe quel moyen, en faisant fi des gens, des choses, des contrats et des conventions ». Il hurle et je joins mes hurlements aux siens. Il dit : « Combien de milliards tu veux pour me donner Maria ? Cinq, dix ? » Je lui réponds : « Tu n'es qu'un pauvre ivrogne et tu me dégoûtes. J'aimerais te casser la figure, mais je ne te toucherai pas car tu ne tiens même pas debout. »

Maria pousse des cris hystériques. Elle dit : « Je t'ai mené à la ruine, plus jamais je ne serai en paix ». Elle me demande pardon, me supplie. Onassis a un moment de remords et demande si nous voulons rester seuls. « C'est inutile, » dis-je, « Pour moi la discussion est terminée. »

Je sors du salon. Il est trois heures du matin. Les domestiques sont encore tous debout. Onassis réclame de nouveau du whisky. Il dit qu'il ne partira pas avant l'aube car à l'aéroport de Boscomantico les avions ne décollent pas dans l'obscurité. Je leur annonce que je vais me coucher. « Alors saluons-nous, » déclare Onassis. « Je ne salue pas une larve comme toi, » fais-je. « Tu m'as invité sur ton maudit yacht, puis tu m'as poignardé dans le dos. Je te souhaite de ne plus jamais connaître la paix pour le restant de tes jours. »

328

Je monte dans ma chambre. Maria fait mine de me suivre, puis me demande de rester encore un peu avec Onassis. « Fais ce que tu veux, » lui dis-je. Je m'étends sur mon lit tout habillé. A quatre heures, Maria entre dans ma chambre sur la pointe des pieds. Elle prend un vêtement et ressort. Je pense qu'elle va revenir dans un instant. A cinq heures elle n'a pas reparu. Je me lève et descends. Il n'y a plus personne. Seul le petit caniche Tea dort à sa place habituelle. Dans la cour, je ne vois plus l'automobile d'Onassis. Je passe dans la chambre de Bruna, mais son lit n'est pas défait.

A sept heures, Maria téléphone de Milan et m'apprend qu'elle est à la maison. Elle me prie de lui envoyer Ferruccio, notre valet de chambre, avec son passeport et la petite Madone, ce tableau du XVIᵉ que je lui avais offert le jour de notre rencontre et qui nous a accompagnés pendant douze ans de luttes, d'amertumes, de pleurs, d'espérances et de joies.

Puis elle m'annonce qu'elle accepte ma proposition de tout trancher très vite, de procéder à une coupure franche et nette, pour se préserver, autant que faire se peut, de la honte et de l'ignominie. Je lui conseille d'y réfléchir encore, et puis advienne que pourra.

A huit heures, je cherche désespérément Emanuele, un ami très cher qui a si souvent partagé mes joies et mes peines. A neuf heures, je téléphone à Zevio pour avoir des nouvelles de ma mère. A dix heures, Nicola Rescigno appelle ; je ne sais quoi lui répondre et le prie de rappeler plus tard. A onze heures, Walter Legge téléphone de Londres. A midi, on nous appelle de Copenhague. Tout le monde continue à s'adresser à moi pour engager Maria, et personne ne soupçonne la tragédie qui a bouleversé notre vie. Maria m'a demandé de continuer à m'occuper de ses affaires au moins jusqu'à la fin de l'année, mais j'ai refusé : je préfère les coupures franches et nettes.

Mercredi 19 août. Maria téléphone à midi et demi. Elle me confirme la proposition de séparation et en demande l'exécution immédiate. Elle réclame tous les comptes, veut tout savoir. « Je désire ma totale liberté », dit-elle, et elle me prie de ne pas l'importuner avec des lettres ou des supplications.

Jeudi 20 août. Maria téléphone à deux heures du matin pour me demander comment je me porte. Elle rappelle à dix heures. Elle est presque douce avec moi. Elle semble changée. Nous parlons à bâtons rompus pendant un bon moment.

A quatorze heures trente arrive l'avocat Caldi Scalcini. Nous commençons les démarches pour la séparation.

Vendredi 21 août. Maria aurait dû téléphoner dans la matinée et confirmer sa venue à Zevio pour voir ma mère ; mais elle n'a pas appelé. A trois heures de l'après-midi je pars pour Vérone, puis me rends à Zevio et rentre à Sirmione à vingt-trois heures. Emma m'annonce que madame a téléphoné. J'appelle Milan, mais Ferruccio me dit que Maria est sortie avec des amis.

Samedi 22 août. Je pars à cinq heures du matin pour Turin et reste toute la matinée à étudier des dossiers et des documents. Au retour la Mercédès tombe en panne et je suis obligé de m'arrêter à Milan. J'arrive à la maison à dix-neuf heures : Maria n'y est pas. Elle est partie avec des amis la veille au soir. Elle a laissé son adresse : « Hôtel Hermitage, Monte-Carlo. » Je mange puis me couche. Maria téléphone à vingt et une heures. Elle m'annonce qu'elle va bien, qu'elle est heureuse. *Stampa sera* publie un entrefilet disant qu'on a vu la Callas traverser Cuneo en compagnie d'Onassis.

Dimanche 23 août. Je travaille toute la journée à ranger des papiers et des dossiers. Vers midi arrive mon conseiller financier. Je l'informe de ce qui se passe et il semble épouvanté. De toute la journée, pas un seul coup de téléphone. Je décroche le combiné à plusieurs reprises, mais le téléphone reste muet. Je pense aux orages de la veille. Je proteste avec véhémence auprès de la Stipel et finis par apprendre, par un employé, que ma ligne a été coupée après une « demande de cessation de service ». Qui a bien pu me jouer pareil tour ?

A huit heures, par le train, je rentre à Sirmione. Me voici dans mon bureau, où je continue à travailler. Sans Maria, une affreuse tristesse m'étreint.

Lundi 24 août. Aucun appel, aucune communication. L'après-midi, je vais voir ma mère. Je rentre à dix heures et demie du soir. Emma m'annonce que ma femme m'a demandé deux fois au téléphone. Elle est rentrée, se porte bien, mais elle était un peu fatiguée et s'est couchée : elle demande que je la rappelle demain à onze heures.

Mardi 25 août. A onze heures, je parle à Maria. Elle dit qu'elle veut que je considère l'avenir avec confiance et sérénité. « Moi, » dit-elle « j'ai confiance dans l'avenir. Il doit en être de même pour toi. » Elle me fait comprendre qu'elle veut la maison de Milan. Elle dit : « Tu me donneras aussi les bijoux ». « C'est à considérer », réponds-je. Elle me conseille de rester à Sirmione. Elle assure que l'endroit est idéal pour moi. « Quand cette affaire sera terminée, » dis-je, « j'ai envie de passer un moment à Venise ou à Cortina. » « Non, non » répond-elle. « Tu dois rester à Sirmione. » Elle a peur du scandale. Elle me supplie de n'en parler à personne. « Le nom de l'autre », ajoute-t-elle, « ne doit surtout pas apparaître. Les pauvres malheureux », m'explique-t-elle, « ce sont Ari et moi : tout le monde se monterait contre nous. »

Mercredi 26 août. Maria téléphone à onze heures. Elle demande qu'Emma lui expédie toutes ses affaires de toilette, sa lingerie, sa garde-robe. Elle insiste pour qu'on lui envoie toutes les lettres d'Elsa Maxwell. Elle me supplie de faire vite, de conclure au plus tôt cette affaire. Elle bat le rappel de tous les saints pour me prier de l'aider : « Parce que », dit-elle, « j'ai besoin de calme.

– Moi aussi j'ai besoin de calme », dis-je, « et tu as brisé ma vie.

– Tu peux t'estimer heureux d'être arrivé à ton âge en aussi bonne santé », répond-elle. « Tu as vécu ta vie, désormais, tu dois accepter de rester à l'écart. Moi, par contre, j'ai toute la vie devant moi et je suis décidée à en profiter. Je suis restée douze ans avec toi, maintenant ça suffit, j'ai le droit de changer. »

Je lui réponds qu'à l'époque de notre mariage elle n'avait posé ni conditions ni limites. Nous avions alors passé un pacte bien différent. Je lui rappelle aussi que ces dernières années elle insistait toujours pour que nous achetions une tombe au cimetière de Sirmione afin que la mort ne nous sépare pas. « Après la villa que tu m'as offerte pour mes vieux jours », disait-elle, « je veux que tu t'occupes de nous trouver un endroit où nous serons ensemble même quand nous aurons quitté cette vie. »

Ces paroles l'irritent. Elle se met en colère. Elle me dit qu'elle est sûre d'avoir raison. « Cette situation, je ne l'ai pas voulue, je ne l'ai pas cherchée ; si elle s'est présentée, c'est donc la fatalité. Je veux une mise en ordre honnête et définitive de ma vie. »

« Va donc demander à tous tes saints tutélaires si tu as raison », lui dis-je, « mais rends-toi aussi auprès de la Vierge du Duomo de Milan qui nous a vus si souvent agenouillés et implorants. Qu'en as-tu fait, Maria, de nos promesses, de nos serments, de nos prières, de notre travail ? Tu en as fait une honte sans nom. »

Jeudi 27 août. Journée sans appel téléphonique. Dans l'après-midi je suis allé à Zevio voir ma mère. Elle a tout deviné, désormais. Elle a déjà un pied dans la tombe, et encore une fois elle est au désespoir parce qu'un nouveau malheur frappe notre famille. Pauvre maman.

Vendredi 28 août. A Turin, chez l'avocat. Je lui souffle l'idée de dénoncer ma femme et Onassis. Il m'en dissuade car Maria est américaine et ne tomberait pas sous le coup de la loi.

Pendant ma visite chez l'avocat, Maria téléphone. Elle n'est pas à Milan mais à Nice. Dans la soirée je passe à la maison de Milan et m'y arrête pour travailler quelques heures. Je remarque que Maria est partie sans emporter son petit tableau de la Madone, qui d'habitude ne la quitte jamais. Je demande des explications à Bruna qui me répond : « Maintenant ce tableau ne compte plus pour Maria. »

Samedi 29 août. Je prépare les dossiers pour les impôts de Maria. Il y a trois ans à considérer. Je vais voir l'avocat Trabucchi et l'informe de la situation. Je passe tout l'après-midi à Zevio, auprès de ma mère. Elle souffre de mes malheurs mais, comme toujours dans l'adversité, elle est forte comme un roc.

Dimanche 30 août. Les journaux font paraître les premiers potins annonçant une petite brouille entre Maria et moi. Rien, toutefois, de bien précis. Maria est à Monte-Carlo.

Dans l'après-midi, Liduino téléphone ; il me dit qu'il m'attend à Milan pour discuter d'une série d'engagements pour Maria. Il demande : « Quand finissent vos vacances à Sirmione ? » Puis il me passe Nello Santi, qui me parle d'une représentation intégrale des *Puritains* à Catane. « Parfait », lui dis-je, « si vous ne savez encore rien, vous aurez très vite de bonnes nouvelles de Maria et de moi et alors tout sera arrangé, même la représentation intégrale des *Puritains.* »

Quand Maria faisait le moindre petit caprice au

théâtre, toute la presse lui sautait dessus. Maintenant qu'il y a presque un mois qu'elle se promène avec Onassis, après avoir planté là son mari, pas un journaliste ne s'en est rendu compte.

Je vais dîner avec Maner Lualdi et Mancini. Une amie me confie que la veille la comtesse Belgioioso lui a dit avoir entendu mentionner, chez Crespi, une brouille entre la Callas et Meneghini. Quelqu'un a même parlé de séparation, mais cela a paru si ridicule que personne n'y a cru.

A vingt et une heures je pars pour Milan où j'arrive à minuit. Maria n'est pas là.

Lundi 31 août. Je travaille toute la nuit sur des papiers, des dossiers, des contrats, des comptes rendus.

A neuf heures du matin, je téléphone au cardiologue de Maria pour avoir des nouvelles. Cet homme m'a si souvent inquiété au sujet de la santé de ma femme. Il m'annonce maintenant que lors de sa dernière visite, quatre jours auparavant, le cœur de Maria allait très bien. « Tout est rentré dans l'ordre », dit-il. «Même sa tension, toujours si basse, est remontée. Il faut remercier Dieu du profit qu'a tiré madame de ces vacances en mer», conclut-il, me laissant sans voix.

A onze heures je pars pour Sirmione. Bruna m'accompagne pour prendre des affaires de Maria. Ma femme a quitté Milan jeudi dernier. Aujourd'hui, lundi, elle n'est pas encore rentrée. Où peut-elle être ?

Mardi 1er septembre. Je me lève tôt et décide de m'en aller avant le retour de Maria. Je meurs pourtant d'envie de la voir. Je me rends à l'aéroport de la Malpensa. Le seul avion de ligne arrive cet après-midi. Ma femme a prévenu qu'elle rentrerait vers midi, je conclus donc qu'elle fera le voyage dans le petit bimoteur d'Onassis.

A dix heures vingt, je suis déjà à la Malpensa. Il est tôt. Je me gare à côté de l'entrée. Le soleil tape dur et chauffe la carrosserie de la Mercédès. Je sors prendre l'air. Je me promène un peu, mais sans perdre de vue la piste d'atterrissage. Dès qu'apparaît un petit avion, mon cœur bat la chamade.

Tout à coup, j'aperçois mon cher ami Emanuele, que je n'avais pas eu au téléphone depuis un bon moment. « Que fais-tu ici ? » lui dis-je. Il passe par toutes les couleurs de l'arc-en-ciel et bafouille : « Je suis venu chercher Maria. » Lui aussi est passé dans le camp adverse. Et sans me prévenir. Je remonte en voiture et m'en vais.

Jeudi 3 septembre. A vingt heures, Bruna me téléphone pour m'avertir que madame ne se sent pas bien. Croyant que je viendrai à Milan le soir-même, comme je l'avais dis, elle me prie de remettre mon voyage à plus tard car Maria désire rester tranquille. « D'accord », dis-je. « Sa paix ne sera pas troublée. »

Vendredi 4 septembre. A cinq heures du matin je pars pour Turin. En passant par Milan, je téléphone à Bruna pour demander des nouvelles de la santé de ma femme. « Elle va mieux », me réponds Bruna. Aujourd'hui elle devrait enregistrer *La Gioconda*.

A Turin, je me dispute avec l'avocat et lui retire l'affaire. Je rentre dans la soirée. Au péage de l'autoroute, je vois en première page d'un journal de l'après-midi la nouvelle de la rencontre entre la Callas et Onassis. Malade, quelle blague ! Ma femme m'a éloigné de Milan pour être libre de sortir avec Onassis. Furieux, je téléphone à Bruna et lui dis ce que je pense. « Ma chambre-bureau », dis-je, « doit être toujours prête et en ordre, car j'ai l'intention de venir chez moi chaque fois que j'en aurai envie. »

Samedi 5 septembre. Je passe la journée à Vérone, chez Vescovini, mon nouvel avocat. A treize heures je sors déjeuner avec Gianni et Bisinelli et les mets au courant de l'affaire.

Dimanche 6 septembre. La nouvelle éclate à Vérone. La presse locale a recueilli des bruits qui courent en ville. Les journalistes affluent. J'essaie de tout cacher encore, mais les journalistes ne me croient pas.

Lundi 7 septembre. La Notte décoche le premier coup. Tous les autres journaux l'imitent. Désormais l'affaire est devenue publique. Dans l'après-midi le téléphone n'arrête pas de sonner. Devant la maison c'est un continuel va-et-vient de journalistes, de photographes, de curieux. Les amis, les avocats, les parents téléphonent. Je ne veux parler à personne.

Les jours qui suivent sont chaotiques. Mon journal se poursuit relatant les rencontres fiévreuses avec les avocats, les conseillers financiers, les intermédiaires de Maria, qui ne me contacte pas personnellement. Mieux encore, elle a disparu avec Onassis, et ainsi les journalistes continuent à me donner la chasse. Au bout d'un moment je me lasse, et accorde une interview où j'épanche mon cœur. Cette confession est publiée à grand renfort de publicité. Maria, qui se trouve à Londres, l'apprend et me téléphone folle de rage. Elle m'injurie, m'insulte. Je sors de mes gonds et lui réponds sur le même ton. Elle me menace. Elle dit : « Attention, Battista, un jour ou l'autre je viendrai à Sirmione avec un revolver et je te tuerai. » « Viens donc », lui réponds-je hors de moi, « je t'attends mitraillette au poing. » C'est la rupture, violente, irrémédiable. Il paraît impossible qu'à peine un mois plus tôt nous nous soyons tant aimés.

CHAPITRE XXVI

« J'AI TANT DE NOSTALGIE DE SIRMIONE... »

Ce qu'elle dit à un ami quelques jours avant sa mort
– Bien des signes laissent à penser qu'elle voulait
revenir – Son dernier et énigmatique message pour
moi – L'enigme de sa fin mystérieuse – Comment je
découvre le testament qu'elle avait rédigé en 1954

Le terrible coup de téléphone où Maria et moi,
aveuglés par la colère, échangeâmes des menaces
de mort fut le dernier. A partir de ce moment elle
me raya de sa vie et nous n'eûmes plus aucun
contact.

Cette attitude était typique de son caractère. Et
moi, aussi entêté et cabochard qu'elle, je me repliai
sur moi-même, contribuant par mon silence à
creuser un fossé d'incompréhension.

Pendant ce temps, les gens avec qui elle s'était
battue revenaient vers elle : Bing, les managers, les
imprésarios, les directeurs des divers théâtres. Et
elle acceptait la réconciliation, pour prouver que les
disputes et les scandales qui avaient jalonné sa vie,
c'était moi qui les avais provoqués. On écrivit et on
raconta à mon sujet les histoires les plus injurieuses.

Je ne réagis pas car tout m'était égal. Mais j'étais désolé pour Maria, car j'étais convaincu qu'à la première difficulté tous ces gens s'éclipseraient et l'abandonneraient à la plus totale des solitudes.

Je suivais l'activité et la vie de ma femme dans les journaux. De temps à autre, elle avait encore besoin de moi, surtout pour les démarches concernant la séparation. Les pourparlers des avocats se poursuivaient, mais pour les détails nous aurions pu nous arranger entre nous. Maria préférait se servir d'amis communs comme intermédiaires : elle ne m'adressa plus jamais la parole. Deux fois nous nous croisâmes au tribunal : elle ne m'accorda même pas un regard.

A un certain moment, Maria voulait à tout prix que je signe un document où je déclarais accepter le divorce. Onassis lui avait fait croire qu'il l'épouserait si elle obtenait ce papier. Par l'entremise d'un ami, Maria essaya tout pour me convaincre, mais je ne lui donnai pas satisfaction. Pas tant parce que je voulais l'empêcher d'épouser Onassis, mais parce que j'étais convaincu que la requête du Grec n'était qu'un prétexte pour prouver à Maria sa bonne volonté : il ne l'aurait jamais épousée. Maria, pour sa part, ne comprenait pas et me vouait une haine mortelle.

C'est sans doute ce qui lui inspira ses venimeuses déclarations à mon sujet. Elle raconta et écrivit tout le contraire de ce qu'elle avait sans cesse affirmé pendant les douze ans de notre union. C'étaient des arguments qui me compromettaient et j'aurais voulu riposter, mais je n'en fis rien.

Ces déclarations déchaînèrent une violente campagne de presse contre moi. Les journaux écrivirent que Maria, enfin loin de moi, commençait à vivre, et ils lui prédirent une activité artistique éclatante et débordante.

L'histoire ne confirma pas ces prévisions. Avec Onassis Maria ne fut pas heureuse et il finit par l'abandonner. Du point de vue artistique, elle ne fit pas grand-chose, presque rien en comparaison de son intense activité passée.

Après la séparation, je vécus moi aussi des moments très durs. Je n'étais plus jeune comme Maria et n'avais pas autour de moi le monde bruyant du jet-set pour m'aider à oublier. J'étais plus seul qu'un chien. Pour Maria, je m'étais brouillé avec parents et amis. En la perdant, j'avais perdu aussi le monde musical dans lequel j'avais vécu si longtemps. Il ne me restait plus rien.

Pendant quelques mois la situation fut très pesante et je vécus une terrible dépression. Puis je tentai de réagir. J'essayai de reprendre une vie normale, insouciante. J'y voyais aussi une manière de revanche, pour priver de cette satisfaction mes détracteurs et prouver à Maria que je savais m'en tirer. Je cherchai à me lier avec d'autres femmes. Je faillis même me remarier. Mais au moment de me décider le souvenir de Maria l'emporta. Personne n'aurait pu prendre sa place : j'étais toujours amoureux d'elle.

Je gardais au fond de mon cœur l'espoir qu'elle reviendrait. Je savais que c'était un espoir insensé, mais il ne m'abandonna jamais. De temps à autre, je lançais une « bouteille à la mer », pour savoir si elle pensait encore à moi. Si je lisais un mauvais écho à son sujet, j'intervenais par lettre ou faisais une déclaration pour la défendre. Puis je lui envoyais les photocopies de ce que j'avais écrit : Maria ne me répondit jamais.

Quand Onassis l'abandonna pour épouser Jacqueline Kennedy, je fus navré. Connaissant le caractère de Maria, sa sensibilité, je devinai l'étendue de son chagrin et de son humiliation et craignis qu'elle n'accomplisse un geste inconsidéré. Mais Maria réussit à prendre le dessus. Au bout de quelque temps elle essaya de trouver de nouveaux intérêts. Elle reprit son activité artistique et donna des concerts avec Di Stefano. Mais ce ne fut qu'une courte parenthèse qui prit fin avec des humiliations qu'elle ne méritait pas.

Ainsi que je l'avais prévu, tous les prétendus amis qui l'avaient entourée au moment de sa gloire, disparurent. A Paris, Maria passa les dernières années de sa vie triste et solitaire. Alors elle fit certainement le bilan, repensa aux personnes avec qui elle avait vécu, et dut sans doute admettre que j'avais été le seul à la défendre et à l'aimer jusqu'au bout.

Peut-être ces réflexions lui firent-elles désirer une réconciliation. A un journaliste allemand qui lui demandait quand donc elle écrirait ses mémoires, elle répondit : « Il n'y a qu'une personne qui pourrait les écrire car elle sait tout de moi : c'est mon mari. » A un ami, quelques jours à peine avant de mourir, elle avait confié : « J'ai une telle nostalgie de Sirmione. » Puis elle avait ajouté : « Dans ma vie j'ai fait beaucoup de bonnes choses, mais aussi beaucoup d'erreurs, et maintenant je les paie. »

Les amis, qui me rapportaient ces propos, me poussaient à faire le premier pas. « Tu sais que Maria est orgueilleuse », disaient-ils. « N'espère pas qu'elle rompe la glace la première. Téléphone-lui, va la trouver : tu verras que vous reprendrez la vie commune. » Mais moi, toujours buté, je répondais : « C'est elle qui a quitté cette maison, elle doit y revenir de sa propre initiative. »

Le 1er mai 1977, alors que je me trouvais dans le jardin de ma maison de Sirmione, je fis un grave infarctus. Je fus sauvé grâce à l'intervention des gens qui m'entouraient et à l'habileté du professeur Lo Manto qui me soigna avec beaucoup de dévouement. Je passai un mois à l'hôpital puis trois mois de convalescence stricte.

Le 16 septembre, le jour de la mort de Maria, j'étais encore malade. Je commençais à peine à descendre au jardin une fois par jour, pour une petite promenade de quelques minutes. Cet après-midi-là, quand je m'éveillai, j'appelai la gouvernante pour qu'elle m'accompagne. Je me rendis compte qu'elle était soucieuse et ne parlait pas. Je pensai aussitôt qu'on lui avait donné de mauvaises nouvelles de ma santé. Je n'appris que plus tard qu'elle avait appris quelques heures auparavant la mort de

Maria, et qu'elle ne savait comment me l'annoncer car elle craignait pour ma santé. Elle avait envoyé son mari et son fils en quête d'un médecin pour me porter assistance en cas de malaise.

Quand le médecin arriva, ils m'apprirent la nouvelle. Ce fut un coup terrible. Je voulus aussitôt lire les journaux de l'après-midi et écouter les communiqués de la radio et de la télévision. Puis ils me gavèrent de tranquillisants et me mirent au lit.

Le lendemain je voulais partir pour Paris, mais les médecins s'y opposèrent et me dirent que je n'arriverais même pas jusqu'à Linate. Alors je priai ma gouvernante de se rendre aux obsèques de Maria. Emma l'avait connue et lui avait voué une affection fidèle. « J'y vais, mais à condition qu'ils me permettent de la voir », déclara Emma. La télévision, en effet, nous avait appris des nouvelles étranges. A la mort de Maria, beaucoup de gens étaient accourus chez elle pour rendre hommage à sa dépouille, mais personne n'avait pu la voir. Même les amis les plus intimes, comme Di Stefano. Tout cela me paraissait aussi absurde qu'inconcevable.

Emma téléphona à Bruna, la gouvernante de Maria à Paris, qui était son amie. « Ne viens pas », dit Bruna. « On ne peut pas voir la dépouille de Maria. Garde le souvenir d'elle telle qu'elle était de son vivant. »

Je suivais tout ce qui se passait à Paris autour de Maria avec la plus grande attention. A cause de cette disparition inattendue, je pensais que l'on pratiquerait une autopsie. Mais non. Personne ne la demanda et aucun spécialiste n'examina le corps.

Les obsèques eurent lieu le mardi 19 septembre. La dépouille fut portée à l'église orthodoxe puis au cimetière. Ce furent des obsèques menées à la hâte, presque clandestinement et qui étonnèrent tout le monde. Grace de Monaco ne parvint pas à cacher son indignation.

Une fois au cimetière, la dépouille ne fut pas ensevelie mais incinérée. « Pourquoi ? Au nom de qui ? Selon quelles dispositions ? » me demandais-je anxieux, et je frémissais de ne pouvoir intervenir. Maria ne pouvait l'avoir demandé.

J'attendais avec angoisse l'ouverture de son testament. Je voulais savoir si Maria avait laissé des lettres pour moi, un mot de réconciliation, son pardon. Mais malgré tout le mal que je me donnai, faisant intervenir amis et connaissances, je ne pus rien savoir.

Cela me semblait étrange. Maria était méticuleuse et avait toujours organisé sa vie dans les moindres détails. Quand elle vivait avec moi, elle parlait souvent de nos vieux jours, de nos activités, du lieu que nous aurions choisi pour mourir et être enterrés. Elle me demandait sans cesse d'aller acheter deux tombes à la mairie de Sirmione, pour que nous puissions reposer l'un à côté de l'autre. Une fois, nous nous étions presque disputés parce que je ne trouvais pas le temps de satisfaire cette exigence.

Pour son testament, sa décision était prise. « Comme nous n'avons pas d'enfant », m'avait-elle dit plusieurs fois, « il faudrait laisser tous nos biens à l'Institut de recherche sur le cancer. Cette horrible maladie sera un jour vaincue par les médecins, et je tiens à soutenir leur lutte. » En 1974, à l'époque des concerts avec Di Stefano, elle s'était produite à Milan au profit de l'Institut : la preuve qu'elle tenait toujours à cet ancien projet. J'étais donc persuadé qu'elle avait dû prendre ses dispositions, mais on ne trouvait pas trace de ce testament.

Une nuit Maria m'apparut en rêve et me dit : « Battista, rappelle-toi le testament. » Elle répéta cette phrase trois fois, comme si elle voulait la graver dans mon esprit. Je m'éveillai et me mis à réfléchir. « Qu'a-t-elle bien pu vouloir me dire ? » me demandai-je, et j'échafaudai mille hypothèses. Je finis par me souvenir d'un petit incident survenu des années auparavant. Nous nous étions rendus à l'étude de notre avocat, alors maître Trabucchi, pour signer des documents avant de partir en Amérique. Trabucchi nous dit : « Vous qui voyagez sans cesse, n'avez-vous pas pensé à rédiger un testament en faveur l'un de l'autre ? Je souhaite qu'il ne vous arrive jamais rien, mais si un malheur devait advenir, le survivant au moins n'aurait pas de soucis. » « Vous avez raison », dit Maria, « nous n'y avions jamais pensé, mais il faut s'en acquitter tout de suite. » Et sous la dictée de Trabucchi, sur une simple feuille de papier, j'écrivis : « En cas de disparition, je lègue tout à ma femme Maria Callas », et signai. Maria en fit autant et nous laissâmes les deux feuilles chez l'avocat.

Au souvenir de cet incident, je compris que Maria faisait peut-être allusion à ce testament qui, si elle n'en avait rédigé un autre, devait être encore valide. Mais comment le trouver ? Les années avaient passé. J'ai néanmoins toujours eu la manie de tout noter. Je dis à Ferruccio, le mari de ma gouvernante : « Cherche dans le grenier une chemise qui porte le nom de Trabucchi. » Ferruccio monta, mais il ne put la trouver car les souris avaient grignoté les dossiers et l'on ne pouvait plus rien lire. Je ne me résignai pas. Je montai à mon tour au grenier et m'installai pour trier ce monceau de dossiers. Soudain, sous le coup de l'inspiration, je demandai à Ferruccio : « Donne-moi cette chemise. » Je l'ouvris : c'était celle de maître Trabucchi.

Comme je l'avais prévu, parmi les papiers se trouvait une feuille où j'avais noté que le 23 mai 1954 Maria et moi avions fait ce testament, et l'avions laissé à l'étude de l'avocat.

Trabucchi, toutefois, était mort. Et tout le monde connaissait son désordre : les archives se composaient d'une montagne de dossiers où lui seul savait se retrouver. Après sa disparition, tous ces documents avaient été répartis entre ses collaborateurs. Où avait bien pu finir le testament de Maria ?

Le lendemain, je téléphonai à un avocat qui en 1954 travaillait dans l'étude de Trabucchi. « Il est impossible de trouver ce document », me dit-il, « mais je chercherai quand même. » Et il lui arriva la même chose étrange qu'à moi, il sortit du tas un vieux dossier, le testament de Maria se trouvait à l'intérieur.

Avec ce document il fallait aller à Paris. Cette fois-ci je tins à partir. Je réussis à convaincre les médecins. Il y avait un mois que Maria était morte. Ce n'était pas l'héritage qui m'intéressait. Mais qu'elle n'ait jamais modifié ces anciennes dispositions m'émouvait : elle avait donc continué à penser à moi, elle ne me gardait pas rancune et peut-être n'avait-elle jamais cessé de m'aimer.

Le 18 octobre, je partis avec deux amis : l'avocat Avesani et Ennio Lucchiari. Dans la capitale française une troisième personne nous attendait ; elle devait nous mettre en contact avec les personnes chargées d'examiner le testament et de pourvoir à sa publication.

Mon voyage avait aussi un autre but : chercher à percer le « mystère » de la mort de ma femme et découvrir qui avait demandé sa crémation. Je voulus tout d'abord me rendre sur la tombe de Maria. Au cimetière, un garde m'accompagna dans un souterrain dont les parois étaient couvertes de petits carreaux de marbre portant chacun un numéro. « Ah, voici la personne que vous cherchez », dit le garde en m'indiquant la plaque numéro 16.258. Je me jetai sur cette petite plaque et éclatai en sanglots. Mes amis me soutenaient. Je me sentis défaillir.

Au bout d'un moment, ils m'entraînèrent dehors. Nous nous rendîmes aux bureaux du cimetière. « Je veux savoir pourquoi ma femme a été incinérée », demandai-je au directeur. Il se montra très gentil. Il me montra le registre où était consignée la demande. A celui qui accompagnait le cercueil de Maria l'huissier avait posé les questions prescrites : « Quelles sont les dispositions ? » « Nous demandons l'incinération », lui avait-on répondu. « De qui émane la demande ? » « Je suis Jean Rouen. »

Mais qui était ce Jean Rouen ? Jamais je n'avais su que dans la famille de Maria un homme portait ce nom. J'appris aussi par l'huissier que l'incinération de Maria n'avait pas eu lieu le lendemain de l'arrivée du corps, comme il est de coutume, mais immédiatement. Une demi-heure après l'entrée au cimetière, Maria fut incinérée. Pourquoi tant de hâte ? Avec une infinie tristesse je m'arrêtai quelques minutes devant cet incinérateur et regardai la cheminée par où était sortie la fumée produite par le corps tant aimé de Maria. Je devenais fou.

Les mois suivants, je revins régulièrement à Paris pour me rendre sur la tombe de Maria. A Noël, j'y restai douze jours, mais on me joua un vilain tour. J'avais donné l'ordre de commencer les démarches pour transférer les cendres de Maria à Sirmione et les ensevelir là où elle le désirait. La nouvelle était parvenue aux oreilles de ceux qui, pour je ne sais quelle raison, tenaient à me garder loin de ma femme. Aussi, pour m'empêcher de partir avec ses cendres, ils les avaient dérobées et déposées dans une banque. Une semaine entière j'allai pleurer et déposer des fleurs devant cette plaque qui ne cachait plus rien. Puis survint le dernier acte de ce « mystère » : la dispersion des cendres de Maria en mer Egée. Un geste inqualifiable. Ainsi de Maria il n'est plus rien resté.

Mais je ne me résignais toujours pas et tenais à apprendre la vérité. Par tous les moyens légaux et illégaux, je tentai de soutirer des renseignements sur la fin de ma femme. Les domestiques de Maria avaient donné cette version de la mort : Maria était décédée subitement, tandis qu'elle passait de la salle de bains à sa chambre. Ce jour-là elle avait déjeuné, puis avait réclamé une orangeade car elle avait très soif. La femme de chambre, Bruna, la lui avait apportée dans son bain, et Maria l'avait bue d'un trait. Tandis qu'elle retournait à la cuisine, Bruna avait entendu un bruit sourd derrière elle. Elle s'était précipitée et avait trouvé Maria renversée sur le sol. Elle avait appelé l'autre domestique, Ferruccio, et tous deux l'avaient transportée sur son lit. Quand ils l'y avaient déposée, elle ne respirait plus.

Était-ce vraiment ce qui s'était passé ? Lorsqu'on

procéda à la répartition de l'héritage entre les parents de Maria, je demandai ses papiers, ses écrits. Mon vœu ne fut pas exaucé car tout ou presque avait disparu de son bureau. Il ne restait qu'un livre de prières que Maria gardait sur sa table de nuit près du lit. Dans les pages de ce livre je trouvai un billet qui jette un doute inquiétant sur sa fin.

Il s'agit d'une page de lettre, bleu ciel, à l'en-tête de l'Hôtel Savoy de Londres, sur laquelle Maria avait écrit, au crayon, cinq lignes. Dans le coin droit, en haut, la date : « été 77 », qui indique que ces lignes ont été rédigées quelques jours ou quelques semaines avant sa mort. Sous la date, un envoi : « à T. », qui signifie certainement « à Tita ». En fait, ce « T. » était celui qu'utilisait Maria quand elle écrivait mon nom. Puis les cinq lignes : « En ces cruels moments, toi seul me restes. Et le cœur me tente. L'ultime voix de mon destin, ultime croix de mon chemin ». Ce sont des vers tirés de *La Gioconda* de Ponchielli.

Il est évident que Maria ne nota pas ces vers pour s'en souvenir, mais pour laisser un message. Les moments les plus importants de notre vie étaient liés à l'œuvre de Ponchielli. Maria avait chanté *La Gioconda* pour la première fois dès son arrivée en Italie, pendant l'été 47, très précisément trente ans auparavant, et ce fut au cours des répétitions de cet opéra que naquit notre amour. De plus, Maria l'avait enregistré sur disque au début du mois de septembre 1959, au moment même où elle avait décidé de me quitter pour partir vivre avec Onassis.

Mais la clef du message se trouve dans les vers de l'opéra. L'héroïne les chante au début du quatrième acte, dans la dramatique scène du suicide. Car ils commencent en effet par un mot que Maria n'a pas écrit : « Suicide !... »

Qui sait, peut-être Maria a-t-elle attenté à ses jours. Si elle ne l'a pas fait, elle y avait certainement pensé. Mais pourquoi en arriva-t-elle là ? J'ai appris qu'aux derniers temps elle vivait désespérément seule. Après la mort d'Onassis, elle ne sortit plus. Presque chaque jour, s'il ne pleuvait pas, elle se faisait accompagner en voiture au jardin pour promener ses chiens, désormais vieux et aveugles. Elle vivait dans la terreur de rester seule. Le dimanche le personnel était de sortie, et Maria s'ingéniait à convaincre le valet de chambre de rester à la maison. Le samedi soir elle jouait aux cartes avec lui, et au beau milieu de la partie elle s'arrêtait et déclarait : « Nous continuerons demain soir. » « Je dois sortir », protestait le valet de pied. Et elle : « Tu ne voudrais pas laisser la partie inachevée ». Le lendemain elle le suppliait de rester pour finir la partie, et lui, touché, renonçait presque à chaque fois à sa soirée de liberté.

Voilà à quoi en était réduite Maria Callas, et cette horrible solitude la tua. Mais je n'en portais pas la faute, elle revenait à ceux qui avaient tout fait pour nous séparer. J'étais, c'est vrai, un homme à l'ancienne mode, peu élégant, déjà âgé, ni mondain, ni habitué des salons, mais je l'adorais et ne vivais que pour elle. Pendant nos douze années de vie commune Maria n'avait cessé de clamer son bonheur. Et moi je ne pensais qu'à le lui assurer jusqu'à la fin de nos jours.

TABLE DES MATIÈRES

Achevé d'imprimer
en mars 1983 sur les presses
de Maury-Imprimeur S.A.
45330 Malesherbes

N° d'éditeur : 9767
Dépôt légal : mars 1983
N° d'imprimeur : C83/12878